도쿄 사기꾼들

新庄 耕

地面師たち

옮긴이 이규원

한국외국어대학교에서 일본어를 전공했다. 문학, 인문, 역사, 과학 등 여러 분야의 책을 기획하고 번역했으며 현재 전문 번역가로 활동중이다. 옮긴 책으로 미야베 미유키의 『이유』, 『얼간이』, 『하루살이』, 『미인』, 『진상』, 『피리술사』, 『괴수전』, 『신이 없는 달』, 『기타기타 사건부』, 『인내상자』, 『아기를 부르는 그림』, 『구름에 달 가리운 방금 전까지 인간이었다』, 덴도 아라타의 『가족 사냥』, 마쓰모토 세이초의 『마쓰모토 세이초 걸작 단편 컬렉션』, 『10만 분의 1의 우연』, 『범죄자의 탄생』, 『현란한 유리』, 우부카타 도우의 『천지명찰』, 구마가이 다쓰야의 『어느 포수 이야기』, 모리 히로시의 『작가의 수지』, 하세 사토시의 『당신을 위한 소설』, 가지야마 도시유키의 『고서 수집가의 기이한 책 이야기』, 도바시 아키히로의 『굴하지 말고 달려라』, 사이조 나카의 『오늘은 뭘 만들까 과자점』, 『마음을 조종하는 고양이』, 하타케나카 메구미의 『요괴를 빌려드립니다』, 아사이 마카테의 『야채에 미쳐서』, 『연가』, 미나미 교코의 『사일런트 브레스』, 오타니 아키라의 『바바야가의 밤』, 미치오 슈스케의 『N』, 아라키 아카네의 『세상 끝의 살인』 등이 있다.

JIMENSHITACHI by Ko Shinjo
Copyright © Ko Shinjo 2019
All rights reserved.
First published in Japan in 2019 by SHUEISHA Inc., Tokyo.
This Korean edition published by arrangement with Shueisha Inc., Tokyo
in care of Tuttle-Mori Agency, Inc., Tokyo, through JM Contents Agency Co., Seoul

신조고

도쿄 사기꾼들

✳
新庄 耕

地面師たち

이규원 옮김

북스토

일러두기

＊작게 표시된 본문의 주는 옮긴이 주입니다.
＊괄호로 표시된 주는 원저자의 주입니다.

차
례

1
장

"무슨 띠?"

옆에 앉은 고토가 불쑥 물었다.

"응?"

사사키가 긴장한 얼굴로 얼빠진 목소리를 냈다. 다쿠미는 아이스티 글라스를 테이블에 내려놓았다.

"응이라니. 정신 똑바로 차려요. 지금부터는 실전이니까 잘 좀 합시다. 영감님, 그렇게 질리도록 연습했으니 머릿속에 확실히 들어 있을 거 아뇨."

고토가 안달난 목소리로 투덜거리고 허리띠가 묻힐 만큼 투실투실한 배를 흔들며 자리를 고쳐 앉았다.

역에서 멀지 않은 찻집에는 다쿠미와 같은 또래인지, 출근 전으로 보이는 삼십대 후반 여성이 노트북 컴퓨터를 펴 놓고 있고 구겨진 슈트를 입은 중년 남성이 방심한 듯 허공을 응시하며 보랏빛 담배연기를 뿜고 있다. 좌석이 여유롭고 적당한 소음도 있어서인지 이쪽 창가 테이블에 관심을 기울이는 사람은 보이지 않는다.

다쿠미는 아이스티에 꽂힌 빨대를 물고 고토의 표정을 살폈다. 간신히 남긴 두발에 포마드를 발라 뒤통수 쪽으로 쓸어 붙이고 고급스러운 슈트를 입고 있다. 얼핏 보면 찻집에 있는 어느 비즈니스맨보다 신사인 척하지만 사사키를 노려보는 눈초리가 험악하다.

"사사키 씨."

다쿠미는 딱딱한 공기를 치워버리듯이 애써 밝은 목소리로 불렀다.

"저쪽과 만나면 어떤 타이밍에 질문이 날아올지 모릅니다. 언제라도 대답할 수 있도록 마음의 준비를 해두세요. 긴장할 필요는 없습니다. 긴장 풀고 아주, 아주 자연스럽게, 최대한 어색하지 않게 말입니다."

그렇게 차분한 목소리로 타이르자 사사키는 매달리는 눈빛으로 고개를 살짝 끄덕였다.

"다시 한 번 처음부터 암기시키는 게 좋겠는걸. 불안해, 이래서는."

옆에서 고토가 초조하게 말했다.

다쿠미와 고토는 이날 처음 사사키와 만났다. 그의 깜냥에 대해서는 능히 실전에서 견뎌낼 수 있다는 해리슨 야마나카의 소감 밖에 듣지 못한 상태였다.

"영감님, 이름은?"

"시, 시마자키 겐이치."

상체를 내민 고토 앞에서 주눅이 든 사사키가 주뼛주뼛 대답했다. 다쿠미는 얼음이 녹은 아이스티를 마시며 두 사람의 대화에 귀를 기울였다.

"생년월일."

"생년월일은…… 쇼와 15년 2월…… 17일."

사사키의 눈동자가 좌우로 바쁘게 흔들린다. 이날을 위해 기르게 한 수염이 말할 때마다 송충이처럼 굼실거리며 창밖에 넘쳐나는 7월의 아침햇살을 받아 하얗게 빛나고 있었다.

"양력으로."

고토가 냉큼 묻는다.

"에에…… 1940년 2월 17일. 용띠, 출생지는 니가타의 나가오카―"

"아니지, 아니지. 묻지도 않은 걸 줄줄이 늘어놓으면 안 돼요. 묻는 것만 대답하세요. 쓸데없는 것까지 말하면 안 된다고요. 바로 뽀록난다니까."

고토가 가시 돋친 목소리로 타박하자 사사키는 죄송합니다, 라며 작은 소리로 말하고 테이블로 시선을 떨어뜨렸다. 다쿠미는 표정을 온화하게 바꾸고 사사키를 달랬다.

"사사키 씨, 질문에는 짧게 대답하면 됩니다. 가령 사전에 암기해두지 않은 거나 대답하기 힘든 질문이 나오면 애매모호하게 얼버무리세요. 그럴 때는 우리가 나서서 대처할 테니까요."

우리가 대처하는 데도 한계가 있지, 하며 옆자리 고토가 불만스럽게 입을 삐죽거렸다.

고토가 예민해진 것도 무리는 아니다. 사사키가 대답 한 마디만 잘못해도 지금까지 정성스레 쌓아 온 것이 다 무너지고 잔금 6억 엔을 받아내지 못하게 된다. 다쿠미는 불안을 감추려 하지 않는 고토를 다독이며 사사키에게 암기한 것들을 다시 점검해보라고 요구했다.

사사키는 긴장을 풀어보려는지 잔에 있는 물을 마시고 나서 입을 열었다. 이름을 시작으로 생년월일, 띠, 출생지, 가족 구성, 가족 이름과 나이, 이웃들, 가장 가까운 슈퍼마켓 이름, 물건 개요나 외관, 매각 사유 등 다양하다. 번번이 말문이 막히기는 하지만 빠짐없이 기억에 새겨놓은 듯했다.

이번 프로젝트의 표적은 시마자키 겐이치라는 78세 남성이 소유한 물건이다. 몇 년 전 아내와 사별하고 혼자 산다고 한다. 작년 여름 도내 실버타운에 입소하여 현재 그곳에서 생활하고 있다.

시마자키 겐이치의 대역을 찾을 때 해리슨 야마나카 등은 다른 때보다 많은 후보자를 면접했다고 들었다. 개중에는 사사키보다 연기력 좋고 용모나 키도 시마자키 겐이치와 더 닮은 후보자도 있었던 모양이다. 누구를 뽑을지를 두고 의견이 갈렸지만 결국은 사사키의 뛰어난 암기력에 주목하고 그로 결정한 해리슨 야마나카의 판단은 틀리지 않았다고 새삼 생각했다.

"그런데 다쿠미 군, 서류는 문제없지?"

"네. 여러 번 체크했습니다."

사흘 전 고토를 포함한 멤버의 최종 모임이 끝난 뒤에도 다쿠미는 해리슨 야마나카와 함께 각종 서류나 증명서에 오류나 누락은 없는지 시간을 내서 확인 작업을 했다.

"어디 좀 볼까?"

다쿠미가 발 옆에 있는 갈색 델레스백에서 서류를 꺼내자 고토가 속건성 투명 매니큐어 병을 테이블에 꺼내놓았다.

"혹시 안 했으면 이걸 써."

가만 보니 고토의 굵은 손가락 안쪽에 희미하게 윤기가 있다. 양손 손가락 전부에 칠한 매니큐어는 완전히 말라 곤충 각질처럼 굳어서 피부에 밀착해 있었다.

"고맙습니다. 저는 바르고 나왔으니까 괜찮습니다."

다쿠미는 정중하게 대답하면서 엄지와 다른 손가락을 아무렇지도 않은 듯 비볐다. 희미한 이물감이 느껴진다.

손가락 안쪽과 손바닥에 미국 전문업자에게 주문한 초극박 인공 필름이 붙어 있다. 해외 첩보기관 같은 데서도 채택하는 최신 특수 필름으로, 표면에 가짜 지문이나 장문이 새겨져 있는데다 인체와 마찬가지로 피지 성분의 유막을 발랐다. 전용 약품을 쓰지 않으면 필름을 벗길 수 없고 온수나 조금 힘을 주는 정도로는 전혀 벗겨지지 않는 내구성도 갖추고 있다.

물적 증거가 될 수 있는 지문을 숨기는 것은 이런 일을 하는 데서는 빼놓을 수 없다. 그런데 매니큐어를 사용하는 사기 사건이 너무 빈발한 탓에 요즘은 서류 같은 곳에 지문이 전혀 남지 않으면 2과 형사도 도리어 지면사^{일본에서, 토지의 소유자를 사칭하여 매각 대금을 가로채는 부동산 사기꾼}의 개입을 의심한다고 한다. 고토의 방식은 이미 낡은 것이다.

"……저어."

서류를 고토에게 건네주려고 하는데 테이블 너머에서 사사키 목소리가 들려왔다.

"무슨 일입니까."

다쿠미는 사사키 쪽으로 고개를 돌렸다.

"저도, 그걸 칠하는 게 좋을까요?"

사사키의 눈길이 테이블에 놓인 작은 매니큐어 병으로 향하고 있다.

"에이 필요 없어요, 필요 없어."

번거롭다는 듯이 고토가 낯을 찡그리며 날벌레라도 쫓는 양 손을 내둘렀다. 그리고 어린아이를 타이르는 목소리로 말했다.

"영감님은 옆에 앉아 그쪽 질문에 또박또박 대답만 하면 되니까 이런 거, 전혀 걱정하지 마세요. 다 우리가 알아서 합니다. 괜찮아요. 무사히 끝나면 남은 돈 드릴 테니까 온천에라도 가셔서 느긋하게 쉬세요."

고토를 대신하여 매니큐어를 발라줄까, 하고 생각하면 다쿠미
는 이내 마음을 바꾸었다. 사사키는 말하자면 희생양이며 형식상
주범이다. 죄를 뒤집어쓸 가능성이 높다. 범죄의 중대성과 사건
의 내용상 지문을 감추는 정도로 당국의 추적을 피할 수 있을 리
도 없고, 그냥 위안밖에 안 된다.

다쿠미는 아무렇지도 않은 듯 사사키를 쳐다보았다.

고토를 어려워하면서도 맞장구치는 사사키의 얼굴에는 오랜
세월 퇴적된 고생과 거기서 생긴 엷은 체념의 빛깔이 배어나오고
있다. 칠십대 중반을 넘긴 몸으로 빚을 갚기 위해 낮에는 도내 지
하주차장에서 관리업무 아르바이트를 하고 밤에는 신호수로서 도
로공사 현장에서 붉은 신호봉을 흔들고 있다던가. 전에는 나고야
의 고급 클럽에서 급사로 일하다가 매니저까지 승진하여 화려한
시절을 보내기도 했다고 들었다. 가게 돈에 손을 댄 탓에 추락하
여 지금은 왕년의 면모를 엿보기 힘들다.

"영감님, 이 일이 끝나면 뭐 할 겁니까. 뭐 정해둔 거라도 있
소?"

"……예. 저어, 지인이 나가사키에 있는데, 거기서 잠시 신세질
까 하고."

고토의 물음에 사사키가 고개를 조금 숙인 채로 대답했다.

이 프로젝트에서 이른바 주역을 연기하는 사사키가 받게 될 보
수는 단돈 3백만 엔밖에 안 된다. 목돈이라고 하지만 빚을 청산하

기에는 한참 모자라고, 일본을 떠나 동남아시아 같은 해외로 도주하기에도 애매한 금액이었다. 국내 지방도시에서 조용히 숨어 있는 것 정도가 현실적인 선택이리라.

고토가 슈트 소매를 올리고 기요세 패턴이 새겨진 랑에 운트 죄네의 문자판을 들여다보았다. 약속 시간이 거의 다 되었다.

다쿠미가 건넨 서류 따위를 고토가 파일에서 빼내어 하나씩 확인해간다. 전에는 정상적인 법무사였다는 고토의 눈빛이 날카롭다. 인감등록증명서, 등기사항증명서, 고정자산평가증명서, 고정자산세 과세명세서, 운전면허증, 도장, 물건 열쇠…… 일부 증명서를 제외하면 전부 위조품이다. 모두 전문가가 정교하게 제작한 것들이다.

"신분증은 영감님이 가지고 있어야지."

고토는 그렇게 말하고 도장과 면허증을 사사키에게 건네주었다.

"저쪽에서 본인 확인을 요구할 테니까 그때 이걸 보여주쇼. 지갑에 넣어 두는 게 자연스럽겠지."

사사키는 자기 얼굴사진이 붙은 시마자키 겐이치의 면허증을 흥미롭게 들여다본 뒤 색이 바래고 가장자리가 닳은 가죽지갑에 그것을 집어넣더니 새 플란넬 재킷 안주머니에 도장과 함께 넣었다. 다쿠미가 사사키를 위해 구두나 셔츠와 함께 준비한 재킷은 다소 어색한 느낌은 있지만 제법 자산가 같은 인상을 풍기게 해주었다.

"한데 다쿠미 군, 그 후에 저쪽에서 뭐라고 연락하진 않았나?"

고토가 서류가 든 파일을 다쿠미에게 돌려주었다.

"아뇨, 특별히 별 말은 없었습니다. 결제를 재촉한다고 약간 짜증을 내긴 했지만."

"장소에 대해서도?"

다쿠미는 덜레스백에 파일을 넣으며 고개를 끄덕였다.

부동산 매매 결제 장소는 일반적으로 은행 응접실이나 회의실이 대부분이고, 그게 아니면 부동산업자의 사무실인 경우가 많다. 이번에 매도인인 다쿠미 일당은 말하자면 제3자에 해당하는 변호사 사무실을 지정했다. 직업상 사람을 품평하는 것이 습관이 되어 있을 은행 측과 직접 대면하는 상황을 피할 수 있을 뿐 아니라 은행 안에 설치된 방범카메라에 얼굴을 남기지 않으려는 의도도 있었다.

"뭐야. 이번 건은 영 싱겁네."

고토가 과장되게 거드름을 피우며 기분 좋은 듯 눈꼬리에 주름을 잡는다.

그 빈틈투성이 표정을 바라보니 오래된 기억이 뇌리를 스쳤다. 동시에 답답함이 차오르더니 두텁게 칠해서 말려둔 가슴 밑바닥이 소리 내며 깨질 것 같은 기분에 사로잡혔다. 저도 모르게 어금니를 꽉 물고 있다는 것을 자각한 순간, 오른쪽 볼에서 눈꼬리에 이르는 자리가 저만의 의지를 가진 듯 경련하기 시작했다.

"왜 그래?"

고토가 의아하게 쳐다본다.

"아니, 괜찮습니다."

안면이 경련하는 상태 그대로 다쿠미는 애써 웃음을 지으며 말했다. 컵을 들고 물을 마시자 마침내 경련이 가라앉았다.

맞은편의 사사키가 차분하지 못한 표정으로 창 쪽을 바라보고 있다. 고토가 문득 기억났다는 듯이 이쪽을 쳐다보았다.

"그러고 보니 다쿠미 군은 해리슨을 알게 된 지 얼마나 됐어?"

"4년쯤 될까요."

그동안 해리슨 야마나카와 얼마나 많은 작업을 해왔던가. 소소한 작업까지 포함하면 나름 상당한 수에 이른다.

"뭐야, 아직 그 정도밖에 안 돼? 나보다 한참 짧구먼. 백발이 성성하기에 오래전부터 연결되어 있는 줄 알았는데."

고토가 맥 빠진다는 듯한 목소리로 말했다.

"애초에 다쿠미 군은 몇 살이야?"

올해로 서른일곱이라고 대답하자 고토는 못 믿겠다는 듯 눈이 휘둥그레졌다.

다쿠미가 고토와 함께 일하는 것은 이번이 두 번째다. 고토가 해리슨 야마나카와 어떤 관계였는지는 거의 모른다.

"쓸데없는 훈계인지 모르지만, 다쿠미 군도 해리슨 뒤만 졸졸 따라다니다가는 뒤통수 맞는 수가 있어. 남을 너무 믿으면 안 돼. 자기 몸은 자기가 지켜야지."

"감사합니다, 조심하도록 하겠습니다."

다분히 꼰대 같은 설교를 적당히 흘려버리자 그 반응이 고까웠는지 고토의 표정이 문득 굳어버린다.

"원래 그놈이 말이지……."

고토가 그렇게 말을 꺼내다가 입을 다물었다.

점원이 컵에 물을 따라주려고 다가왔다. 다쿠미는 그걸 사양하고 손목에 찬 가민 워치GPS가 정밀한 미국의 최첨단 스마트워치로 눈길을 내렸다. 디스플레이 한쪽에 표시된 심박수는 평상시 수준인 70을 가리키고 디지털 바늘은 이제 곧 9시 20분을 가리키려 하고 있다. 만남 장소인 변호사 사무실은 지하철역에서 매우 가깝다. 시간에 여유를 두고 가는 편이 좋다.

"따로따로 갈까?"

고토가 테이블에서 계산서를 집어 들며 일어섰다.

변호사 사무실 응접실로 안내받아 들어가자 이미 부동산회사 마이크로홈 관계자가 기다리고 있었다.

지금까지 사전 교섭이나 매매 계약 체결을 위해 다쿠미와 몇 번 만났던 마이크로홈 사장 외에 가슴에 사장과 같은 백금 회사 배지를 단 직원 두 명, 그리고 마이크로홈 측 법무사인지 낯선 젊은 남자도 함께였다.

자리에 짐을 놓고 누가 먼저랄 것도 없이 명함을 교환하기 시작했다.

'스파클링 플래닝'이라는 부동산 컨설팅을 표명하는 회사명과 이번 프로젝트에서 사용하는 '이노우에 히데오'라는 가명이 인쇄된 명함을 준비해 둔 다쿠미도, 고토와 함께 일일이 인사를 나누었다. 틀에 박힌 인사라지만 잔금 지불과 소유권 이전이 동시에 이루어지는 부동산 매매의 클라이맥스라고 할 수 있는 결제를 앞두고 있어서 모두 말수가 적다. 묘한 긴장이 실내에 감돌았다. 간사이 사투리를 쓰는 고토의 쾌활한 목소리만 유난히 크게 울린다.

곧 명함 교환이 끝나자 여덟 명에 이르는 면면의 신분이 밝혀졌다.

매수인 측은 마이크로홈의 세 사람과 그들이 데리고 나온 법무사 한 명이 나란히 앉고 매도인 측은 이 거래를 공식적으로 주도하며 소유자 대리인 역을 맡은 다쿠미, 중개업자 역을 맡은 고토, 소유자 역을 맡은 사사키가 나란히 앉았다. 미팅 테이블 가장자리에는 입회인이며 평소 이곳 '사카이종합법률사무소'에 세 들어 활동하는 사십대 초반의 변호사가 앉아 있다.

다쿠미는 딱딱한 공기를 누그러뜨리기 위해 가볍게 인사하고 테이블 건너에 나란히 앉은 마이크로홈 관계자들을 둘러보며 입을 열었다.

"오늘 바쁘실 텐데 여기까지 와주셔서 감사드립니다. 저희가 여러 가지 어려운 부탁을 드렸습니다만, 무사히 이날을 맞을 수 있어서 기쁘게 생각하고 있습니다."

"저희야말로, 이번에 귀한 물건을 저희에게 양도해주셔서 정말 감사드립니다."

사십대 중반이라는 실제 나이보다 훨씬 젊어 보이는 단정하게 생긴 사장이 목례를 한다. 공손한 말투와는 대조적으로 거침없는 시선이 다쿠미 왼쪽에 고개를 조금 숙이고 앉아 있는 사사키 쪽으로 향하고 있었다.

마이크로홈 측이 사사키와 만나는 것은 오늘이 처음이다.

사장은 이번 거래가 시작된 이래 물건 소유자 시마자키 겐이치와 만나게 해 달라고 다쿠미에게 여러 번 요구했다. 시마자키 역을 맡은 사사키를 자꾸 만나게 하면 가짜라는 걸 간파당할 가능성이 그만큼 높아진다. 리스크를 최대한 줄이기 위해 몸이 안 좋다느니 성격이 까다롭다느니 하는 이유를 내세워 끝내 요청을 물리쳐왔다.

거액의 잔금이 오가는 부동산 매매에서 매수인 측은 서류 등에 대한 형식적 조사만이 아니라 그 물건이 정말 상대방 소유인지를 확인하기 위해 현장 답사와는 별개로 당사자를 직접 만나 확인하는 경우가 적지 않다. 그런 의미에서 오늘까지 만남을 미루는 것을 용인해준 마이크로홈 측이 사사키를 노골적으로 경계하는 것은 오히려 자연스러운 일이라고 해야 할지 모른다.

"그럼, 다들 바쁘실 테니까 바로 시작하실까요."

다쿠미가 밝은 목소리로 재촉하자 오른쪽에 앉은 고토가 뒤를 이었다.

"그래요, 그래요, 얼른 끝냅시다. 개인적인 얘기라 미안하지만 실은 제가 오후에 오사카로 돌아가야 할 일이 있거든요."

분위기를 누그러뜨리려는 듯이 고토가 짐짓 난처한 웃음을 지었다.

마이크로홈 측의 반응은 뜨뜻미지근했다. 누구 하나 딱딱한 표정을 누그러뜨리려고 하지 않는다.

다쿠미가 덜레스백에서 서류를 꺼내 테이블에 늘어놓자 맞은편의 법무사도 서류를 꺼내서 결제에 필요한 서류를 쌍방이 확인했다.

이번에 거래하는 물건은 에비스역에서 가까운 토지였다. 면적은 343평방미터이며 7억 엔 남짓에 마이크로홈 측과 이미 합의가 되어 있다. 평당 700만 엔이 약간 안 되는 정도라 1천만 엔이 넘는 이 근방 토지 시세에 비추면 상당히 저렴하다.

현황은 건축한 지 50년 이상 지난 2층 빈집이며 마당의 초목들은 손질이 되지 않은 채 울창하게 자라고 있다. 누구나 탐내는 시내 일등지에다, 낡은 주택에 독거노인이 혼자 살고 있을 뿐 권리관계에 복잡한 사정은 보이지 않고 저당권도 설정되어 있지 않다. 아무에게도 팔지 않겠다는 소유자 시마자키의 생각과는 무관하게 이 구역에서 영업하는 부동산업자들 사이에서는 잘 알려진 물건이다.

다쿠미를 비롯한 지면사가, 시마자키 겐이치가 실버타운에 입소했다는 정보를 얻은 것은 입소하고 반년쯤 지난 작년 말이었다. 그때부터 즉시 면밀하게 준비해서 여러 방면으로 가짜 정보를 흘려보내자 몇 건의 문의와 우여곡절을 거쳐 두 달쯤 전 마이크로홈 측이 부동산 브로커를 통해 구입 의사를 전해왔다.

다쿠미는 소유자 대리인으로서 마이크로홈 측과 교섭을 거듭하며 큰 폭의 할인을 받아들이는 한편 구입 희망자가 많다는 점을 내세워 재촉하고 부추겼다. 몰래 제작한 열쇠로 현장 실사를 실시하는 등 상대방의 마음을 사서 일찌감치 매매 계약을 체결하고 오늘의 결제일을 맞이하기에 이르렀다.

성실해 보이는 법무사가 다쿠미에게 서류를 받아 순서대로 일일이 살펴보고 있다.

다쿠미는 냉정을 가장하며 양손을 깍지 꼈다. 상대방 명함을 한 장씩 품평이라도 하듯 들여다보는 고토와, 온몸이 경직되어 있는 사사키 쪽으로 자연스레 시선을 던지며 테이블 너머로 내내 신경을 곤두세우고 있었다. 저도 모르는 사이에 땀이 배기 시작하여 손가락 끝에 붙인 인공 필름의 이물감이 더욱 의식되었다.

"그런데, 꽤 젊으시네."

고토가 천천히 고개를 들고 마이크로홈 측 법무사를 쳐다보았다.

아직 삼십대 초반으로 보이는 법무사의 무테안경 쓴 얼굴이 불쑥 날아온 그 말에 동요하는 빛을 드러낸다.

"등록은 언제 하셨나?"

고토가 고압적으로 묻자 법무사는, 그렇게 봐서 그런지 흠칫거리는 표정으로 5년 남짓 되었다고 대답했다.

"뭐야, 그럼 당신은 정기연수를 딱 한 번밖에 받질 않았겠군. 직업윤리처럼 중요한 게 없는데, 그래 갖고 이렇게 중대한 결제를 감당할 수 있으려나. 조금 걱정스럽네."

좌중이 조용해지고 불온한 공기가 실내에 감돌았다.

시비나 다름없는 고토의 불만스러운 발언에 법무사는 의례적으로 머리를 조아리며 굳은 표정을 지었다. 마이크로홈 사람들을 의식하는지 서류를 확인하는 손놀림이 아무래도 허둥거리는 듯했다.

법무사가 좌중의 시선을 감당하며 꼼꼼하게 확인 작업을 계속해간다. 그러다 마음에 걸리는 점이 눈에 띄었는지 이미 확인이 끝난 서류를 다시 손맡으로 끌어당기려고 할 때였다. 그 모습을 초조하게 쳐다보던 고토가 또 입을 열었다.

"꾸물거리지 말고 좀 서두릅시다. 신칸센 시간도 다 됐는데. 그거 놓치면 어떻게 책임질 거요?"

노골적으로 타박하는 목소리였다.

"죄송합니다, 시마자키 씨도 오후에 실버타운 정기 회진이 있다고 하시니 가능하면 조금 서둘러주시겠습니까."

다쿠미가 정중하게 거들자 법무사 옆에서 불안하게 지켜보던 사장이 대신 고개를 끄덕여 에둘러 재촉해주었다.

그 모습을 보니 마이크로홈 측을 처음 만났을 때 사장이 애원하듯 했던 말이 떠올랐다.

—모쪼록 잘 부탁드립니다. 저희가 구입할 수 있게 해주십시오.

주로 투자용 원룸아파트 개발 및 판매를 하는 마이크로홈은 창업 7년차이지만 직원이 60명 남짓일 만큼 성장이 빨랐다. 부동산 중개업으로 시작하여 판매 대리, 일괄인수 후 분양을 거쳐 이번에 처음으로 직영 개발에 나서게 되었다고 한다.

1부 상장이라는 경영 목표를 내건 마이크로홈에게 직영 개발은 말하자면 그 발판이었다. 목표 실현을 위해 오래전부터 도쿄 도내에서 아파트 부지를 물색해 왔지만 경쟁이 심하고 개발될 만큼 개발된 시내에서는 좀처럼 땅을 찾을 수 없었던 모양이다. 그런 상황이었으므로 시마자키 겐이치가 소유한 에비스의 일등지가 매물로 나왔다고 하자 마이크로홈이 급하게 달려든 것도 무리는 아니었다.

가령 건폐율 80%, 용적율 400%, 전면도로 14m, 고도 40m로 제한된 이 부지에 아파트를 최대한 크게 짓는다면 공용 부분을 포함하더라도 구☒ 조례를 충족시키는 28평방미터짜리 1인용 원룸이나 가족용 아파트를 30개실 전후는 확보할 수 있을 것이다. 임대 가격이 평당 2만 엔이 넘는 이 지역 시세를 감안하면 모두 임대되었을 경우 연간 임대 수입이 9천만 엔 이상으로 전망되고, 거기서 여러 경비를 제하면 8천만 엔 정도는 떨어질 것이다. 가령 금리를 3.5%라고 기대한다면 아파트 평가액은 대략 이십 몇 억 엔으로 산출된다.

사장은 이번 계약이 가져다줄 다양한 이익과 실패할 경우의 손실을 지켜우리만치 잘 알고 있을 터였다. 서류 확인에 신중한 태도를 간신히 유지하면서도 매도인을 불쾌하게 해서 혹시 거래가 깨지는 일이 없도록 속을 끓이는 기색이 농후한 것도 당연하다.

어색하게 엷은 미소를 짓고 있던 법무사의 얼굴이 사사키를 향했다.

"그러면, 시마자키 씨. 본인 확인을 하겠습니다만, 얼굴 사진이 있는 신분증을 보여주시겠습니까."

이 사무실에 들어온 뒤 한 마디도 하지 않고 있던 사사키는 긴장한 표정으로 고개를 살짝 끄덕이더니 재킷 안주머니에서 지갑을 꺼내 그 속에 넣어 두었던 면허증을 법무사에게 보여주었다.

"제가 직접 확인해도 되겠습니까."

'시마자키 겐이치'의 면허증을 받아든 법무사가 이름이나 주소 등을 살펴보고 나서 사진과 사사키의 얼굴을 비교해본다.

"그럼, 확인을 위해 몇 가지 간단한 질문을 드리겠습니다."

법무사가 말하자 사사키는 다시 고개를 끄덕였다.

"시마자키 겐이치 씨 본인이 틀림없으시죠?"

"……틀림없습니다."

사사키의 표정에 동요로 비칠 만한 기색은 볼 수 없었다. 대답하기가 조금 곤란하게 느껴지는 분위기가 오히려 '진짜' 같음을 연출해주는 듯하다.

"생년월일을 말씀해주시겠습니까?"

"쇼와 15년 2월 17일."

여기 오기 전에 찻집에서 했던 연습을 재현하듯이 사사키가 막힘없이 대답했다. 다쿠미는 평안한 기분으로 귀를 기울이고 있었다.

"무슨 띠시죠?"

면허증과 탁상 메모를 보며 법무사가 담담한 말투로 계속했다.

"음…… 1, 1940년 2월 17일생에, 요, 용 띠."

기억하려 애쓰는 듯이 사사키가 눈을 감고 대답했다. 암기한 내용에 너무 정신이 팔려 공연한 내용까지 말하고 말았다. 바람직하지 못한 흐름에 다쿠미는 미간이 굳어가는 것을 느끼고 있었다.

"여기 사진이 두 장 있는데, 어느 쪽이 자택 사진인지 말씀해주시겠습니까?"

법무사가 복사지 두 장을 테이블 위에 나란히 놓았다.

한쪽에는 정면에서 촬영한 것으로 보이는 시마자키 겐이치 집이 컬러로 프린트되어 있다. 오랜 세월 비바람에 시달린 돌담이 군데군데 검게 퇴색되고 이끼가 끼었으며, 그 건너편에는 이 근방에서는 이제 거의 볼 수 없게 된 기와지붕 목조가옥이 서 있다. 다른 종이에는 시마자키의 집과 비슷하게 오래되어 보이는 낡은 주택이 프린트되어 있다. 분위기는 얼핏 비슷하지만 기와 색깔이나 창문 배치, 담 형태 등이 다르다.

사사키가 입을 다문 채 복사지를 응시하고 있다. 긴장했는지 목울대가 위아래로 크게 꿀렁거린다.

예상하지 못했던 날카로운 질문이다. 사사키에게 시마자키의 집 사진을 잠깐 보여주기는 했지만 세세한 구조까지 기억하라고 요구한 적은 없었다. 기억이 나지 않거나 이 사진만으로는 판단이 어려울지도 모른다.

다쿠미가 도와주기 위해 나서려고 할 때 마치 찍기라도 하듯 사사키가 시마자키 겐이치의 집이 프린트된 종이를 가리켰다.

법무사가 고개를 끄덕이며 내처 질문하려고 했다.

"또 뭐가 남았소?"

고토가 모두 들을 수 있는 목소리로 끼어들었다.

"여기 변호사 선생이 어렵게 시마자키 씨 본인이 맞다는 증명서를 작성해 주셨는데. 오늘 처음 만난 초짜 법무사가 변호사 선생이나 공증인의 본인 확인을 의심해도 되는 겁니까."

그렇게 말하며 변호사 쪽을 힐끔 쳐다보았다.

이 변호사는 마이크로홈과 교섭하기 전에 다쿠미 일당이 미리 점찍어 두었던 사람인데, 다쿠미는 시마자키 겐이치를 사칭한 사사키에게 이 변호사를 혼자 찾아가게 했었다. 변호사에게 토지권리증을 분실했다고 하고 소유자임을 증명하는 '권리증을 대신하는 서류'를 작성해달라고 의뢰하게 했던 것이다.

이 서류, 즉 '본인확인정보'만 있으면 권리증이 없어도 부동산 매각이 가능하다. 서류 작성에 책임을 지는 변호사를 소위 선의의 제삼자로서 참가시키는 동시에 이번 결제 장소이며 변호사가 평소 임대해서 쓰는 베테랑 변호사 사무소의 간판으로 이 프로젝트의 진실미를 강화하려는 노림수도 있었다.

나중에 들으니 변호사는 만일의 사태를 두려워해서인지 단순히 의심이 가서인지 서류 작성을 망설였다고 한다. 하지만 남의 사무소에 곁방살이하는 것을 보면 업무 의뢰가 많지 않은 듯했다. 결국은 시세보다 훨씬 많은 보수를 받고 교토 방식인 등기 공동 대리와 함께 수임하기로 하고 생년월일이나 간지 같은 몇 가지 질의응답과 위조 면허증 확인을 거쳐 사사키를 시마자키 겐이치 본인이라고 인정했던 것이다.

갑자기 사람들의 시선을 한몸에 받게 된 변호사는 다쿠미 일당에게 속고 있다는 것도 모른 채 그리 싫지 않은 표정을 지으며 손에 든 수첩으로 시선을 떨어뜨렸다.

고토의 한 마디와 변호사라는 배경이 힘을 발휘했는지 본인 확인은 그것으로 유야무야되었다.

"그럼 시마자키 씨, 이 자택을 마이크로홈 측에 매도해도 되겠습니까."

법무사가 시마자키 겐이치의 집 사진이 프린트된 종이를 가리켰다.

모두가 주시하는 가운데 사사키는 미리 연습한 대로,

"……예."

하며 조심스레 고개를 끄덕였다.

법무사의 요구대로 매수인 사장과 매도인 사사키가 등기 관계 서류에 잇달아 기명하고 날인해 간다.

"여기, 그리고 여기에도 날인을 부탁드립니다."

사사키의 표정은 시종일관 여유가 없었지만 제법 익숙한 느낌을 풍길 때까지 반복해서 연습시켰던 '시마자키 겐이치'라는 이름을 쓸 때는 멈칫거림이 없었다. 요구하는 대로 도장을 찍는 손놀림에도 빈틈이 없다.

사무실 안은 조용했다. 종이 넘기는 소리나 펜 움직이는 소리만 들린다.

다쿠미는 안도한 마음으로 사사키를 쳐다보고 있었다. 옆자리 고토도 이제는 법무사를 다그치지 않고 말없이 지켜보고 있다.

마침내 각자의 기명과 날인이 끝난 서류를 확인한 법무사가 참석한 사람들을 둘러보며 입을 열었다.

"등기신청 서류는 전부 준비되었습니다. 결제를 해주셔도 좋습니다."

저도 모르는 사이에 숨을 죽이고 있던 다쿠미는 콧구멍으로 천천히 숨을 내보냈다. 여기까지 왔으니 이제 잔금 입금만 남았다.

이번 계약에서는 매도인과 매수인 양자 간의 거래를 위해 계약금이나 중도금을 제외한 6억 엔 가까이 되는 잔금이 마이크로홈 계좌에서 시마자키 겐이치의 계좌로 입금될 예정이다. 물론 집이 팔리는 중임을 꿈에도 모르는 시마자키 겐이치 본인의 계좌로 입금되는 것은 아니다. 다쿠미 일당은 운전면허증 등을 위조하여 한자 표기가 다른 '시마자키 겐이치' 명의의 가짜 계좌를 만들어 놓았다. 계약금이나 중도금도 이미 그 계좌로 입금되었고 마이크로홈 측도 아무런 의심이 없었다.

법무사의 말대로 마이크로홈 사장이 부하 직원에게 잔금을 지급하라고 지시하고 있다. 직원이 은행에 대기시켜 둔 담당자에게 즉시 전화해서 입금을 실행하라고 지시했다.

사람들 목소리가 띄엄띄엄해졌다. 곧 그런 목소리도 그치고 무거운 공기가 조용한 실내에 감돈다.

10분쯤 흐른 것 같지만 가민 문자판을 보니 3분밖에 지나지 않았다. 심박수가 올라 90을 넘기 시작했다. 다쿠미는 하릴없이 테이블 위의 서류를 정리하며 느려터진 시간의 흐름을 의식하고 있었다.

잔금이 가짜 계좌에 입금된 것이 확인되는 대로 해리슨 야마나카가 다쿠미 부하인 척 전화해주기로 되어 있었다. 그러면 거의 마무리되는 것이다. 보통은 1시간 안에 완료되지 않을까. 은행이 혼잡하다면 더 걸리는 경우도 없지는 않다.

밀실에 속이는 자와 속는 자가 얼굴을 마주한 채 아무 일도 하지 않고 멀뚱멀뚱 기다릴 수밖에 없는 이 시간이 너무 고역이다. 고토도 프로젝트의 성공을 목전에 두자 그답지 않게 긴장했는지 말없이 탁상의 스마트폰으로 시선을 떨어뜨리고 있다.

사장이 가만히 사사키에게 미소를 보인다 싶더니,

"저어, 오늘 어려운 걸음을 해주셔서 고맙습니다."

하고 입을 열었다.

"실버타운은 지내시기 편하십니까?"

입금 확인 전이기는 하지만 사운을 건 거래를 나름 성공적으로 마쳐서 기분이 좋아진 걸까. 사장의 상기된 얼굴에는 불안과 종이 한 장 차이로 간신히 억누르는 듯한 흥분이 번지고 있었다.

매도인이 개인일 경우 부득이하게 눈물을 머금고 매각하는 일도 얼마든지 있다. 특히 이번처럼 희소한 물건일 경우 매수인 측은 매도인이 대수롭지 않은 말 한 마디에 기분이 상해서 마음이 바뀌는 일이 없도록 대화를 해도 날씨 이야기를 곁들인 인사 정도에 머물고 상대방이 묻는 말에만 대답하는 경우가 많다. 마이크로홈 사장이 사사키에게 적극적으로 말을 거는 것은 뜻밖의 상황이었다.

"……음. 그렇지요, 뭐……."

역할을 끝내고 긴장을 푼 것처럼 보이는 사사키도 불쑥 날아든 질문에 낭패하고 있었다.

시마자키 겐이치가 현재 생활하는 실버타운에 대하여 사사키에게 일러준 정보는 입소할 때 억대가 넘는 거금을 납부해야 한다는 것, 실버타운의 이름과 위치 정도밖에 없었다. 그 밖의 사항을 물으면 대답할 방법이 없고, 섣불리 대답하다가는 가면이 보기 좋게 벗겨져버릴 것이다.

"그야 당연히 편하죠, 사장님. 시마자키 씨가 계시는 실버타운은 아주 럭셔리한 곳이니까 어지간한 호텔보다 쾌적합니다."

스마트폰을 들여다보던 고토가 평소 말투로 끼어들었다. 변함없이 허물없는 말투에는 희미하게 초조감이 묻어나고 있다.

"그렇겠죠. 그곳은 럭셔리 레벨로 봐도 도내에서도 손꼽히는 곳이죠. 매스컴에도 자주 나오고. 레스토랑 안에 초밥집도 있다고 하더군요."

"아아…… 그래요. 초밥집. 생선초밥 좋죠."

생선을 싫어하는 고토였지만, 곤혹스러운 나머지 사사키 대신에 대답했다. 시마자키 겐이치가 생활하는 실버타운에 관한 정보라면 고토나 다쿠미나 아는 것이 거의 없었다.

갑자기 긴박해진 상황을 느낀 다쿠미는 마이크로홈 측이 눈치채지 못하도록 테이블 밑에서 스마트폰을 조작했다. 곧 바로 옆에서 휴대전화가 울렸다.

사사키는 주머니에서 휴대전화를 꺼내, 미리 정해둔 대로 말이 없는 상대방과 통화하는 척하고 있다.

"실버타운에서 전화가……."

사사키가 송화구를 손으로 막으며 중요한 이야기를 해야겠다고 말하는 듯한 눈빛으로 이쪽을 쳐다보았다. 마이크로홈 측에게 들킬 위기가 왔을 때를 대비한 비상수단이었다. 찻집에서 반복 연습하던 때보다 자연스러웠다.

"그럼, 잠깐 나가셔서 통화하시죠."

다쿠미는 사람들에게 들으란 듯이 말하며 사사키를 데리고 사무실을 나갔다.

변호사 사무소 밖에서 사사키를 안정시키면서 다쿠미는 안주머니에서 스마트폰을 꺼내 화제를 바꾸라고 고토에게 문자를 보냈다.

5분쯤 뒤 사사키와 함께 돌아오니 응접실은 떠들썩한 웃음소리로 가득했다. 다쿠미의 요구대로 고토가 잘 대처해주고 있는 듯했다. 역 앞에 서서 먹는 국숫집에서 볼 수 있는 간사이와 간토의 국물 차이에 대하여 과장 섞인 비교문화론 비슷한 너스레를 늘어놓아 좌중의 웃음을 끌어내고 있었다.

위기는 무사히 지나가고, 자리에 앉은 다쿠미는 편안한 마음으로 고토의 웅변 같은 너스레에 귀를 기울였다.

"아, 생각났다!"

불쑥 튀어나온 목소리였다.

그때까지 내내 말이 없던 신참으로 보이는 마이크로홈의 젊은 직원이 고토의 말허리를 자르며 사사키 쪽을 보았다. 속눈썹 붙인 눈을 기쁜 듯 활짝 뜨며 무슨 중대한 발견이라도 한 것처럼 가슴 앞에 양손을 모으고 있다.

"아까 말씀하신 실버타운, 혹시 초밥집 이즈미의 수제자라는 분이 일하러 가는 곳 아닌가요? 아마 그럴 거예요. 제가 잘 알아요. 제가 오래전부터 초밥집 이즈미에 자주 가거든요. 부모님이 그곳 사장님 팬이어서."

직원은 그 초밥집을 정말로 좋아하는지 사장이 쓴웃음을 지으며 완곡하게 말리는데도 도저히 입 다물고 있을 수 없다는 듯이 말을 이었다.

생각지 못한 복병에 고토가 식은땀을 흘리며 어떻게든 화제를 돌리려고 했지만 외려 그녀의 기세만 자극할 뿐이었다.

"그 초밥집, 정말 맛있는 곳이거든요. 거기서 사용하는 잔도 전부 에도키리코19세기 중반부터 도쿄 지역에서 제작된 고급 유리세공품랍니다. 시마자키 씨도 초밥집 이즈미에 자주 가세요?"

고토가 애쓴 보람도 없이 직원이 사사키에게 물었다.

"……어…… 그야 뭐."

얼굴에 당혹감을 드러낸 사사키가 기어들어가는 목소리로 대답했다.

"그렇게 고급스러운 초밥을 집에서 매일 먹을 수 있다니 정말 부럽습니다. 사장님이 직접 쥐어주는 초밥도 맛있지만 저는 수제자가 쥐어주는 초밥도 아주 좋아하거든요. 샤리초밥의 밥 부분는 적초로 버무리는데, 뭐라고 표현하기 힘든 그 밀도가 정말 절묘하죠. 수제자가 그 실버타운 레스토랑에 매주 한 번쯤 가신다는 것 같은데, 무슨 요일이죠?"

사사키는 입을 다물고 있었다. 고개를 숙인 채 적당히 얼버무리지도 못하고 넋 나간 사람처럼, 연달아 질문을 던지는 맞은편 직원을 응시하고 있다.

묘한 침묵에 싸였다.

옆을 보니 고토도 끼어들 틈을 놓쳐버린 듯하다. 멀거니 사사키를 쳐다보며 몸이 굳어 있다. 다쿠미는 갑자기 머리가 뜨거워지는 것을 느꼈다. 밖으로 대피하는 방법을 다시 쓰고 싶지만 도무지 몸이 움직여주지 않았다. 어떻게든 이 자리를 수습해야 한다고 생각하지만 입술은 얼어붙고 가슴속에 새카맣게 타는 초조감만 응어리지고 있었다.

마이크로홈 사람들 얼굴에 의아해하는 표정이 떠오르기 시작할 때 다쿠미가 얼른 입을 열었다.

"화요일……이었나, 아니, 수요일이었나?"

팔짱을 끼고 여유를 잃은 표정으로 천장을 올려다보며 기억하려 애쓰는 척하다가 사람들 시선이 자기에게 집중되는 것을 확인하자 어색한 웃음을 만들더니 변명하듯 계속했다.

"아, 미안합니다. 실은 저도 일전에 그 초밥집에 가봤습니다. 특별히 그렇게 고급스러운 곳은 아니고 접시들이 빙빙 도는 곳인데, 연어알을 주문했더니 접시 바닥으로 흘러내릴 정도로 듬뿍 얹어주는 바람에 그만 과식을 하고 말았지요. 아마 스무 접시 이상 먹었을 겁니다. 그게 무슨 요일이었는지가 얼른 기억이 나질 않아서. 실례했습니다…… 나 참."

아무 맥락 없는 잡음이나 다름없는 헛말이었다. 그래도 사사키에게 쏠리던 관심이 흐지부지되어 가는 것은 알 수 있었다.

"그게 아니라 수요일이었지. 거기서 초밥 먹고 언니들 나오는 바에 갔었잖아. 왜 그 미키 짱이라고 옆에 앉았던 대학생. 강의가 없는 수요일에만 일하러 나온다고 했잖아."

고토가 정신을 차린 듯 얼른 장단을 맞춘다. 그 목소리에 이제 초조감은 묻어나지 않았다.

"아, 그렇군요. 그날 너무 취해서 다 까먹었습니다. 분명히 수요일이었죠."

다쿠미도 평정을 찾자 이제는 마이크로홈 측이 대화의 주도권을 잡지 못하도록 사장을 쳐다보며 입을 열었다.

"사장님은 평소에 주로 어디서 술을 드십니까?"

위기는 넘겼지만 사사키에게 다시 질문이 날아가지 않도록 두서없는 잡담으로 시간을 끌고 있는데 다쿠미의 스마트폰이 울렸다.

해리슨 야마나카의 전화였다. 무사히 입금이 확인되었다고 한다. 다쿠미는 단말기를 꼭 쥔 채 고토를 쳐다보며 득의양양하게 고개를 끄덕여 보였다.

옆에서 방관자처럼 앉아 있던 변호사가 어금니를 꽉 물고 하품을 죽였다. 실내는 어느새 긴장이 풀리고 부드러운 공기가 감돌고 있었다.

수수료 입금이나 은행 기장 등이 끝나자 법무사가 영수증이나 거래 완료 확인서 사본을 받아 소유권 이전 절차를 밟으러 법무국으로 출발했다. 그것을 지켜본 다쿠미가 참석자 모두가 듣도록 목소리를 높였다.

"이것으로 거래가 전부 끝났습니다. 수고하셨습니다."

룸에는 밝은 목소리가 쉴 새 없이 이어졌다.

다쿠미와 일행들이 담소하며 메뉴를 살펴보는데 입구 미닫이 문이 열렸다.

"아유 왜 또 불고기야. 이번엔 로브숑미슐랭 가이드에 오른 고급 프렌치 레스토랑인 줄 알고 엄청 기대했는데."

쇼킹핑크 오타크로아명품백 에르메스의 한 종류를 든 레이코는 문 안에 선 채 불만스레 입을 삐죽였다.

기장이 짧은 까만 민소매 원피스에서 안쪽으로 살짝 흰 두 다리가 나오고 끝에 컬을 준 밝은 색 머리가 가슴까지 내려와 있다. 히알루론산이나 보톡스를 맞은 얼굴은 부자연스럽게 당겨져 있고 나이에 걸맞은 그늘도 희미하게 드리워져 있다. 그래도 뒤에서 보면 도저히 쉰 살 가까운 나이로 보이지 않아서, 실제로 길을 걷다 보면 가끔 누가 말을 건다고 한다.

"레이코 짱, 무슨 소리야. 축하연이면 당연히 고기지. 프랑스 요리라니, 그렇게 버터 냄새 나는 걸 먹으면 쓰나. 분위기만 깨지지."

고토가 메뉴판에서 고개를 들었다.

"그런 세련된 레스토랑에는 우리 같은 것들이랑 가지 않는 편이 좋아, 레이코. 어차피 고토 씨가 촌스러운 소리만 떠들어대서

쫓겨날 테니까."

고토 옆에 앉은 다케시타가 새하얀 올 세라믹 앞니를 드러내며 메마른 웃음소리를 냈다.

"그러는 다케시타 씨는 쫓겨나기 전에 아예 입장 거부야."

고토가 놀리는 눈빛으로 다케시타를 쳐다보았다.

매주 사흘은 선탠 살롱이 있는 사우나에 다니는 다케시타는 피부가 이상할 정도로 까맣다. 셔츠에서부터 레저 스니커까지 위아래를 온통 하얀색 명품 브랜드로 맞춰 입기 때문에 더욱 눈에 뜨인다. 올해로 쉰일곱 살이 되었어도 본인 말로는 이십대 청년처럼 보인다고 으스대지만 정체불명의 수상쩍은 분위기만 더욱 돋보일 뿐이다.

다케시타는 독자적인 네트워크와 조직을 가지고 부동산 정보를 모으는 도면사_{건축 설계 도면을 작성하는 전문가}로서 업계 최고 수준의 실력자다. 이번 프로젝트가 성공한 것도 시마자키 겐이치가 실버타운에 들어간 것을 누구보다 먼저 파악해 낸 다케시타의 공이 크다.

"촌스러워서 미안합니다, 레이코 씨. 부담 없이 얘기할 수 있는 곳이 낫겠다 싶어서 여기로 잡았어요. 다음번엔 로브숑에서 만납시다."

다쿠미 오른쪽 옆에서 일행의 대화를 지켜보던 최연장자 해리슨 야마나카가 점잖은 저음으로 말했다.

긴자의 일류 테일러에서 맞췄다는 더블 슈트는 영국제 고급 원단으로, 진홍색 선명한 핸드롤 실크타이와 멋진 조화를 보여준다. 검은 머리와 턱수염은 기품 있게 다듬어져 해리슨 야마나카에게 부호에 어울리는 품격과 위엄을 부여하여 전과 2범의 지면사라는 정체와 실제 연령을 감추는 데 도움이 되고 있다.

"레이코 짱, 거기서 따따부따 투덜대지 말고 얼릉 이리 오슈."

고토가 그렇게 말하고 비어 있던 오른쪽 팔걸이의자에 팔을 둘렀다.

"고토 씨 옆자리는 시끄럽고 포마드 냄새가 독해서 싫어. 다쿠미 짱, 옆에 앉아도 될까?"

레이코가 다쿠미 옆에 앉는다.

코를 찌를 듯이 달달한 플로럴 계열의 복잡한 향기가 번졌다.

"다쿠미 군, 점원 좀 불러줘. 술을 시키자고, 술을. 일단 맥주 다섯 잔부터."

"웬 맥주? 난 싫어. 나는 돔페리뇽 로제."

고토와 레이코의 말을 가볍게 무시하고 점원을 불러 음료를 주문했다. 요리는 예약할 때 제일 비싼 코스로 주문해둔 참이다.

잠시 후 나온 돔페리뇽의 마개를 따고 잔에 따라 나간다. 해리슨 야마나카가 새끼손가락에 의지義指를 낀 오른손으로 잔을 들자다른 이들도 같이 쳐들었다.

"여러분, 수고 많았습니다. 이번에도 프로젝트가 무사히 성공해서 감개무량합니다. 전부 여러분이 애써준 덕분입니다. 다시한 번 감사드립니다. 앞으로도 계속 협력을 부탁드릴 테지만, 일단 오늘 저녁은 비즈니스 따위 다 잊어버리고 즐겁게 놀아봅시다. 건배!"

180센티미터가 넘는 체격에 어울리지 않는 낭랑한 목소리에 모두 환성을 올리며 술잔에 가득 담긴 술을 마셨다.

육회나 나물 같은 오르되브르를 시작으로 전복구이를 거쳐 마블링 촘촘한 와규가 부위별로 구이망 위에 올랐다. 테이블에 설치된 가스버너에서는 고기와 지방이 타는 소리가 끊임없이 들리고 고소한 냄새가 테이블에 번졌다. 술잔이 잇달아 비워지고 절제된 웃음소리와 함께 허물없는 분위기가 실내에 가득했다.

"끝났으니까 하는 말인데, 다케시타 씨, 다쿠미 군이 중간에 입이 얼어버리는 바람에 얼마나 식겁했는지 아쇼? 젠장, 실버타운 초밥집 얘기는 반칙이었어. 그 가슴이 겁나게 큰 언니, 갑자기 재잘재잘 떠들더니 사사키 영감까지 끌어들이고. 이걸 어떡하나, 진짜 식겁했어요."

몇 잔째인지 모를 막걸리 잔을 든 채 고토가 유쾌하게 눈웃음을 지으며 거래 현장의 전말을 무용담처럼 들려주었다. 술을 제법 많이 마신 듯하다. 커다란 얼굴이 새빨개지고 훤히 벗겨진 이마에 비지땀이 나와 천장 조명을 반사하고 있다.

쓴웃음을 지으며 고토의 이야기를 듣던 다쿠미가 요의를 느끼고 자리에서 일어섰다.

룸을 나왔다가 마주친 남자 점원에게 화장실 위치를 묻자 귀찮은 표정 없이 공손한 태도로 가르쳐준다. 객단가 높은 이 식당에서 수많은 손님을 접해왔을 점원들 눈에 자신이 어떻게 보일까.
말쑥하게 다듬은 머리와 피부, 양판점에서 파는 싱글슈트, 그 모습에 어울리지 않는 백발머리 때문에 연령미상으로 보일지도 모른다.

화장실을 나오니 바로 앞 통로에 해리슨 야마나카가 서 있었다.

"수고하셨습니다."

그렇게 말하며 룸으로 돌아가려고 하는데 해리슨 야마나카가 불러 세웠다.

"저 사람들 앞에서 방심하지 마세요."

해리슨 야마나카가 목소리를 낮추어 말했다.

그렇게 충고해줄 필요도 없었다. 아무리 술이 들어가고 분위기가 들떠도 정신을 놓을 리 만무하니까.

룸에서는 여전히 모두들 술과 안주를 즐기고 있었다.

"한데 다케시타 씨, 이번에 받을 보수, 역시 교단에 집어넣을 거유?"

고토가 막걸리를 마시며 흥미로워하는 눈으로 다케시타에게 물었다.

"물론이지. 신도 수가 불어났으니 요가 교실도 늘려야 하고 경전이나 책자 같은 신도용 굿즈도 제대로 갖춰야 하니까."

다케시타가 제법 의기양양한 투로 대답했다.

몇 년쯤 전에 독립 종교 법인을 장악한 다케시타가 도면사라는 본업과 함께 포교 활동과 신자 확대 운동을 활발하게 해오고 있다는 것은 다쿠미도 들어서 알고 있다. 처음 그 이야기를 들었을 때는 그렇게 수상쩍은 사업이 제대로 굴러갈까 반신반의했다. 신도는 지금도 순조롭게 증가하고 있고, 그에 따라 기부나 보시 수입도 꾸준히 증가하는 중이라고 한다.

"이렇게 바퀴벌레처럼 새카만 교주 아래 신도가 모인다고?"

다케시타의 얼굴을 훔쳐보며 레이코가 웃음을 참고 있다.

"나는 앞에 나서지 않아. 나설 필요도 없고. 앞에 나서서 대접받는 거 좋아하는 놈은 대개 바보거든. 난폭한 짓 하지 않고 담담하게 마땅한 일을 하다 보면 사람들은 자연히 모여든다고."

"마땅한 일이라면, 어떤 일을 말씀하시는 거죠?"

궁금해져서 다쿠미도 끼어들었다.

"중요한 건 누구나 구원받고 싶어 한다는 거야. 병에 걸리거나 돈에 쪼들리거나 사후가 걱정되거나 사는 게 까닭 없이 힘들거나, 누구나 많건 적건 걱정을 안고 살게 마련이지. 우리는 현세의 이익을 추구하고 있지만, 현세에서든 내세에서든 꼬박꼬박 성실하게 보시하고 신앙생활을 한다면 당신은 반드시 구원받습니다, 라고 말해주는 거지. 그게 마땅한 일이라는 거야. 일가족이 알거지가 될 때까지 탈탈 털어먹거나 병을 고쳐주겠다고 허풍을 떨면 안 돼."

"다케시타 씨가 종교 사업을 하는 이유는 아무래도 돈 때문입니까?"

종교 법인이 일반 법인보다 세제 면에서 파격적인 혜택을 받을 수 있어서 유형무형의 자산을 모으기 쉽다는 것은 다쿠미도 지식으로는 알고 있었다.

"당연하지. 딱히 교주가 되고 싶은 마음도 없고 돈은 아무리 많아도 곤란하지 않으니까. 게다가 항상 위태롭게 살아가지 않아도 되고 말이지."

농담인지 진담인지 모를 말투로 다케시타가 거들먹거린다.

그 말을 듣고 농담을 날리는 고토만 해도 아이 딸린 여자와 2년 반 전에 재혼한 참이어서 가족에게는 자신이 지면사로 먹고사는 사람이라는 사실을 깨끗이 숨기고 있는 듯하다. 언제까지 큰 위험을 감수하며 살아갈 수 없다는 입장은 고토도 마찬가지인 것이다.

고토도 그렇고 부친이 조폭이었다는 다케시타도 본래는 성실한 자들이었다. 저마다 사정이 있어서 탈선을 했고, 지금은 돈을 위해 이렇게 힘을 모으고 있는 데 불과하다. 다들 전과자이고 언제 또 높은 담 너머로 떨어질지 알 수 없는 처지라는 점을 생각하면 어디선가 마침표를 찍는 것도 한 가지 방법일 것이다. 오히려 해리슨 야마나카처럼 아무리 사기를 쳐도 싫증을 낼 줄 모르는 뼛속까지 사기꾼인 인간이 더 이상한 것인지도 모른다.

"아 참, 레이코 짱, 사사키 영감은 벌써 나가사키로 갔나?"

다케시타가 고기집게로 쇠고기 안심을 구이망에 얹어놓으며 레이코 쪽으로 시선을 돌린다.

"오늘 아침에 떠났어요."

레이코가 깍두기 접시로 젓가락을 뻗는다.

배우를 조달하는 것이 레이코의 일이다. 이번 프로젝트에 채용한 사사키도 그녀의 협력자 인맥을 통해 찾아냈다. 레이코는 데이트클럽 매니저로 일할 때 해리슨 야마나카와 알게 되어 이 일에 뛰어들게 되었다고 한다. 다른 멤버와 마찬가지로 경력은 분명치 않다.

"아 참, 해리. 잊기 전에 처리해야지."

레이코가 젓가락을 내려놓고 오타크로아에서 영수증 다발을 꺼내 해리슨 야마나카에게 건네주었다.

사사키와 변호사에게 준 보수를 비롯하여 위조 서류 제작비 등 프로젝트 진행 중에 발생한 경비는 전부 해리슨 야마나카가 부담하기로 되어 있다. 그런 점도 있어서 해리슨 야마나카의 몫은 다른 멤버보다 많다. 이번 건만 해도 마이크로홈에서 우려낸 7억 엔 남짓 가운데 3억 엔이 주동자 해리슨 야마나카에게 가고, 체포 위험이 가장 큰 교섭역 다쿠미와 고토가 1억 엔씩, 지원부대 등을 동원하여 배후에서 움직인 다케시타가 1억 5천만 엔. 레이코가 5천만 엔을 자금 세탁을 거쳐 각자의 가짜 계좌로 입금받는다.

"사사키 씨가 나가사키까지 가는 항공비는 알겠는데, 이 식대랑 숙박비라는 것이…… 백만 엔 가까이나 되는데."

영수증을 살펴보던 해리슨 야마나카가 레이코를 쳐다보았다.

"이번에는 조정해야 할 일이 많아서 힘들었어요. 그 정도면 무난하잖아요."

"그거 꽤 많은걸."

고토의 낯빛이 흐려졌다.

"관계없는 사람은 입 다무시지."

레이코는 새빨간 매니큐어를 칠한 손가락 끝으로 샴페인 글라스 다리를 잡고 새침한 표정으로 술을 머금었다.

"그래요, 사정이 그랬다면 이해해야죠. 사사키 씨 말고도 후보자들을 물색하느라 쉽지 않았을 테지요. 나중에 입금하겠습니다."

해리슨 야마나카가 여유로운 목소리로 말했다.

한숨이 나올 만큼 부드러운 안심을 다 먹자 고기가 사라진 구이망 밑에서 일정한 간격을 두고 타오르는 파란 가스불이 살짝 흔들렸다. 잔을 꼭 쥐고 그 불을 응시하던 다쿠미가 문득 정신을 차린 듯 테이블 밑 스위치를 돌려 가스불을 껐다.

점원이 들어와 냉면과 국밥 사발을 각자의 앞에 놓아주고 나갔다.

"그러고 보니 마이크로홈 사장, 오늘 발매된 〈페이스〉에 폭로 기사가 떴더군."

국밥을 입안에 쓸어 넣은 다케시타가 국물을 다 마시고 나서 말했다.

"무슨 건으로 당한 거죠?"

다쿠미가 받은 인상으로는 마이크로홈 사장은 여자들한테 인기깨나 있을 법한 풍모여서, 방탕하게 즐기고 있을 것 같기는 했다. 그렇더라도 일개 시민이 사진 주간지에 특종기사로 소개될 줄은 생각지도 못했다.

"아니, 나도 잘은 모르는데, 그 사장이, 그 여자 이름이 뭐더라, 무슨 여자 아나운서와 사귄다고 하던데. 나란히 아파트를 나오는 장면이 찍혔더군."

다케시타가 비웃음을 지으며 올 세라믹 치열을 드러냈다.

"거 재밌네. 대박 나는 거래에 성공했다고 착각하고 기분이 좋아져서 오입질을 하다가 사진에 찍힌 건가? 걸작이겠네."

고토가 요란하게 손뼉을 치며 웃자 탄수화물을 거절하고 혼자 디저트 멜론을 먹던 레이코도 재미있다는 듯이 웃었다.

"빨라야 다음 주 정도는 돼야겠죠? 법무국에서 소유권 이전 신청이 각하되는 거."

해리슨 야마나카가 다쿠미를 쳐다보며 말했다.

이번 프로젝트를 위해 준비한 위조 서류 자체는 정교하게 만들어졌지만 면허증 번호나 IC칩에 기록된 정보는 시마자키 겐이치가 아닌 다른 사람의 것이었다. 조사하면 엉터리라는 것이 드러난다. 그리 머지않은 시기에 마이크로홈 측에 신청 기각 연락이 갈 것이다. 다쿠미는 "아마도요" 하고 해리슨 야마나카를 보며 고개를 끄덕였다.

"어쨌거나 마냥 여유를 즐기고 있을 수는 없습니다. 나는 내일 아침 멕시코 칸쿤으로 출발하는데, 여러분은 다들 어떻게 하실 겁니까?"

해리슨 야마나카가 일행을 둘러보자 다른 멤버들도 이번 주 중에 해외로 출발하여 파문이 가라앉을 때까지 한동안 일본과 거리를 두고 숨어 있을 거라고 했다. 레이코는 애인이 있는 하와이의 콘도로, 고토는 가족에게 출장 간다고 말하고 카지노에서 탈탈 털리기 위해 싱가포르와 마카오로, 다케시타는 모나코의 별장에서 내키는 대로 시간을 보낼 거라고 한다.

"다쿠미 짱은?"

레이코가 얼마 남지 않은 멜론을 스푼으로 떠먹으며 물었다.

"다쿠미 군이야 또 산에 들어가겠지. 진짜 갑갑한 사람이라니까. 그렇게 고생만 하는 산행이 뭐가 그리 재미있다는 건지."

레이코 몫으로 나온 냉면을 먹던 고토가 낯을 찡그린다.

다쿠미는 모호하게 웃을 뿐 부정하지 않았다. 내일 오전 중에 차를 타고 도쿄를 출발해 후쿠시마현 미나미아이즈의 여관에서 하룻밤 자고 마루야마다케를 4박5일로 종주할 예정이다.

마루야마다케에 오르는 것은 이번이 두 번째다. 등산로 정비는 커녕 아예 길 자체가 없는 마루야마다케를 오르자면 잔설이 있는 시기 혹은 눈이 없는 시기에 올라가는 수밖에 없다. 지난번은 눈이 남아 있는 5월이었기 때문에 거의 설산이었다. 같은 산이라도 눈이 있느냐 없느냐에 따라 경치는 완전히 달라진다. 이번에는 가능하면 충분한 시간을 두고 올라가 초록이 넘쳐나는 마루야마다케의 대자연에 조금이라도 오래 몸을 담가 두고 싶었다.

룸 미닫이문을 두드리는 소리가 들리고 점원이 들어와 식후 커피를 각자 앞에 놓아주었다.

"다음 건은 어떤 일이 될까요?"

고토가 커피를 후르륵거리며 해리슨 야마나카를 쳐다보았다.

"다케시타 씨 작업에 달렸지만, 이번에는 좀 더 큰 걸 노릴까 합니다."

그렇게 대답하고 오른손 새끼손가락에서 반짝이는 쌍가락지를 돌리고 있다. 뭔가 좋은 아이디어가 떠오를 때면 나오는 해리슨 야마나카의 버릇이다.

"큰 거?"

다케시타가 물었다.

"사망자가 나와도 이상하지 않을 만큼 큰 건입니다."

잠시의 주저함도 없이 나온 해리슨 야마나카의 대답에 스마트폰을 만지고 있던 레이코가 놀란 듯 고개를 들었다.

"사망자라니, 무슨 말이에요……?"

다케시타가 미간을 찡그렸다.

"산이 높아지면 아무래도 미끄러지기도 쉬워지니까."

모두 입을 다물고 뭐라고 대꾸하는 사람이 없었다. 식당을 떠나는 손님들의 떠들썩한 소리가 룸 밖에서 들려온다.

해리슨 야마나카가 와락 웃음을 터뜨리며 말했다.

"농담입니다. 놀랐다면 미안해요, 일반론을 말했을 뿐입니다. 우리와는 관계없는 일이니까 잊어주세요."

다쿠미는 말없이 커피를 입에 머금었다. 해리슨 야마나카의 웃음소리에서 농담으로만 들리지 않는 울림이 살짝 묻어나는 것 같았다.

"어쨌거나 이번처럼 작은 일은 아닐 겁니다. 성공하면 대가가 상당액이 될 겁니다. 하지만 그만큼 리스크도 크죠. 발을 빼고 싶다면 지금 말씀해주세요. 강요하진 않습니다. 부탁할 사람은 많으니까."

해리슨 야마나카가 평소처럼 미소를 지으며 말했다.

"세 달 반 뒤에 만납시다. 자세한 내용은 이번에도 역시 제가 연락할 겁니다."

그러고는 계산을 위해 점원을 불렀다.

다쓰는 시선을 내리고 수사2과장의 이야기를 들었다. 구부정해 보이는 등을 애써 펴고 주름투성이에 여기저기 옹이가 불거진 손을 작은 몸 앞에 깍지 끼고 있다.

"그 재임용 건 말입니다만, 조금 어려울 것 같습니다. 저도 여기저기 손써볼 만큼 써보았는데."

집무 데스크 너머에 앉은 연하의 2과장은 말하기가 조금 거북한 듯이 말했다.

본청 최고 엘리트이지만 쓸데없이 우쭐대는 구석이 없다. 정년을 눈앞에 둔 연장자에 대한 최소한의 배려가 구절구절 배어 있다. 거반 예상하던 결과여서 어딘지 안도하는 자신을 느끼며 다쓰는 남의 이야기처럼 듣고 있었다.

2과장 뒤에는 태양광을 풍부하게 받아들이는 창문이 있어, 담청색 하늘을 떠받친 가로수의 녹음이 시야 구석에서 어른거린다.

"알겠습니다. 신경 써 주셔서 고맙습니다. 이제는 미련 없이 후배들에게 맡길 수 있겠군요."

직립부동 자세로 선 다쓰가 낮은 목소리로 말했다.

"건강은 어떠십니까?"

2과장이 주름살 깊은 다쓰의 얼굴을 살핀다.

"걱정을 끼쳐드렸군요. 이제는 괜찮습니다."

다쓰가 신장과 간장의 기능 저하로 쓰러져 2주 정도 입원했던 것이 반년쯤 전이다. 의사에 따르면 술과 스트레스 때문이라고 한다. 형사는 중대 사건을 해결하라고 채근하는 상부의 강력한 압박 아래 종종 몇 달간이나 집에 돌아가지 못하고 꾸준히 수사해야 하는 경우도 있다. 그런 생활을 오래 하다 보면 몸 어느 한 쪽이 망가지는 것이 오히려 당연한 일이다. 그러니 꼭 다쓰만 겪은 불행도 아니다.

"그렇다면 다행입니다. 후진 지도와 병행해서 계속 수사해주시기를 부탁드립니다."

긴장을 조금 푼 것처럼 보이는 2과장의 목소리를 다쓰는 말없이 듣고 있었다.

"지면사 범인 검거도 기대하고 있습니다."

2과장은 말은 그렇게 하지만 지능범을 전문으로 하는 수사2과가 전통적으로 무게를 두는 것은 부정부패이다. 최근 힘을 쏟는 것은 일반 시민을 상대로 하는 '전화사기'를 비롯한 특수사기인데, 이쪽으로 연간 피해액이 수백 억 엔에 이르고 연간 피해 건수도 1만 건이 훌쩍 넘는다.

그에 비해 지면사가 암약하는 고전적 사기 사건은 피해자 가해자를 불문하고 부동산 브로커나 다름없는 사기꾼이 뒤섞여 있고 피해 건수도 그리 많지 않다. 2과에서는 이쪽으로 인원을 더 배치할 여유도 그럴 마음도 없는 듯했다. 대학도 나오지 않고 현장에서 잔뼈가 굵은 노형사가 형사 인생의 마지막을 조용히 장식할 만한 거리로는 오히려 더 어울리는지 모른다.

"최선을 다하겠습니다."

다쓰는 살짝 목례하고 과장실을 나왔다.

자기 자리로 돌아와 의자에 털썩 앉아 등받이에 기대자 무의식 중에 폐에 가둬두었던 공기가 희미한 마찰음을 내며 코로 새어나온다.

동료 형사들은 대부분 수사하러 나가서 몇 명 보이지 않는다. 가끔 전화벨이 울릴 뿐 사무실은 조용했다.

대규모 인원이 장기간 수사해야 하는 중대사건이 넘치는 수사본부가 연말에 정년퇴직할 다쓰를 수사관으로 호출하는 일은 이제 없어졌다. 잘해야 후방 지원이라는 이름으로 잡일이나 거드는 역할밖에 돌아오지 않는다. 그래도 어떤 경우든 결코 일을 건성으로 날리지 않는 성실함 말고는 이렇다 할 장점이 없는 자신을 형사로 남겨주었으니 상부의 온정에는 경의를 표해야 하리라.

잠시 허공을 응시하다가 가만히 몸을 일으켰다. 서랍에서 낡은 파일 한 권을 꺼내 책상 위에 폈다. 페이지를 넘겨 나가다가 마침내 늘 보던 그 페이지에서 손이 멈추었다.

그곳에는 한 남자의 신상조서가 적혀 있다.

가명을 여러 개 쓰며, 본명은 야마나카 해리슨, 그쪽 인간들 사이에서는 외국식으로 해리슨 야마나카로 통한다고 한다. 1955년 시마네현 상인 집안에서 태어나 고등학교를 졸업하고 폭력조직에 들어갔다가 어떤 잘못을 저질렀는지 서른 살 때 파문당했다. 그 후 조직에 있을 때 배운 부동산 투기 노하우를 살려서 잇달아 대형 부동산 사기를 쳐서 지면사로 명성을 날린다. 버블 붕괴 후 도내 잡거빌딩사무실, 가게, 주택 따위가 한데 들어 있는 빌딩을 둘러싼 사기 사건으로 체포되고 주범으로 기소되어 징역 5년 실형을 언도받아 교도소에 수감되었다. 출소 후 한동안 얌전히 지냈지만 곧 돈에 쪼들리자 범행을 거듭했으며, 지금도 몇몇 대규모 사기 사건에 개입한 것으로 의심하고 있다.

다쓰는 그 페이지를 넘기고 서류 구석에 기재된 10년 이상 지난 어느 사건에 시선을 돌렸다.

사건 주모자는 해리슨 야마나카이며 다쓰도 수사본부의 일원으로 호출되었다. 대략 2년에 걸친 지루한 수사가 결실을 맺어 해리슨 야마나카의 거처를 알아내고 신병을 확보했다. 증거를 보강하는 수사와 함께 며칠간 밤낮 없이 취조했지만, 얼마 뒤 혐의 불충분으로 불기소처분이 된 것은 다쓰로서도 상상하지 못한 일이었다.

혐의를 부인하며 묵비권을 행사하던 해리슨 야마나카를 상대로 이쪽에서는 사전에 검찰과 치밀하게 제휴하며 수사했었다. 다쓰를 비롯한 많은 수사관이 모은 증거는 피의자의 범죄 사실을 입증하기에 충분했다. 납득하기 힘든 선고가 떨어지자 해리슨 야마나카 측과 선이 닿는 검찰 출신이 개입했다는 소문이 수사관들 사이에 나돌았다. 진상은 여전히 밝혀지지 않았다.

해리슨 야마나카가 석방되던 날, 검찰청 현관에 있던 다쓰는 취조실에서 시종 입을 다물고 있던 남자의 환호성을 들었다. 해리슨 야마나카는 다쓰를 발견하자 잠깐 분노에 물든 표정을 짓다가 이내 도발하듯 엷은 눈웃음을 지었다. 그 후 수사에 참여했던 동료 형사들과 마찬가지로 해리슨 야마나카라는 존재가 다쓰의 내면에 잉걸불처럼 조용히 타고 있었다.

파일을 서랍에 넣자 다른 방에서 조사하던 동료 형사가 돌아왔다. 삼십대 나이에 수사1과에 배치되고 얼마 지나지 않았다.

표정이 어두웠다.

왜? 하고 다쓰가 맞은편에 앉은 동료 형사에게 물었다.

"그 시부야 서에서 우리 쪽으로 넘어온 사건 있잖아요."

사기꾼이 개입한 것으로 보이는 사기 사건이 본청에 배당되었다는 것은 다쓰도 들어서 알고 있었다.

"그게 왜?"

"피해자 본인은 자기가 속은 거라고 핏대를 세우며 난리더군요. 어떻게 된 걸까요. 〈페이스〉에 실린 기사도 보았지만, 그런 여자 아나운서 나부랭이랑 사귄다고 껄렁대기나 하고."

동료 형사는 일부 커리어 출신이 보여주는 우월감을 슬쩍 비치며 될 대로 되라는 듯이 투덜거렸다.

지면사가 개입하는 부동산 사기는 수사가 어렵다. 안 그래도 정체를 알 수 없는 자들이 설치는 부동산 업계는 이해관계자가 많고 거래도 복잡하다. 모두 자기가 당했다고 주장해서 누가 진짜 피해자인지도 파악하기가 힘들다. 이번 사건만 해도 피해를 호소하는 마이크로홈 사장이 실은 가해자로서 금융기관에서 돈을 우려낸 사건일 가능성도 있으므로, 다쓰는 동료 형사의 의심도 일단은 이해할 수 있었다.

다쓰는 동료 형사에게 부탁해서 시부야 서에서 만든 수사 자료를 일부 볼 수 있었다.

"……대역 사기인가."

자료를 살펴보니 대역을 내세운 전형적인 지면사 수법이었다.

범인은 이미 자취를 감춘 상태이다. 피해를 호소하는 마이크로홈 사장이나 대역으로 가담한 자의 본인 확인을 해준 변호사 등의 관계자를 상대로 임의 청취가 진행 중이라고 한다.

"그 피해자, 아직 여기 있나?"

"아뇨, 벌써 귀가했습니다만."

동료 형사의 당혹스러운 목소리가 돌아온다.

"미안하지만, 다시 불러줄 수 있나?"

자료로 시선을 내린 채 말했다.

"하지만……."

다쓰는 소리 없이 혀를 차고 고개를 들었다.

"그쪽에 피해가 가지 않게 할 테니까."

감정을 배제한 시선을 던지자 동료 형사는 거북한 듯 입을 다물었다.

2
장

계곡물은 수량이 적고 느리게 흘렀다.

한 걸음씩 조심스레 걸음을 옮길 때마다 스패츠주로 등반 시 착용하는 방수 목적의 각반 속 발목으로 냉수의 선뜩함이 파고든다. 고르지 않은 돌멩이들의 요철이 계곡용 다비일본식 버선에서 유래한 엄지와 검지 발가락 사이가 갈라진 스타일의 신발 밑창으로 느껴졌다.

50리터 배낭을 멘 다쿠미는 걸음을 멈추고 이마의 땀을 훔친 다음 보틀식 휴대용 정수기로 식수를 보급하며 주변 경치로 시선을 돌렸다.

양쪽 물가 너머로 울창하게 자리 잡은 너도밤나무 원생림은 흠칫 놀랄 만큼 선명한 초록으로 물들어 있다. 얼룩처럼 겹쳐진 나뭇잎들에 부서지는 한여름 햇살이, 바위가 드러나 있는 투명한 수면에 산란하여 눈이 부셨다. 계곡에 가득 찬 더위에 덴 듯이 울어대는 매미소리가 쏟아져 졸졸거리는 청량한 계곡물 소리와 섞이고 산새들의 경쾌한 지저귐이 숲속 여기저기서 들려온다.

숨을 깊이 들이마시자 눈앞 풍경을 전부 짓이긴 듯한 농밀한 숲 향기가 콧구멍으로 밀려들어와 도시의 티끌로 더럽혀진 폐가 맑은 공기로 채워졌다.

이른 아침에 임도를 통해 구로타니가와 계곡으로 들어가 잠깐씩 쉬는 여유로운 페이스로 오오유사와 계곡을 거슬러 올랐다. 1,820미터에 달하는 마루야마다케 정상까지는 아직 길이 멀다. 등산 일정은 여유롭게 짜 두었고 서두를 생각도 없었다.

상류로 거슬러 올라감에 따라 계곡 폭이 점점 좁아진다. 어느새 양 물가의 너도밤나무 숲도 끝나 있었다.

동쪽 합수부를 통과하며 올려다보니 태양은 중천을 지나는 중이었다. 수면에 흔들리는 자신의 그림자가 동쪽으로 드리워져 있다.

계곡을 벗어나 숲속 평지에 텐트 칠 자리를 발견하고 배낭을 부렸다.

쓰러진 나무를 모아다 불을 지펴두고 오는 길에 봐둔 계곡 연못으로 낚싯대를 들고 내려갔다. 계곡물 속 물고기가 알아채지 못하도록 바위 그늘에 앉아 신중하게 제물낚시깃털로 모기 모양으로 만든 낚싯바늘를 던졌다. 물의 흐름을 관찰하며 연방 낚싯대를 휘둘렀다. 입질이 시원치 않다. 포인트를 상류로 바꾸자 그제야 적당한 크기의 물고기가 낚였다.

텐트로 돌아와 갓 잡은 곤들매기를 타프 밑에서 다듬고 반합에 쌀과 함께 안쳐서 조리했다. 소박하지만 호사스러운 식사를 마치자 더 이상 할 일이 없었다.

어느새 빗방울이 듣고 있었다. 주위는 이미 냉기 띤 땅거미가 젖어드는 중이다. 의지할 것은 장작불 불빛뿐이었다.

취침용 합성섬유 재킷을 입고 티타늄 머그컵에 아일라 몰트를 따랐다. 술을 마시며 모닥불이 꺼지지 않도록 가지를 더 넣었다. 화로대에서 은근히 발산되는 열이 차게 식은 팔다리를 감싸고 뼛속까지 데워준다. 끊임없이 주황색으로 퍼지는 빛살이 살짝 취기가 오른 얼굴을 비추었다. 숯이 탁탁 터지고 불티가 밤하늘을 날아오른다.

그윽한 피트 향이 오르는 술을 입안에 굴리며 불길의 다툼을 응시하자 안면 피부가 경련하기 시작했다. 모든 걸 태워 없애려는 격렬한 소리가 캄캄한 밤의 정적을 침입하고 귓불에 들러붙어 떨어지지 않는다.

바다가 가까운 요코하마의 본가가 화재를 당한 것은 6년 전 한밤중의 일이었다.

당시 그는 이웃 마을에 살고 있었다. 소식을 듣고 달려갔을 때 눈에 익은 2층 목조건물은 이미 사나운 불길에 휩싸여 방화복을 입은 소방수들이 뿌리는 물줄기를 맞고 있었다. 잇달아 연기가 솟구쳐 오르고 주변 일대에 탄내가 자욱했다. 소방수들의 분노한 고함소리 같은 필사적인 목소리가 어지러이 오가고 그곳만 한낮처럼 환했다.

일터에서 연일 철야를 하던 다쿠미는 화재 현장을 말없이 지켜보는 구경꾼들 뒤쪽에 멀거니 서서 불꽃놀이라도 바라보는 양 본가가 타오르는 모습을 응시하고 있었다. 안에 사람이 있다는 누군가의 외침을 듣고 부모님이나 마침 그날 묵으러 와 있던 처자식이 머리를 스쳤지만 어쩐지 현실감이 희박했고 가슴은 이상하게도 고요했다.

화재가 있기 반년쯤 전에 친족이 경영하던 회사가 도산하는 불행을 겪었다.

종업원 50명쯤 되는 회사는 의료 기기나 의료 소모품을 취급하는 전문상사였다. 선대로부터 물려받은 숙부가 대표를 맡고 아버지가 전무로 일하고 다쿠미도 대학을 졸업하고 일개 영업사원으로 일해 왔다. 도산하기 전까지는 시대 변화에 비틀거리면서도 어떻게든 이익을 내고 있었고, 친족 경영에 흔한 권력투쟁도 없었다. 연휴가 되면 사원이나 가족을 데리고 숙부의 별장이 있는 즈시逗子로 몰려가 바닷가에서 여유를 즐길 정도였다.

회사가 도산하면서 아버지는 숙부와 함께 연대보증인으로서 억대 채무를 지게 되었다. 도산의 방아쇠가 된 거래를 주도했던 아버지는 책임을 깊이 느끼는 것 같았다. 친족에게 외면받고 눈두덩이 푹 꺼질 만큼 초췌해진 모습에서도 그런 마음이 분명하게 느껴졌다. 아버지는 어떻게든 재기하려고 분투했고 다쿠미도 잠을 줄여가며 쉬지 않고 도왔다. 화재가 일어난 것은 그런 와중이었다.

잿더미 속에서 발견된 처자식과 어머니는 완전히 숯덩이였다. 다쿠미가 경찰서 검시실에서 확인할 때는 인간의 형체라는 것을 간신히 알 수 있는 새카만 덩어리였다. 현장을 조사한 소방수에 따르면 아내는 옆에 있는 세 살배기 아들을 보호하는 자세를 취한 것처럼 보였다고 한다.

현장 상황으로 판단하건대 실화일 가능성은 낮고 동반자살과 타살이라는 양면에서 수사가 이루어졌다. 유일하게 현장에서 구조된 아버지가 당신이 자포자기하여 가족을 편하게 해주고 싶었다고 진술함으로써 사건은 즉시 해결되었다. 아버지는 살인과 현주건조물방화죄로 징역 23년을 받고 지금도 지바형무소에 수감되어 있다.

아버지를 면회한 적은 없다. 아비에게 살해된 어머니와 처자식을 가진 몸, 어머니와 처자식을 죽인 아비를 가진 몸. 그 현실에 짓눌려 사건 후 사람들을 피해 방 안에 틀어박혀 지냈다……

머그컵을 든 오른손 손등에 움직이는 것이 있다. 거머리였다. 손가락 끝만 한 시커멓고 작은 몸뚱이가 꿈틀거린다.

거머리가 자벌레처럼 온몸으로 브리지를 만들며 이동하다가 마침내 엄지 뿌리에서 움직임을 멈추었다.

끝이 숯불로 타고 있는 나뭇가지를 집어 들었다. 잠시 거머리를 응시하다가 문득 기억난 것처럼 나뭇가지 끝을 거머리에 댔다. 치지직 타는 소리가 희미하게 나더니 피부에서 툭 떨어졌다.

거머리가 붙어 있던 자리가 거뭇한 피로 젖어 있었다. 발아래 어둠에 떨어진 거머리를 찾아내어 발갛게 타는 나뭇가지 끝으로 자꾸 눌렀다.

이튿날은 하루 종일 흐릿했지만 등정이 예정되어 있던 사흘째에는 전날의 날씨가 거짓말인 것처럼 활짝 갰다.

햇살이 사정없이 이글거리고 있었다. 온몸에서 땀이 솟아났다. 표고는 이미 1,100미터를 넘었고 계곡이 계단 형상이 되어 경사가 심해지고 있다. 가민이 표시하는 심박수가 130대로 빨라졌다. 숨이 턱턱 막힌다. 식재료가 줄어든 만큼 다소 가벼워진 배낭이 양어깨를 파고든다. 숨을 헐떡이며 바위에 손을 짚고 기다시피 해서 계속 올랐다.

계곡물 수량이 줄어들고 마침내 마른 계곡이 나타났다.

능선을 향해 올라간다. 키만큼 자란 울창한 덤불이 앞을 가로막았다. 정상으로 가려면 그곳을 통과하는 수밖에 없다. 마음을 단단히 먹고 돌파하자 어느 쪽을 택해도 빽빽하게 자란 조릿대덤불과 섬대가 시야를 막았다. 곳곳에서 발이 땅에 닿지 않았다. 있는 힘껏 젖힌 덤불 잎사귀가 강한 탄력으로 되돌아와 눈을 겨냥한 것처럼 얼굴을 후려치고, 번번이 발이 걸려 넘어질 뻔했다. 힘으로 버티는 것은 통하지 않았다. 공연히 체력만 소모할 뿐이다. 거칠어진 호흡으로 욕설을 뱉으며 덤불을 헤치고 나갔다.

문득 시야가 트였다.

자신도 모르게 목소리가 새어나왔다.

눈앞에 초원이 펼쳐져 있었다. 연두색 풀밭이 일대를 뒤덮고 점점이 자리 잡은 물그릇 같은 연못이 해맑은 담청색 하늘을 비추고 있다. 산꼭대기에 있다는 사실을 깜빡 잊어버릴 뻔했다. 초록의 바다는 완만한 능선을 기어서 북서쪽에 있는 또 다른 정상으로 뻗어가 소지호双耳峰의 부드러운 산세를 감싸고 있었다.

다쿠미는 배낭을 그 자리에 내려놓았다. 희미하게 남은 발자국 흔적을 더듬으며 초원 속을 걸었다.

어디를 둘러봐도 자기 배낭을 제외하면 시야에 걸리는 인공물이 없었다. 시선을 멀리 던지니 아사히다케나 본텐다케를 비롯한 미나미아이즈의 웅대한 연봉이 보인다. 점점 짙어지는 안개를 휘감으며 끝없이 이어지고 있다. 피로가 쌓인 발을 깊숙이 감싸는 풀의 부드러운 감촉이 다정하게 느껴졌다.

초원에 앉아 가만히 윗몸을 뉘였다. 보이는 것은 망막한 하늘뿐.

시야 가장자리에 햇빛이 눈부셔 한쪽 팔을 이마 위에 쳐들어 막았다. 산들바람이 땀에 젖은 볼을 쓰다듬고 풋내가 코를 스치며 지나간다. 초원을 건너는 산새들의 지저귀는 소리를 듣다 보니 어느새 잠에 빠져들었다.

염려하던 기상 악화는 없었다. 그날은 초원 가장자리에서 야영했다.

산 정상 아래 눈 쌓인 계곡에서 물을 떠다가 도중에 채취한 산마늘로 볶음밥을 만들어 식사를 마쳤다. 주위는 이미 어둠에 싸여 있었다.

다쿠미는 침낭 밖으로 얼굴을 내밀고 타프 너머에 펼쳐진 밤하늘을 응시했다.

밤하늘 가득 박힌 별들이 각자의 명도대로 반짝반짝 빛을 발하며 북적거리고 있다. 상상도 할 수 없는 오랜 시간을 넘어서 이 땅에 당도한 무수한 별들의 반짝거림은 아무리 바라보아도 질리지 않았다.

얼마나 많은 우연이 만나서 지금의 내가 여기에 있는가.

비가 내렸다면 이렇게 정상에서 비박하는 일은 없었을지 모른다. 에비스 프로젝트가 실패했다면 지금쯤 해리슨 야마나카 일당과 새로운 표적을 찾아다니고 있었을지도 모른다. 애초에 가업의 도산이나 아버지의 만행이 없었다면 바닷가 마을을 떠나지 않았을지도 모른다.

그 화재로 외톨이가 된 뒤 쓰레기가 넘쳐나는 방 안에 틀어박혀 지냈다. 끝없는 상실감에 지칠 대로 지치고 머릿속은 두터운 체념에 짓눌려 있었다. 얼룩이 번진 천장을 응시하며 홀로 생이 마감되기를 기대하고 있었는지 모른다. 하지만 결국은 사는 길을 택하고 말았다. 삶을 포기하기에는 너무 젊었다. 그 후 뭔가를 기대하거나 누군가를 믿으며 살아가는 것은 그만두었다.

귀뚜라미가 가냘픈 소리로 울자 그 소리가 산들바람에 실려 소음에 익숙해진 고막에 가만히 닿는다.

어느새 초점이 흐려진 눈으로 모든 빛을 삼켜버린 하늘의 음영을 응시하고 있었다. 뇌리는 지저분한 앞유리만 바라보고 있던 몇 년 전 기억에 침식되어 간다…….

수도고속도로 교각 쪽을 향하고 있는 지저분한 앞유리가 희미하게 밝아진다.

다쿠미는 갓길에 차를 세워놓은 다음 리클라이닝 시트를 젖힌 채로 몸을 맡기고 있었다. 우수에 젖은 눈에 헤드라이트 잔영이 차량 주행음과 함께 다가왔다가는 멀어져간다.

무리한 대출을 받아 이 구형 짐니스즈키의 소형 SUV를 구입한 지 아직 반년도 지나지 않았다. 물때로 지저분해진 창유리 가장자리에 자기 얼굴이 희미하게 비치고 있다. 어느새 새하얘진 머리카락만 야음에 붕 떠 있는 것처럼 비친다.

급브레이크 밟는 소리가 났다. 다쿠미가 윗몸을 일으키자 바로 앞에 택시가 서 있었다.

택시 뒷문이 열리고 손님으로 보이는 중년 남자가 내렸다.

"그러니까 니가 아무리 나이를 처먹어도 바닥만 기는 거야. 너희 택시회사에 내가 신고할 거다. 그런 줄 알고 있어, 이 자식아."

운행 경로가 부당하다고 생각했을까. 운전하는 기사의 태도가 마음에 들지 않았을까. 중년 남자는 도어를 한 손으로 잡은 채 여기까지 들리는 큰소리로 택시 안에다 대고 욕설을 퍼부었다.

택시가 편도 4차선 도로를 일부 막고 있었다. 그 바람에 롯폰기 쪽으로 가는 후속 차량들이 차선을 변경해야 했다.

다쿠미는 핸들을 꼭 쥔 채 연방 기계적으로 고개를 숙이는 남성 택시기사를 바라보았다. 잘해야 삼십대? 자기 또래처럼 보인다.

실내등 아래 떠오른 택시기사의 표정에는 진상한테 걸리고 말았네, 하는 짜증과 승객의 신고가 불러올 벌칙에 대한 두려움이 섞여 있었다. 어쩌면 저 택시기사도 이 일을 때려치울 날이 그리 멀지 않았는지 모른다.

다쿠미가 전에 다니던 택시회사에서 해고된 것도 네 달쯤 되었다.

택시기사라는 일에 의욕은 없었다. 구인광고에 실린 '기숙사 완비'니 '2종 면허 취득비용 전액 부담'이니 하는 조건에 끌린 것도 아니었다. 애당초 방 안에 틀어박혀 지내던 인간에게 다양한 선택지는 남아 있지 않았다. 얼마 안 되는 직업 중에 택시기사라면 사람들과 부대낄 일이 별로 없겠지, 하는 소극적인 이유 때문에 택했을 뿐이다.

일단은 지리를 익혀야 했다. 날이 갈수록 일에도 익숙해졌다. 그러나 손님 사정을 전혀 살펴보지 않는 무뚝뚝한 근무 태도로 여러 번 주의를 받고, 그래도 개선되지 않자 해고 통고를 받았다. 수중에 남은 것은, 얼마 안 되는 현금과 자신에게는 서비스업이 전혀 맞지 않는다는 평소 어렴풋이 깨닫고 있던 현실뿐이었다. 결국 다른 택시회사를 찾아보지도 않고 1년 남짓 만에 택시기사를 그만두게 되었다.

직종은 다르지만 지금 하고 있는 일도 열의의 결핍이라는 점에서는 크게 다르지 않다. 간신히 생계나 유지되는 보수 말고는 다른 의미를 찾을 수 없었다. 다 끊어진 실에 매달린 연처럼 정처 없이 세상의 응달만 떠돌아야겠다, 차라리 돌풍에라도 휩쓸려 갈가리 찢어져버렸으면 좋겠다는 생각까지 했다.

조수석에 뒹구는 스마트폰이 울렸다.

다쿠미는 지겹다는 듯이 손을 뻗어 발신자도 확인하지 않고 시트에 둔 그대로 통화 아이콘을 터치했다.

"당신, 지금 어디요?"

나이 어린 매니저의 건방진 목소리가 좁은 차내에 울려 퍼진다.

이 일을 시작한 뒤로 근무 중 통화는 늘 스피커폰 모드로 하고 있다. 택시기사 시절의 습관이 남아 있어서가 아니다. 귀에 거슬리는 말이 쏟아져 나와도 그렇게 해야 남 일처럼 흘려 넘길 수 있을 것 같았다.

매니저 목소리 뒤로 쉴 새 없이 울리는 전화벨 소리도 흘러나왔다. 오늘밤도 여자를 원하는 손님이 끊이지 않는다.

"아카사카에서 사키 씨를 기다리고 있어요."

다쿠미가 아카사카 호텔 앞 노상에서 대기한 뒤로 40분 가까이 지났다. 호텔 객실에 있는 사키로부터 10분쯤 전에 서비스가 끝났다는 연락이 있었다. 그런데도 아직 호텔 현관에 나타나지 않고 있다.

서비스 시간은 120분이 기본이다. 고급업소를 자처하는 만큼 서비스에 성교는 포함되지 않는데도 요금은 10만 엔 가까이 된다. 손님이 결코 저렴하지 않은 추가요금을 지불해서 60분을 연장하고 있었다. 업소 사이트에 올린 '현역 모델'을 사칭하는 사키의 모습이 어지간히 마음에 들었는지도 모른다.

손님은 요즘 자주 이용하는 우치다라는 남자였다. 거의 모든 손님이 그렇듯이 '우치다'도 적당히 만든 가명일 것이다. 우치다는 늘 정식으로 체크인해서 지내는 것으로 짐작되는 이 호텔을 지정한다. 업소 스태프가 전부터 기억하고 있는 손님이었다.

업소에서는 캐스트가 서비스하기 전에 드라이버가 손님이 지정한 객실까지 가서 요금을 받게 되어 있다. 오늘은 캐스트를 여기로 데려온 다른 드라이버가 요금을 받았지만, 다쿠미도 우치다라면 몇 번 본 적이 있다. 키가 크고 예순 살 전후로 짐작되는 남성으로 행동거지가 부드러웠다. 늘 가운을 걸친 모습이었고 요금을 줄 때 꺼내는 장지갑에 항상 지폐가 터질 듯이 들어 있는 것이 인상적이었다.

"아직도 기다리는 거야? 당장 연락해서 빨리 나오라고 해, 손님이 밀려 있으니까."

매니저가 다그치듯이 말했다.

"사키가 나오면 다음은 다마치에 있는 아파트야. 주소는 보내두었어."

앞유리 너머에서는 아까 그 택시가 여전히 비상등을 켠 채 서 있다. 그제야 손님한테서 풀려난 택시기사가 시트 옆 레버를 당겨서 도어를 닫았다. 실내등이 꺼지는 순간 운전기사가 뭐라고 소리쳤다. 입술 움직임으로 보아, 에이 씨발, 아니면 에라이 쌍놈아, 라고 말한 것 같았다. 차량 주행음이 시끄러워 택시기사 목소리는 여기까지 들려오지 않았다.

"어이, 알아들은 거야? 대답 좀 해, 이 사람아."

매니저 목소리가 날카로워졌다.

"……예, 알겠습니다."

전방을 주시한 채 스마트폰을 집어 들고 종료 버튼을 눌렀다.

짜증이 응축된 한숨이 흘러나온다. 시트에 기대려고 하는데 인기척이 느껴졌다. 조수석 창유리 밖에 화장기 없는 사키가 서 있었다.

"아이, 또 아저씨야?"

타이트스커트에 싸인 앙상한 허리를 조수석에 미끄러뜨리며 올라탄다. 사키는 하이힐을 신은 채 대시보드에 두 발을 꼬아서 올렸다.

"내가 이 차는 진짜 곤란하다고 했잖아. 똥차인데다 좁아터지고 지저분하고. 이러다 사고라도 나서 내가 다치면 어떻게 책임지려고…… 분명히 말해두는데, 당신, 잠깐이라도 스커트 속을 들여다보면 돈 받을 줄 알아."

무시하고 차를 출발시켰다.

사키가 친구인지 다른 캐스트인지와 전화 통화를 하고 있다.

지저분한 창유리를 거울삼아 손가락 끝으로 머리를 매만지며 한참 동안 스트레스를 토해냈다.

"내 말 좀 들어 봐봐, 방금 전 손님, 진짜 개짜증나는 거 있지. 왜일 것 같니? 아니, 그런 거 전혀 아냐. 얼굴을 핥게 해 달래. 그것도 1시간 내내. —오로지 얼굴만. —싫어하는 내 얼굴을 보면 흥분이 된대. —그렇지? 진짜 변태새끼라니까. —응? 했지. 하지만 3만 엔이나 주겠다는데 누가 안 하니."

다쿠미는 한 손으로 핸들을 조작하며 의식을 앞쪽에 집중하고 있었다.

심야의 거리는 손님을 찾아 돌아다니는 택시의 후미등이 우글거리고 있어 왠지 빨간 갯반디를 연상케 한다. 그 빛의 무리를 응시하는 동안은 모든 소음에서 해방되는 기분이었다.

그날도 일은 새벽에 끝났다.

다쿠미는 석식인지 조식인지 모를 도시락과 캔맥주를 사들고 연립주택으로 돌아왔다. 좁은 골목 건너편에 있는 러브호텔 사이로 비껴든 아침햇살이 집 안까지 들어와 처자식과 살던 시절부터 쓰던 선반 위의 전기포트를 피하듯이 작은 양달을 만들어주고 있다.

밤낮없이 이불이 깔려 있는 6첩 방에 앉아 캔맥주를 마시며 우편물들을 대강 확인해 나가던 다쿠미는 이 집에 살던 사람에게 온 세일 안내장이나 음식점 홍보지 사이에서 A5크기의 하얀 봉투를 발견했다.

그 봉투는 전에 가족과 살던 요코하마 주소지에서 전송되어 온 것이었다. 앞면에 다쿠미의 이름이 적혀 있고 뒷면에 '지바현 지바시 와카바구 하이즈카초 19'라고 적혀 있다. 이미 여러 번 봐서 외워버린 주소 옆에는 '쓰지모토 마사미'라는 이름이 변명처럼 곁들여져 있었다.

다쿠미는 맥주를 입안에 머금은 채 봉투를 열어보지도 않고 힘껏 꾸긴 다음 쓰레기통으로 쓰는 종이박스에 던져버렸다.

이튿날도 매니저와 캐스트의 잔소리를 한 귀로 듣고 한 귀로 흘리는, 평소와 다를 것 없는 일상이 계속되었다.

그렇게 2주가 지났다. 다쿠미는 아카사카의 호텔 앞에 차를 세워둔 채 앞유리의 지저분한 얼룩을 멍하니 바라보고 있었다.

스마트폰이 울렸다.

호텔 객실에 있는 사키였다. 예정된 서비스 종료 시간보다 30분 이상 빠르다.

"당장 와봐."

스피커에서 사키 목소리가 흘러나온다. 평소와 달리 절박한 목소리다. 무슨 문제라도 생겼나? 손님은 우치다였다.

차를 갓길에 둔 채 객실로 올라가자 문 안에 가운만 걸친 사키가 서 있었다. 2주 전과 마찬가지로 손님이 내내 얼굴만 핥은 모양이다. 아이라인과 루즈가 볼품없이 번지고 화장이 망가져 있었다. 얼핏 보면 어설프게 분장한 피에로 같다.

무슨 일이냐고 묻자 사키는 우치다한테 피임도구도 없이 당했다며 격한 증오를 뿜어내는 눈빛으로 호소했다.

가운을 걸친 우치다는 창가의 1인용 의자에 앉아 있었다. 창밖에 우뚝 솟은 도쿄타워 불빛을 바라보며 시치미 뗀 표정으로 위스키 잔을 기울이고 있다. 하지만 이내 다쿠미의 시선을 의식하고 엷은 미소를 지으며 일어섰다.

"아니, 내가 상황을 자세히 설명해 드리죠. 욕구불만이 쌓여 있던 이 아이가 내 테크닉에 완전히 녹아난 겁니다. 급기야 내 우수한 유전자를 꼭 받고 싶다고 애원하기에, 사실은 그러고 싶은 마음이 전혀 없었지만, 하는 수 없이 이 아이의 찝찝한 성기 안에다 사정해주려고 한 거지요. 내가 원해서 한 게 아닙니다. 이 아이가 원했어요, 욕구불만이 쌓여 있던 이 아이가."

우치다의 말은 청산유수였다. 마치 정의의 사도라도 되는 것처럼 초조해하는 기미가 전혀 없었다.

"지금 장난해? 내가 그런 소리를 할 리가 없잖아."

사키가 소리쳤다.

"거짓말을 하면 곤란합니다."

우치다의 얼굴에서는 여유조차 엿보였다.

"당신이 먼저 강아지처럼 히프를 들이밀었잖습니까. 흥분해서 잊어버렸는지 모르지만, 더욱 욕심을 내 아누스에 제 손으로 바이브레이터를 집어넣었으면서. 그래도 만족하지 못하고 그 징그러운 히프를 열심히 흔들며 페니스를 넣어달라고 애원했단 말입니다."

"그런 적 없어!"

사키가 소리 질렀다. 다쿠미의 시선을 의식한 수치심이 말끝에 묻어난다.

다쿠미는 트윈베드 한쪽을 쳐다보았다. 헝클어진 시트의 한가운데가 젖어서 매트에 들러붙어 있었다. 페니스 모양의 보라색 성인용품과 까만 유리구슬을 여러 개 꿴 듯한 물건이 뒹굴고 있다.

"사람이 솔직하질 못하군요."

우치다가 곤혹스러운 듯 고개를 설레설레 젓더니 가운 주머니에서 스틱 모양의 레코더를 꺼내 스위치를 눌렀다. 사키의 흥분한 목소리와 날숨소리가 흘러나온다. 우치다의 주장을 충실히 재현하듯이 사키가 쥐어짠 목소리로 거듭 애원하고 있었다.

"그만해!"

"솔직하게 다 인정한다면 당장 끄겠습니다."

마구 소리치는 사키를 곁눈으로 보며 우치다는 즐거운 얼굴로 레코더에 귀를 기울이고 있었다.

"그런 뜻으로 한 말이 아니란 말이야! 그런 적 없단 말이야······."

사키가 그 자리에 주저앉았다. 피에로 얼굴이 일그러진다. 루즈로 빨갛게 더럽혀진 볼에 눈물이 흘러내렸다.

"뭐, 일이 이렇게 된 겁니다."

우치다가 레코더를 끄고 두툼한 장지갑을 집어들더니 다쿠미

곁으로 다가왔다. 이건 소소하나마 위로하는 뜻에서, 하며 장지갑에서 1만 엔 권 3장을 꺼내 세어보고 내밀었다.

다쿠미는 지폐를 쳐다보았다.

"필요 없습니다."

우치다의 표정이 의아하다는 듯 흐려졌다.

"돈은 안 받습니다. 사무실에 이러니 저러니 보고할 생각도 없고."

"……호오."

뜻밖이라는 듯이 우치다가 중얼거렸다.

"관심 없으니까."

다쿠미가 조용히 대답했다.

"뭐라는 거야 지금. 당신, 우리 업소 사람이잖아. 내 편을 들어야지."

돌아다보니 사키가 끅끅 울면서 이쪽을 노려보고 있다.

다쿠미가 차가운 시선으로 쳐다보며,

"나는 누구 편도 아냐. 당신 일이니까 알아서 해."

하고 억누른 투로 말했다.

저도 모르는 사이에 볼 근육이 격하게 수축하고 있다.

옆에서 흥미롭게 지켜보던 우치다가 문득 기억났다는 듯이 지갑에서 명함 한 장을 꺼내더니, 무슨 어려운 일이 있으면, 하고 눈웃음을 지으며 내밀었다.

그날 밤 그곳에서 있었던 일은 당연히 업소에서 문제가 되었다.

매니저가 다쿠미의 태만한 대응을 다그쳤고 심하게 매도당한 끝에 변명할 기회도 없이 잘리고 말았다.

다시 일자리를 잃고 연립주택 방 천장의 얼룩을 바라보는 날들이 이어졌다. 계속 그렇게 지내도 될 만큼 돈을 모아둔 것도 아니었다.

"어떻게 하나……."

다다미에 누워 중얼거려 보았다. 뭔가를 하고 싶은 의욕이 있는 것도 아니다. 무엇을 할 줄 아는 것도 아니었다.

타성처럼 이번에도 출장식 풍속점 드라이버 구인 정보를 찾아서 몇 군데 연락해보았다. 어디나 전화 통화 때부터 쌀쌀맞게 나왔다.

잠을 설치며 뒤척거리는데 빈 도시락상자와 페트병 같은 쓰레기에 파묻히듯이 섞여 있는 꾸깃꾸깃한 하얀 종이가 눈에 띄었다. 우치다가 준 명함이다. 잠시 쳐다보다가 곧 일어나 전화를 걸었다.

수화구에서 벨소리가 들리고 기억에 남아 있는 목소리가 들렸다. 처음에는 다쿠미를 기억하지 못하는 듯했다. 아카사카 호텔에서 있었던 말썽을 이야기하자 바로 기억이 나는지 의심이 묻어나는 목소리로 용건을 물었다.

일자리가 필요하다, 운전사 정도는 할 수 있다고 말하고 당신 밑에서 일해보고 싶다는 말도 덧붙였다.

"거짓말."

말 끝나기 무섭게 우치다가 말했다.

"나랑 일하고 싶다는 생각은 해본 적도 없잖습니까."

단정적인 말투였다. 우치다에게 빈말은 통하지 않을 것 같았다.

"네, 그렇습니다. 하지만, 일자리가 필요합니다."

우치다가 유쾌한 목소리로 웃기 시작했다.

"미안하지만 운전기사는 필요 없습니다."

애초에 크게 기대한 것도 아니었다. 다쿠미는 틀에 박힌 인사를 하고 전화를 끊었다.

"또 보도방 드라이버를 해야 하나……."

힘없는 독백이 6첩 방에서 스러져간다.

허기를 느끼고 도시락을 사러 나가려는데 다다미에 뒹굴던 스마트폰이 울렸다. 방금 통화한 우치다였다.

"방금 그 얘기 말인데, 꼭 운전 일이어야 합니까?"

우치다가 기대를 품은 목소리로 물었다.

"……아뇨. 돈만 된다면."

어리둥절한 목소리로 대답했다. 수화구 너머에서 상대방이 흡족하게 웃는 것을 뚜렷이 느낄 수 있었다.

그것이 우치다, 아니, 해리슨 야마나카와 어울리게 된 계기였다.

그다음 주, 해리슨 야마나카에게 첫 일감을 받았다. 누구나 할 수 있는 일이라는 말대로 지정된 날짜에 어느 공장을 찾아가 물건과 대금을 맞바꾸어 오는 일이었다.

"그게 전부입니까?"

교통비 등 경비를 포함하여 3만 엔이라는 보수치고는 너무나 쉬웠다. 해리슨 야마나카는 찻잔에 입을 대며 고개를 끄덕였다.

"단, 주의할 게 몇 가지 있습니다."

장황한 주의사항을 메모하고 오후의 찻집을 나섰다.

다음날 그 공장으로 향했다.

지정된 공장은 시내에서 전차를 타고 1시간 가까이 가서 버스로 갈아타고 10분쯤 걸리는 곳에 있었다. 역을 벗어나자 곧 주택가가 펼쳐진다. 교통량이 많은 간선도로로 들어서자 프랜차이즈 음식점이나 영업차량이 서 있는 사무실들이 눈에 띄기 시작했다.

가슴이 두근거리는 것을 느낄 수 있었다. 다쿠미는 술병이 든 종이봉지를 안고 어디서나 볼 수 있을 법한 교외 풍경을 바라보고 있었다.

공장에서 가장 가까운 정거장에서 버스를 내려 지도를 보며 5분쯤 걷자 중고차판매점 건너편에 그 건물이 있었다. 공장이라고 하지만 종업원 수백 명이 일하는 대기업은 아니고, 2, 30명 정도면 꽉 찰 것 같은 작은 곳이었다. 밖에서 보면 창고라고 해야 어울릴 건물이다.

해리슨 야마나카가 들려준 '주의사항'대로 공장 앞을 그대로 통과하여 주변을 걸어다녔다. 자동차정비공장, 소형 컨테이너를 여러 개 쌓아올린 짐 보관소, 건설회사 자재창고가 흩어져 있고 그 틈새를 메우듯 주택이 밀집해 있다.

짐짓 자연스럽게 주위를 살펴보았다. 허리 굽은 노인이 개를 산책시키는 것 말고는 수상한 차량이나 인물을 볼 수 없었다. 만약 뭔가 이변이 있으면, 단적으로 말해서 경찰 관계자가 있는 것 같다 싶으면 공장으로 들어가지 말고 그냥 돌아오라는 지시를 받았다.

부지 안으로 들어가 활짝 열린 입구를 통해 공장 안을 들여다보았다.

불규칙한 기계음으로 시끄럽고 무슨 약품 냄새와 함께 잉크 냄새 같은 게 났다. 입구 옆에는 뜯지 않은 종이다발이 쌓여 있고, 오래돼 보이는 대형 인쇄기가 벽을 따라 여러 대 놓여 있었다. 천장에 매달린 형광등 아래 파란 작업복을 입은 종업원 여럿이 인쇄기 앞에서 일하고 있다.

다쿠미는 가까이에서 인쇄물 완성품을 검품하는 남성 종업원에게 다가갔다.

"저어, 사장님 계십니까?"

피곤에 전 얼굴로 이쪽을 돌아다본다.

"2층."

종업원은 무뚝뚝하게 대답하고 손에 든 인쇄물로 시선을 돌렸다.

2층은 사무실이었다. 외근을 나갔는지 사무원은 보이지 않는다. 안쪽 사무용 책상에 사장으로 짐작되는 노인이 작업복 차림으로 앉아 있었다. 시원하게 벗겨진 머리를 반짝거리며 맥없는 목소리로 누군가와 전화통화를 하는 중이다.

"예. 예. 죄송합니다. 오늘 중으로 돈이 들어오니까 조금만 더 기다려주실 수 없겠습니까, 부탁드립니다요. 이렇게 고개 숙여 부탁드리고 있지 않습니까, 꼭 좀 부탁드립니다."

사장이 이쪽을 알아차렸는지 입가에서 수화기를 떼어낸다.

"어이. 당신, 우치다가 보냈나?"

살짝 동요를 느끼며 다쿠미는 고개를 끄덕였다.

마침 지금 돈이 왔네요, 라고 고하고 사장은 수화기를 내려놓았다.

"먼저 그걸 줘."

사무용 책상 너머에서 이쪽으로 차가운 시선을 던지며 낮은 소리로 요구했다. 해리슨 야마나카가 들려 보낸 제법 두툼한 봉투를 건네주었다. 사장은 낚아채듯 받아들고 초조한 모습으로 봉투에서 지폐를 꺼내려 했지만 고무골무를 낀 손가락 끝이 엉뚱하게 봉투 덮개만 구기고 있었다.

내내 희미하게 떠는 사장의 손을 다쿠미는 말없이 쳐다보았다. 해리슨 야마나카가 가는 길에 술이라도 한 병 사들고 가는 게 좋을 거라고 충고한 이유를 알 것 같았다.

사장은 그가 가져간 위스키를 집어들고 고맙다는 인사도 없이 마개를 따자마자 병나발을 불더니 목울대를 꿀럭거리며 호박색 액체를 위장으로 흘려 넣었다. 애써 백화점에서 사온 지치부산 싱글몰트였다. 어딘지 절박해 보이는 상대방 표정으로 보건대 알코올이기만 하면 브랜드 따위는 아무렴 상관없는 듯했다.

알코올 묻은 입가를 꾸깃꾸깃한 셔츠 소매로 훔치고 봉투에 있던 지폐를 다시 셌다. 방금 전까지 바르르 떨던 손이 거짓말처럼 차분해졌다.

"딱 맞네."

사장은 돈 봉투를 바지주머니에 비틀어 넣고 책상 서랍에서 A4 봉투를 꺼내 오물이라도 버리듯 이쪽으로 획 던졌다.

다쿠미는 옆 책상을 빌려 내용물을 살펴나갔다.

안에 든 것은 가스요금이나 수도요금 같은 공공요금 명세서, 고정자산세 통지서, 기타 위조 방지 무늬가 있는 주민표였다. 모두 7명 분이다. 이 공장, 혹은 협력사에서 위조한 것일까. 사전에 설명다운 설명을 듣지 못했다.

준비해 간 비닐장갑을 끼고 자료와 대조해 가면서 각 서류에 있는 성명, 날짜, 금액, 주소 등에 오류가 없는지 한 장씩 신중하게 살펴보았다. 오류는 없어 보였다.

"어이, 얘야."

술을 마시며 이쪽 행동을 바라보던 사장이 책상에 술병을 내려놓았다.

"왜 우리가…… 너희들 같은 악당을 도와야 하지? 엉? 성실하게 살아온 우리가 왜 너희들 같은 사회의 쓰레기들을 상대해야 하느냔 말이다."

누렇게 흡뜬 눈이 노려보고 있다.

"거들먹거리지 말란 말이다! 어서 대답해봐, 이 자식아."

다쿠미는 눈썹 하나 꿈쩍하지 않은 채 입을 다물고 있었다.

"잘 들어. 우리는 말이야, 우리는 아무것도 없이 맨손으로 시작해서, 이것저것 다 포기하며 이를 악물고 지금까지 뭣 빠지게 일해 왔다."

넋두리 같은 원망이 길게 이어진다.

"그런 우리가 왜 지금 쓰레기통이나 뒤지고 다녀야 하냐. 어이 쓰레기. 너 말이야, 이 쓰레기. 듣고 있냐, 개자식. 쓰레기 주제에 말도 못하니?"

"……그만 실례하겠습니다."

눈인사를 하고 욕설을 뒤로 들으며 인쇄기 소리 울려 퍼지는 공장을 나섰다. '쉬운' 일이었다. 그런데도 몸이 무겁기만 했다.

시내로 돌아가 신주쿠역에 도착하니 해는 이미 저물고 있었다.

거리는 사람들로 복작거리고 요란한 조명에 휩싸인다. 이제 20분만 있으면 약속시간이다. 해리슨 야마나카가 지시한 대로 근처 대형 가전양판점에서 서둘러 물건을 사서 음식점이 모여 있는 번화가로 향했다.

지정된 선술집은 출입문이 따로 없이 개방되어 있고 점포 폭이 넓었다. 처마 밑에 늘어놓은 드럼통 테이블까지 손님들로 차 있어 활기가 넘쳤다.

가게로 들어가기 전에 짐짓 자연스럽게 뒤쪽을 확인했다. 뒤를 밟는 자는 없는 것 같다.

"어서 오세요!"

쪽빛으로 염색한 한텐을 걸친 점원들이 입을 모아 힘차게 맞아준다.

벽가 카운터에 앉아 위조 문서를 담은 가전양판점 종이봉지를 발밑에 내려놓고 메뉴를 보는 척하며 가게 내부를 둘러보았다.

스무 명 정도는 수용할 만한 카운터가 가게 안에 크게 ㄷ자 모양으로 놓여 있다. 카운터 안쪽 불판에서는 다양한 부위나 부속 고기를 꿴 돼지 꼬치가 고소한 연기를 피어올리고 있었다. 자리의 8할은 손님이 앉아 있는 듯하다. 떠들썩한 그들을 둘러보며 해리슨 야마나카가 들려준 주의사항을 되새겨 보았다.

―미행이 없다 싶어도 안심하지 마세요. 가게 안에 사복형사가 손님을 가장하고 앉아 있을지 모릅니다. 꼭 남자라는 보장도 없어요. 주목해야 할 것은 신발입니다. 사복형사는 가죽신발이나 밑창이 딱딱하고 무거운 스니커보다는 달리기 편한 러닝화를 신습니다. 옷차림은 전체적으로 수수합니다. 신발에 어울리지 않는 옷차림일 테니까 잘 보면 그 부자연스러움을 알 수 있을 겁니다. 신발을 확인할 수 없다면 눈을 보세요. 눈을 보면 압니다. 혼자

상념에 빠진 것도 아니고 실패한 업무를 돌이키며 씁쓸하게 술잔을 들이켜는 것도 아닙니다. 사람이 그리워 무절제하게 말상대를 찾는 것도 아닌 눈. 손에 든 술잔이나 접시만 보고 있는 것 같아도 눈은 끊임없이 날카로운 빛을 발산하고 있습니다.

그런 사람이 보이면 가게를 그냥 나오기로 되어 있었다. 둘러보니 그럴 법한 손님이 없다. 다쿠미는 맥주와 꼬치구이를 몇 대 주문하고 손목에서 풀어낸 시계를 카운터에 올려놓은 다음 상대방이 나타나기를 기다렸다.

상대가 누구이고 어떤 인물인지는 전혀 알지 못한다. 나이는 물론이고 성별도 모른다. 해리슨 야마나카에게는, 발 옆에 놓은 가전양판점 종이봉지와 카운터에 올려둔 손목시계를 표식으로 상대방이 자신을 발견하게 될 거라고 들었다.

주문한 꼬치구이를 거의 다 먹도록 그럴 법한 인물이 나타나지 않았다. 손목시계를 내려다보았다. 20분만 더 기다리고 아무도 오지 않으면 뭔가 문제가 생긴 것으로 알고 바로 가게를 떠나기로 되어 있었다.

"예~ 어서 오세요!"

기운찬 목소리가 가게 안에 울려 퍼졌다.

몸을 조금 틀어 입구 쪽을 살펴보았다. 한 남자가 서 있었다. 안경을 쓰고 슈트를 입은 오십대였다. 손에는 나일론 비즈니스백과는 별도로 가전양판점 종이봉지가 들려 있다. 빨간 바탕에 각 전기제조사의 로고가 가득 인쇄되어 있었다. 다쿠미가 발 옆에 내려놓은 종이봉지와 동일한 디자인이다.

남자는 점원이 안내한 카운터 한쪽에 앉았다. 먼저 나온 우롱하이를 한 모금 마시고 점원에게 양해를 구한 뒤에 다쿠미 옆자리로 옮겨 앉았다.

맥주잔으로 손을 뻗어 한 모금 마셨다.

옆자리 남자가 몹시 의식되었다. 끝내 참지 못하고 곁눈질로 보니 남자는 손에 든 메뉴를 보며 조림을 안주로 우롱하이를 담담하게 마시고 있었다. 왠지 이쪽을 의식하는 것 같기도 하고 그냥 혼자만의 시간을 즐기는 것 같기도 하다. 이 남자가 만나기로 한 사람일까? 해리슨 야마나카는 상대방과 이야기할 필요는 없다고 했었다. 자신이 적극적으로 확인할 방법이 없는 것이 답답했다.

남자가 조림을 다 먹고 남은 술도 다 마셨다. 짐짓 2차를 가려는지 계산을 하고 그대로 가게를 나갔다.

발밑에 둔 종이봉지를 내려다보았다. 어느새 남자의 종이봉지와 바뀌어 있었다. 위조문서를 넣은 봉투는 사라지고 아까 할인매대에서 산 헤드폰도 사라졌다. 대신 등에 영화 제목이 인쇄된 DVD 몇 장만 들어 있었다.

"마실 걸 드릴까요?"

옆에서 젊은 점원이 이마에 머리띠를 묶은 얼굴로 이쪽 표정을 살핀다.

"……아뇨, 잘 먹었습니다. 계산할게요."

맥 빠진 미지근한 맥주를 입에 머금고 포렴 너머로 어른거리는 골목 쪽을 내다보았다.

남자는 벌써 보이지 않았다. 퇴근한 직장인들이 삼삼오오 어깨를 나란히 하고 거리를 지나간다. 친밀해 보이고 나이도 성별도 제각각이다. 그들의 쾌활한 목소리를 들으며 인쇄공장 사장이 쏟아내던 욕설을 떠올렸다.

첫 심부름을 시작으로 다쿠미는 해리슨 야마나카가 시키는 일을 잇달아 완수해 나갔다. 맡기는 일은 늘 '간단'했고, 벌이도 그 무렵까지 병행하던 날품팔이 아르바이트보다 훨씬 나았다.

알코올에 중독된 사장은 그 뒤에도 몇 번 찾아가 만났다. 다른 인쇄공장이나 대형 인쇄회사의 내부 협력자, 연장기술자라 불리는 남자에게 위조 인감을 받으러 간 적도 있다. 나중에 생각해보니 그 장황한 '주의사항'을 비롯하여 시험을 치르고 있었던 것 같다.

보수에 불만을 품지 않고 어떤 일이든 거절하지 않는다. 그러면서도 특별히 실수다운 실수를 하지 않았기 때문인지도 모른다. 어느 날 해리슨 야마나카가 신주쿠 가부키초 뒷골목에 있는 찻집으로 나오라고 연락했다.

여느 때처럼 심부름을 시키려나 했지만 그날은 분위기가 조금 달랐다.

"슬슬 IC가 되는 면허증이 아니면 일을 하기가 곤란해지고 있습니다……."

해리슨 야마나카가 어쩐 일인지 근심어린 표정으로 턱수염을 쓰다듬는다.

몇 년 전부터 운전면허증이 IC를 심은 것으로 차차 교체되고 있다는 것은 다쿠미도 알고 있었다. 플라스틱카드에 그냥 개인정보만 인쇄된 기존 카드와 달리, 카드에 문자나 보안 무늬뿐만 아니라 보다 상세한 개인정보가 암호화되어 기록된 IC칩이 들어 있다. 전용 기기를 이용하여 정보를 판독하고 진위를 판정할 수 있다. 면허증 소유자에게 이미 널리 보급되어 있고 관할기관인 경찰당국은 물론 은행 등 민간 기업에서도 거의 대응이 끝난 상태라고 한다.

잔심부름꾼이라고 해도 여러 차례 심부름을 하다 보니 해리슨 야마나카가 많은 위조 문서를 사용해서 뭔가 사기 행각을 벌이고 있다는 것은 알고 있었다. IC 면허증이 도입된 탓에 기존처럼 작업을 진행할 수 없게 되었을 것이다.

"그 사람밖에 없겠군."

해리슨 야마나카가 혼잣말처럼 중얼거렸다가 창문 너머 골목의 양달을 응시하는 시선을 다쿠미에게 돌리며 물었다.

"부탁 하나 해도 되겠습니까?"

그리고 며칠이 지난 오늘 장마가 되돌아온 것처럼 아침부터 가랑비가 내리고 있다. 저녁이 되기를 기다렸다가 전차를 갈아타며 임해공업지대로 향했다.

역에 내려서는 노선버스를 탔다. 목적한 정류장이 멀어서 버스 안에 승객이 거의 없어졌는데도 좀처럼 도착하지 않는다. 어느새 주택이 드문드문해졌다. 공장이나 창고, 짐 보관소나 상업 차량이 나란히 서 있는 주차장이 산업도로변에 줄지어 있다. 어둠 속에 편의점이 나타나고 인적이 끊긴 점포는 형광등이 눈부시다.

다쿠미는 뒤쪽 좌석에서 시트에 기대어 앉아 있었다. 빗방울 맺힌 창유리에 가로등 빛발이 비쳤다가 뒤쪽으로 사라져간다.

살기 편한 동네라고 말할 수는 없었다. 시내가 가까운 것도 아니고 풍광이 뛰어난 것도 아니다. 그런 동네에 혼자 사는 심리는 대체 뭘까.

지금 만나러 가는 나가이라는 남자는 다쿠미보다 몇 살 연하이다. 해리슨 야마나카에 따르면 명석한 두뇌와 탁월한 기술을 가지고 있다고 한다. 고교생 때 출전한 국제수학올림피아드에서 메달을 따고 세계적인 소프트웨어회사가 주최하는 해외 기술 컨퍼런스에 매년 초대받을 정도였던 모양이다. 나라 안팎에서 촉망을 받던 인재인데 어찌된 일인지 그 후 일절 모습을 드러내지 않았다. 요즘은 마음 내킬 때만 인터넷을 통해 일하며, 은퇴한 거나 다름없는 생활을 하고 있다고 한다.

해리슨 야마나카는 나가이의 능력을 빌려 면허증을 위조하려고 한다. 새로운 면허증은 기존처럼 보안무늬를 인쇄하는 기술만으로는 대처할 수 없다. IC칩 스키밍과 복제가 빠질 수 없었다.

낮과 밤이 완전히 뒤집힌 생활을 하는 나가이는 밤 시간이 아니면 만나주지 않는다고 한다. 까다로운 성격 탓에 해리슨 야마나카도 딱 한 번만 일을 같이 해봤을 뿐이고, 그 뒤로는 의뢰를 늘 거절당하고 있다. 오늘밤 다쿠미가 방문한다는 것은 일단 나가이에게 전해두었지만 그런 내력이 있어서인지 해리슨 야마나카도 큰 기대는 하지 않는 듯했다.

버스 안내방송이 목적지 버스정류장 도착을 고했다. 다쿠미는 창틀로 손을 뻗어 하차 버튼을 눌렀다.

공장지대 버스정류장은 조용하기만 했다. 그의 집은 걸어서 10분쯤 떨어진 곳에 있었다.

그 작은 건물은 3층이고 하얀색의 철근콘크리트조였다. 비바람에 많이 퇴색하여 지은 지 상당한 세월이 흐른 것처럼 보인다. 층마다 공간은 하나뿐이고, 1층과 2층은 임차인이 없어 비어 있는 것 같았다. 나가이는 3층에 살고 있다.

현관 초인종을 누른다. 응답이 없다.

메모해온 나가이의 전화번호로 연락해도 벨소리만 헛되이 울릴 뿐이다.

외출했나?

혹시나 해서 문손잡이를 당겨보니 저항 없이 열린다. U자 잠금장치와 도어체인도 걸려 있지 않았다.

살짝 양심의 가책을 느끼며 가만히 안을 들여다보았다.

현관 조명은 꺼져 있다. 어깨 너머에서 희미하게 비쳐드는 가로등 불빛이 전부였다.

본래는 사무실로 쓰다가 나중에 주거용으로 개조했는지도 모른다. 신발을 벗어 놓을 공간도 없었다. 콘크리트 현관은 그대로 6첩쯤 되는 주방으로 이어져 있다. 엄청나게 많은 빈 도시락 상자와 페트병이 쓰레기자루마다 넘쳐나 바닥에 아무렇게나 널려 있어서 발 디딜 자리가 없었다.

주방 너머에 방이 있다. 조금 열린 문 안쪽은 어둠에 막혀 있다.

"실례합니다."

목소리를 높여 불러보았다.

대답이 없다. 역시 집에 없나보다 생각할 때 빈 상자 뚜껑으로 짐작되는 플라스틱이 찌그러지는 소리가 들렸다. 굼실굼실 검은 그림자가 방 저쪽에서 다가온다.

정체 모를 그림자의 출현에 몸을 도사렸다.

가만 보니 그리 크지는 않다. 검은 고양이였다.

빨간 목걸이를 한 검은 고양이는 경계하는 기색도 없이 바짝 다가왔다. 다쿠미의 다리에 보드라운 머리를 순진하게 비벼댄다. 그 자리에 쪼그리고 앉아 검은 고양이의 등을 쓸어주었다. 관리를 잘해주는지 살집이 좋고 털의 윤기도 나쁘지 않다.

검은 고양이와 어울리는 동안 등 뒤로 돌린 팔로 밀고 있던 문이 어쩌다 닫혔다. 안쪽 방의 한쪽 구석이 희뿌옇게 밝다는 것을 알았다. 조명기구 같은 것이 켜져 있다기보다는 텔레비전이나 컴퓨터 모니터의 백라이트가 새어나오는 듯했다.

일어서서 잠깐 망설이다가 현관 등을 켰다.

역시 빈 도시락상자와 페트병이 어지럽게 널려 있지만 아무렇게나 던져버린 게 아니라 모두 깨끗하게 설거지되어 있는 듯했다. 쉰내가 전혀 나지 않는다.

도시락상자를 밟지 않도록 조심스럽게 실내로 들어갔다. 등 뒤에서 나타난 검은 고양이가 경쾌한 걸음으로 다쿠미를 추월하여 안쪽 방으로 사라졌다.

방문 앞까지 와서 어중간하게 열려 있던 문을 당겼다. 그러다가 하마터면 소리를 지를 뻔했다.

바로 눈앞에 사람이 서 있었다.

몸은 가늘지만 170대 중간쯤 되는 다쿠미보다 크다. 특이한 것은 그 풍모였다. 파카 후드를 깊숙이 내려 쓰고 가슴까지 내려온 장발을 목에 건 헤드폰 사이로 늘어뜨리고 있다. 약국에서 파는 하얀 마스크를 쓰고 실내인데도 까맣고 커다란 선글라스를 쓰고 있었다. 해서 눈이 전혀 보이지 않는다.

"……나가이 씨세요?"

물론 다른 사람일 리 없다. 일단 아무 말이나 해야 했다.

"누구?"

마스크에 걸러진 목소리여서 알아듣기 힘들다. 얼굴과 마찬가지로 음색에서도 감정을 읽을 수 없다. 나가이 등 뒤로는 10첩은 됨 직한 어둑한 방이 보인다. 벽에 붙인 책상에서 컴퓨터 모니터 두 대가 빛을 발하고 있다.

다쿠미는 해리슨 야마나카가 보내서 왔다고 신분을 밝힌 다음 면허증 IC칩 위조에 협력해줄 수 있느냐는 취지를 간단히 전달했다.

"요즘은 작업 의뢰 안 받아."

거절하는 태도가 분명했다. 너무나 냉정한 반응에, 사전에 준비해둔 설득의 말들을 입 밖에 낼 기운도 오그라들었다.

해리슨 야마나카가 말한 대로 구체적인 금액을 제시하며 충분한 보수를 지불할 용의가 있으니 생각을 바꾸지 않겠느냐고 물고 늘어졌다.

"나가."

조각상처럼 미동도 하지 않던 나가이가 조용히 말했다.

계속 붙들고 늘어지면 상대방 감정만 상하게 할 것 같았다. 자신이 맡은 것은 나가이에게 작업을 의뢰하는 것이며 결과까지 책임져야 하는 것은 아니다.

체념하고 몸을 돌리려 할 때 옆에 있던 선반에서 무슨 소리가 났다. 검은 그림자가 눈앞을 획 가로질렀다. 검은 고양이였다. 주인에게 뛰어든다.

나가이가 반사적으로 두 팔을 올려서 받아 안았다. 검은 고양이의 앞발에 나가이의 선글라스가 벗겨졌다. 그대로 바닥으로 떨어져 플라스틱의 메마른 소리가 발치에 고인 어둠 속에 울려 퍼졌다.

현관에서 들어오는 포근한 불빛에 드러난 나가이의 맨얼굴 모습에 다쿠미는 숨을 삼켰다.

안면 피부가 심하게 오그라들었고 크고 작은 무수한 주름살이 나무껍질처럼 켈로이드형 요철을 이루고 있다. 부자연스럽게 커다란 코도 마스크로는 온전히 숨겨지지 않아 흉한 모양을 드러냈다. 인위적인 수술로 만들어 놓은 것처럼 겉도는 인상이다. 특히 왼쪽 얼굴이 무참했다. 눈썹은 전부 사라지고 당겨진 눈꺼풀 피부에 눈이 거의 막혀 있다. 아마 빛은 느낄 수 없을 것이다. 그 희미한 틈새로 희멀건 수정체 같은 것이 보였다.

나가이가 재빨리 왼손으로 얼굴을 가렸다.

"보지 마."

불쑥 날아온 노성에 검은 고양이가 놀라 나가이의 오른팔에서 뛰어내렸다.

봐서는 안 된다는 자각이 없는 건 아니었다. 그래도 나가이의 얼굴에서 무례한 시선을 떼지 못했다.

눈에 익은 흉터였기 때문이다.

살인과 현주건조물방화죄로 기소된 부친이 마침내 판결을 받는 날, 법정에 나타난 부친을 보니 그때까지 오른손에 감겨 있던 붕대가 보이지 않았다. 자택에 불을 지를 때 생긴 화상 환부는 몇 번에 걸친 피부 이식 수술이 필요할 만큼 참혹했다. 빨간 촛농을 부어 놓은 듯한 켈로이드 흉터가 손등에서 팔꿈치까지 퍼져 있고 왼손 손가락은 피부가 팽팽하게 당겨진 채 들러붙어 있었다. 색깔은 달라도 나가이의 흉터는 그때 본 것과 같은 종류였다.

"……화상인가."

그게 아니라면 강력한 산성 약품이라도 퍼붓지 않는 한 이렇게 되지 않을 것이다.

"보지 말라고 했잖아."

나가이가 허리를 구부리며 목소리를 쥐어짜냈다. 분노한 비명이 조용한 방 안에 메아리친다. 혀가 잘 돌아가지 않고 성량도 작은 듯하다.

다쿠미는 나가이의 멍한 왼쪽 눈을 쳐다보았다.

"……아팠겠구나."

저도 모르게 그렇게 중얼거리고 있었다. 무슨 의도가 있어서가 아니고 연민도 아니었다.

"이 자식이, 죽여 버린다."

나가이가 분노한 얼굴로 돌아다보았다.

이내 광대뼈 부근에 둔한 통증이 일어나고 시야가 흔들린다. 재빨리 양손으로 허공을 휘저었지만 중심을 놓쳐 플라스틱 찌그러지는 감촉이 등과 허리에 느껴지며 뒤쪽으로 쓰러졌다. 요란한 소리가 귓가에 울린다.

낯을 찡그리며 윗몸을 일으키자 감정을 드러낸 오른쪽 눈과 감정을 상실한 왼쪽 눈이 똑같이 이쪽을 내려다보고 있었다.

"니가 뭘 안다고 떠들어."

마스크를 통과한 노성이 거친 숨과 뒤섞인다. 그렇게 들어서 그런지 말끝이 떨리는 듯하다.

다쿠미는 한 팔로 윗몸을 지탱하고 뺨을 문질렀다. 이윽고 도시락상자를 밟고 일어나 상대방과 마주섰다.

"아내와…… 세 살배기 아들, 그리고 어머니."

입안이 찢어진 모양이다. 피 맛이 난다. 오른쪽 눈에 의아한 표정을 드러내는 나가이를 무시하고 계속 말했다.

"다 화재로 죽었다. 나는, 아무것도 남지 않았어. 내 사정만으로도 벅차다. 네 사정까지 일일이 궁금해하지 않아."

강하게 말할 생각이었다. 그런데 왠지 자조하는 말투가 되어 버렸다.

"아버지가 빚이 많아지자 자포자기해서 집에 불을 질렀어. 새카맸지, 모두 까맣게 타버렸어. 흑설탕 과자 같더군. 그토록 보드라웠던 몸이, 차갑고 버석버석해져서. 만지면 흐슬부슬 부서지고."

그 비극을 누군가에게 이야기한 것은 처음이다. 상대가 나가이가 아니라면, 얼굴 흉터가 이토록 끔찍하지 않다면, 나아가 화상 흉터가 아니라면, 가슴속 응어리를 솔직한 언어로 뱉을 수 없었을지 모른다.

오른쪽 눈을 허공으로 향한 채 나가이가 멀거니 서 있었다. 어찌할 바를 모르는 것처럼 보인다.

나가이의 두 다리 사이에서 검은 고양이가 얼굴을 내밀고는 느긋한 걸음으로 주방을 어정거린다.

검은 고양이가 내키는 대로 돌아다닐 때마다 플라스틱 닿는 희미한 소리가 났다.

"……그럼 이만."

몸을 돌렸다. 등 뒤로 들려오는 목소리는 없었다.

현관을 나설 때 살짝 열린 문틈으로 둔탁한 오열을 들은 것 같았다. 고통스럽게 심호흡을 반복하는 소리 같기도 했다.

다쿠미는 문을 닫았다.

가로등 잔광 속에 빗발이 희미하게 보인다. 올 때보다 빗발이 굵어졌다.

역으로 가는 버스 막차는 서두르면 시간에 댈 수 있을 것 같다. 우산을 쥔 손에 쏟아지는 빗발은 차갑고 버스정류장으로 향하는 발걸음은 무거웠다. 도로를 따라 왼쪽으로 펜스가 길게 이어져 있다. 올 때는 아무렇지도 않던 길이 끝도 없이 이어질 것처럼 느껴졌다.

철조망 너머 차량 기지에서는 진초록 탱크가 실린 화차 5, 6량이 버림받은 것처럼 비에 젖은 채 우두커니 서 있다. 철조망을 찢어발기고 전부 내던져버리고 싶었다.

선로와 직교하는 운하 너머로 콤비나트가 보인다. 파이프나 철골로 복잡하게 얽은 구조체가 견고한 빛을 아낌없이 발산하여 작은 파문으로 가득 채워진 수면을 시퍼렇게 물들이고 있었다.

다음 주 밤에 다시 나가이를 찾아갔다.

해리슨 야마나카가 시켜서가 아니다. 독단적인 결정이다. 지난 번 방문 이후 나가이에게 작업을 의뢰하는 것은 역시 어렵겠다고 보고하자 해리슨 야마나카는 어쩔 수 없다는 듯 고개를 끄덕이며 다른 방법을 찾아보겠다고 말했다.

다시 찾아온 다쿠미를 보자 나가이는 몹시 놀라는 눈치였다. 역전 반찬가게에서 산 쇼카도 도시락을 같이 먹지 않겠느냐고 말하자 뜻밖이다 싶을 만큼 선선히 응해주었다.

도시락 먹을 때 방바닥에 양반다리를 하고 앉은 나가이는 역시 선글라스를 쓰고 있었다. 마스크는 벗었다. 왼쪽 눈과 마찬가지로 입 주변 피부도 오그라든 상태가 심각하여 입술을 뜻대로 움직이지 못하는 듯했다. 오코와_{찹쌀에 고기나 채소를 섞어 지은 찐밥}와 반찬을 입으로 나르는 모습은 건강해 보였다.

어둑한 실내에서 도시락을 먹으며 화재로 가족을 잃게 된 사정이나 그 후 지금까지 어떻게 살아왔는지 이야기했다. 나가이는 나가이대로 스무 살 때 교통사고를 당한 것, 타고 가던 오토바이의 휘발유에 불이 붙어 심각한 화상을 입은 것, 그 후 사람들을 피해서 살게 된 이야기를 묻지도 않았는데 들려주었다.

나가이는 누군가와 차분히 이야기하는 것이 오랜만인 듯했다.

의식적으로 피해왔다는 말도 했다. 그래도 내심 내내 갈망했는지도 모른다. 이야기를 할수록 말수가 많아지고 그동안 쌓이기만 할 뿐 풀어놓을 데가 없던 생각들을 조금이라도 더 많이 더 정확하게 전하려고 고심하는 것처럼 보였다. 다쿠미는 종종 맞장구쳐주며 말없이 귀를 기울였다.

나가이가 양손으로 머그컵을 들고 주방에서 돌아왔다.

"저것은, 물고기 키워요?"

다쿠미는 실내 한쪽으로 시선을 향한 채 물었다.

허리쯤 되는 캐비닛 위에 폭 1미터가 훨씬 넘는 커다란 수조가 놓여 있었다. 실내는 어둡고 수조 조명도 많이 줄여놓았다. 수조 내부는 잘 보이지 않고 모터 소리나 물소리만 희미하게 들릴 뿐이다.

"조금 키워요."

나가이는 김이 오르는 머그컵을 이쪽에 건네주고 수조 천장에 설치된 형광등을 켰다.

눈앞의 그늘에 눈부신 풍경이 떠오른다.

다쿠미의 눈이 휘둥그레졌다.

테 없는 유리 상자가 맑은 물 덩어리를 네모나게 자르고 그 속에 소우주가 있었다. 완만한 기복이 정면 왼쪽에 우뚝 솟은 이끼 바위에서 아래쪽을 향해 펼쳐진다. 선명한 초록색을 띤 각종 수초가 초원처럼 전체를 뒤덮고, 사파이어블루로 반짝이는 열대어가 유유히 무리지어 헤엄치고 있었다.

"이거…… 직접?"

나가이가 조금 쑥스러운 듯 고개를 끄덕였다. 그러더니 자루가 긴 전용 국자를 들고 수조 뚜껑을 벗겼다. 손님이 지식이 없다고 생각했는지 수초를 손질하며 설명해주었다.

담수를 채운 수조는 조명과 여과장치 등 다양한 외부 기기의 도움을 받긴 하지만 실제 생태계와 유사한 또 다른 생태계를 이루고 있다. 엄밀하게 관리되는 수질은 미묘한 균형 위에 유지되고 있으며, 균형이 조금이라도 무너지면 박테리아를 비롯한 내부 생물은 생존할 수 없게 된다…….

나가이가 수초를 신중하게 솎아 나갔다. 온화한 표정으로. 수조에 정성을 쏟는 이유를 다쿠미도 조금은 이해할 수 있을 것 같았다.

"오래전부터 길러왔어요?"

짐짓 대수롭지 않은 듯 물었다.

"아뇨, 사고 당한 뒤……라기보다는 결혼생활이 망가지고 나서부터."

나가이가 무표정하게 대답했다.

"결혼?"

사고로 다치기 전에 나가이에게는 결혼을 약속한 여자가 있었다고 한다. 사고를 당한 후에도 여자는 치료와 재활을 헌신적으로 도우며 변함없이 관계를 이어갔지만, 언젠가부터 그녀의 눈에 공포의 빛이 어리는 것을 나가이도 느끼게 되었다. 여자는 어떻게든 나가이를 포용하려고 애썼지만 그녀 본인도 모르는 사이에 나가이를 기피하고 있었다고 한다. 나가이는 그녀를 위해서라도 그만 헤어지자는 말을 먼저 꺼냈다.

위로를 건넬 엄두는 나지 않았다. 다쿠미 자신도 죽은 가족을 생각하면 누군가 당신을 이해한다는 듯이 건네는 위로의 말은 듣고 싶지 않다.

어느새 버스 막차 시각이 다가왔다. 나가이는 여전히 할 이야기가 많은 모양이지만, 다쿠미는 다시 오마 약속하고 자리에서 일어났다.

"바빠요?"

나가이가 불러 세웠다.

"버스 시간이 다 돼서—,"

"면허증, 스키밍하고 싶다고 했죠?"

뜻밖의 제안에 말문이 막혔다. 전혀 기대하지 않았는데.

"그렇긴 하지만…… 괜찮겠어요?"

나가이는 대답 대신 치열을 보여주었다. 오그라든 피부 탓에 미소가 어색하다. 다쿠미에게 처음으로 보여주는 솔직한 미소였다.

나중에 다쿠미는 가부키초의 찻집에서 해리슨 야마나카를 만나 나가이가 작업을 맡아주기로 했다고 보고했다.

"어떻게 설득한 겁니까."

"고양이…… 덕분이랄까요."

시치미 뗀 얼굴로 말하는 다쿠미를 해리슨 야마나카는 이해할 수 없다는 표정으로 쳐다보았다.

나가이가 시판되는 기기를 개조하여 만든 'IC카드 리더 라이터'는 이쪽의 요구를 완벽히 충족시켜주었다.

IC칩이 있는 면허증을 그 단말기로 스키밍하면 카드에 인쇄된 생년월일이나 얼굴 사진 같은 면허증 정보는 물론이고 IC화가 진행되며 더 이상 기재되지 않게 된 본적, 암호번호 같은 정보까지 파악할 수 있다. 빼낸 정보를 고스란히 다른 IC카드에 복사하면 그 IC카드는 전용 면허증 체커로 검증해도 위조로 판정되지 않는다. 그 카드의 얼굴 사진만 다른 사람의 얼굴 사진으로 바꾸어 찍어낸 IC카드에 보안 무늬와 기본 정보를 인쇄하면 정교한 가짜 면허증이 완성되는 것이다.

다쿠미는 개조단말기를 들고 경마장이나 파친코점에 가서 해리슨 야마나카가 요구하는 타깃과 성별이나 연령이 일치하는 '손님'을 찾아냈다. 그들에게 약간의 돈을 빌려주고 신분 확인이라는 명목으로 면허증을 받아 개조단말기로 복제해 나갔다.

여러 가지 우연에 기댄 결과라고 하지만 속세를 등진 나가이의 마음을 돌려놓은 것은 해리슨 야마나카에게는 모종의 놀라운 사태였던 모양이다. 자신을 대하는 태도가 확실하게 달라졌다. 단적으로 말해서 그 한 건으로 신임을 얻었구나 싶었다.

해리슨 야마나카가 지면사로서 그 분야에서 유명하다는 것을 알게 되고 합류하라는 권유를 본격적으로 받은 것도 그 즈음이다.

"다쿠미 씨도 이제 제대로 해보지 않겠습니까."

여전히 인생의 목적을 찾아내지 못한 채 단조로운 컨베이어벨트 작업처럼 칙칙한 일상을 소비하는 무위의 생활이 이어지고 있었다. 밥 먹고 살 수 있는 돈만 된다면 지면사고 뭐고 자기가 어떤 사람이 되든 미련은 없었다.

권유를 받아들이자 해리슨 야마나카는 지면사에게 요구되는 지식과 기술을 가르쳐주었다. 실전 연수라는 이름으로 해리슨 야마나카와 줄이 닿는 부동산회사에서 영업이나 부동산거래 현장을 보고 배울 수 있는 기회도 얻었다.

탐욕스럽게 지식을 흡수하고 틈틈이 공부해서 타인 명의로 택지건물거래사 자격증을 따는 등 자신을 최대한 지면사에 근접시키려 노력했다. 동기는 불순했는지 모른다. 그래도 미지의 세계를 알게 되고, 할 수 없던 일을 할 수 있게 되었다는 체험이 잠깐의 충실감을 가져다주었다.

해리슨 야마나카가 평범한 사기꾼이 아님을 알게 된 것은 그런 '지면사 연수'가 시작되고 나서였다.

그는 택지건물거래업법, 부동산등기법, 차지차가법, 도시계획법, 국토이용계획법, 구분소유법 등 부동산 거래 관련 법령은 물론이고 자치체 조례에도 정통하며 형법이나 형사소송법 조문과 판례를 술술 암송할 정도였다. 게다가 아리스토텔레스를 비롯하여 헤겔, 마르크스 같은 고전의 구절을 인용하며 도도하게 지론을 펴기도 했다.

그런 놀라운 기억력과 방대한 지식을 눈앞에서 보니 비록 중퇴라지만 도쿄대에 잠깐 다닌 적이 있다는 본인의 말도 쉽게 허풍으로 치부할 수 없었다. 보도방 드라이버 시절 목격한 가학적 성취향이나 보통사람이라면 갖고 있을 만한 공감능력의 결여를 고려하면 모종의 정신병적 기질을 타고났는지 모르겠다는 생각도 들었다.

풍부한 경험으로 뒷받침된 지식과 기술을 배우는 한편 부동산 거래 계약금을 사기 치는 간단한 프로젝트에서부터 조금씩 실천에 옮겨보았다. 경험을 쌓아감에 따라 자신이 지면사 일에 푹 빠져들고 있음을 느꼈다.

그날 다쿠미는 도내의 어느 중개회사 응접실에서 부동산 거래 결제에 입회하고 있었다.

매도인 대역을 동원해서 매수인에게 2억 엔 가까운 돈을 사취하는 프로젝트인데, 이제 잔금이 입금되기만 기다리면 되는 상황이었다. 비슷한 규모의 현장을 몇 번 경험한 다쿠미는 계획대로 진행되어 가는 상황을 어느새 노련한 포커페이스로 지켜보고 있었다.

　매수인은 주고쿠 지방에 사는 삼십대 남성이었다. 무슨 사정인지는 몰라도 일하던 회사를 그만두고 가업을 이었다고 한다. 사람들 앞에서 극도로 긴장하는 유형인지 발갛게 달아오른 얼굴로 부동산 투자는 이번이 처음이라고 말했다. 그때까지 만나온 한 성깔 하는 면면들과 같은 위압감이 없었다. 성실한 인격이 언행 하나하나에 배어 있고 다쿠미 일당을 의심하는 기미도 찾기 힘들었다. 입금 완료 소식을 기다리는 동안에도 적당한 화제를 찾아내서는 서툰 언변으로 그 자리에 있는 모든 이를 배려하고 있었다.

　"어머니가 회사를 경영했었죠. 그러다 몇 년 전 난치병에 걸리셨어요. 아실지 모르지만 그게, 몸이 점점 말을 듣지 않게 되다가 막판에 호흡까지 멈춰버리는 무서운 병이라고 하더군요. 더욱 나쁜 것은, 으음, 마땅한 치료법도 없다는 겁니다."

　응접실이 조용해졌다.

　"요즘은 아버지 도움을 받으며 간신히 일상생활을 하고 있지만 그것도 한때일 것 같습니다. 부끄럽습니다만, 으음, 저는 지금까지 두부 기계를 팔던 사람이라 경영이니 투자니 부동산이니 하는 것은 전혀 모릅니다. 하지만, 이렇게 여러분의 도움을 받아서, 으음, 정말 기쁘게 생각하고—"

다쿠미는 태연스럽게 맞장구치며 들었다. 의례적 친절을 보여주었을 뿐인데 상대방은 방금 만난 정체 모를 자들을 신뢰하고 경계심 없이 속을 드러내고 있다. 그 매수인은 자신의 예전 모습과 다르지 않았다.

친족 회사에서 영업사원으로 의료기기를 팔러 다니던 다쿠미는 어느 날 한 의사를 알게 되었다. 요코하마 야마시타공원에서 그리 멀지 않은 호텔 바 카운터에 우연히 나란히 앉게 되어 대화를 나눈 것이 시작이었다.

50세 전후로 보이는 그는 프리랜서 의사였다. 한 병원에 적을 두지 않고 여러 병원들을 전전하는데 행동거지가 조용하고 좋은 인상을 풍겼다. 어쩌다 입을 연다 싶더니 인명을 구하기 위해서라면 모든 걸 던질 각오가 되어 있다고 선뜻 말했다. 남자의 진정한 모습을 접하니 얹힌 것이 싹 내려가는 기분이었다. 술기운도 돌아 어느새 평소보다 말이 많아지고 말았다.

당시는 접대에 의존하는 영업으로 피폐해진 상태였다. 오만하고 무리한 요구만 들이대는 의사 고객들에게 넌더리가 나 있었다. 누구와 상의하지도 못한 채 가족이나 친족에 대한 의리와 책임 때문에 일을 때려치울 용기도 없었지만, 그는 영악한 조언도 잔소리도 입에 담지 않고 묵묵히 이쪽의 고민을 들어주었다.

그 사람과 바에서 헤어진 뒤에도 연락을 주고받았다. 그는 개인

적 상담에도 응해주고 영업할 만한 병원도 소개해주는 관계를 이어나갔다.

그가 전에 없이 진지한 표정으로 경영진을 소개해달라는 부탁을 한 것은 서로 알게 되고 1년쯤 지나서였다. 평소 번번이 신세를 진 만큼 거절할 이유가 없어, 당시 전무이사로 일하던 아버지를 그에게 소개했다. 그는 아버지의 신임을 얻어 작은 거래를 한 건 해결하자 거기서 얻은 신용을 바탕으로 도산의 원인이 된 큰 거래를 제안했다. 아버지는 별다른 의심 없이 그 건을 받아들이고 말았다.

그 후 행방을 감춘 남자가 의사 면허도 없고 '의료 컨설턴트'라 자칭하며 병원에 드나드는 업자로 밝혀진 것은 회사가 도산하고 얼마간의 시간이 지나서였다.

기억을 돌이키다 보니 마침내 결제가 끝났다.

당시 다쿠미 또래였던 매수자는 사기당하고 있다는 것도 모르고 그 자리에 있던 사람들과 일일이 악수하며 고맙다고 인사했다. 마지막으로 응접실 구석에 서 있던 다쿠미에게도 다가와 악수를 청했다.

손을 내밀자 그는 양손으로 살짝 감싸듯이 잡았다. 보드라운 감촉이었다. 이쪽 체온보다 조금 높은 온기가 전해졌다.

당시 의사를 사칭하던 그자의 정체를 간파했더라면 자신은 물론이고 가족도 파멸하지 않을 수 있었을지 모른다. 이 매수자도 어느 대목에선가 이상을 눈치챘다면, 사기를 당하지 않을 만한 식견을 갖추었다면 거액을 잃지 않았을 것이다.

매수자를 동정하는 마음은 없었다. 강인한 자가 웃고 나약한 자가 운다. 그 이상도 이하도 아니었다. 예전에 자신이 탈탈 털렸듯이 나약한 자는 탈탈 털리면 되는 것이다.

"고맙습니다. 저어, 정말 고맙습니다. 이제 부모님께도 조금은 효도한 것 같습니다."

매수자가 악수를 하고 과하다 싶을 만큼 허리를 꺾으며 머리를 조아렸다. 천천히 고개를 들자 티끌 한 점 없는 눈이 보였다.

소름이 돋았다. 온몸의 혈액이 끓어오르듯 뜨거워지고 예전에 다쿠미의 내면에도 존재했던 순진한 양심을 깡그리 깔아뭉개는 듯한 도착된 감각에 사로잡혔다…….

사기로 돈을 가로챘다고 해서 가슴속 구멍이 메워지는 일은 없었다. 스스로 악에 완전히 물들어버린다고 지난날을 개선할 수 있는 것도 아니다. 누군가의 선의나 양심을 착취하는 동안, 아니, 그런 자각조차 점차 무의식의 심연으로 가라앉고 어느새 지면사라는 일 자체를 탐하게 되었다. 지면사로서 일에 몰두할 때만큼은 자신이 투명해진 것처럼 무심해질 수 있다.

어차피 적당히 하다가 손을 씻겠지 하고 쉽게 생각했지만, 결국 그 기회를 만나지 못한 채 지면사가 되어 4년이 지나가고 있었다.

3
장

여름에 마루야마다케 등정을 마치고 더위를 피하듯 홋카이도 후라노에 별장을 빌려 낚시를 하거나 내키는 대로 홋카이도를 드라이브하며 지내다가 도쿄 도내로 돌아왔을 때는 가로수가 살짝 물들기 시작했다.

날씨가 제법 쌀쌀하게 느껴지던 그날 다쿠미는 새로 이사한 곳에서 오래간만에 슈트를 꺼내 입고 히비야의 유서 깊은 호텔에 있는 라운지의 룸에서 해리슨 야마나카 일당들과 만났다.

"다케시타 씨가 늦네."

고토가 큰 입을 벌리고 햄버거스테이크 샌드위치를 베어 물었다. 마카오 카지노에서 크게 땄는지 어딘가 표정에 여유가 있다.

늘 시간을 정확히 지키는 다케시타가 지각하는 것은 드문 일이었다. 전화를 해도 받지 않았다.

"늦는다는 연락도 없었잖아요?"

레이코가 3단 티 스탠드에 놓인 스콘으로 손을 뻗는다. 하와이에 머물 때 애인과 크게 싸웠다고 한다. 말투가 지르퉁하다.

"아직까지는."

해리슨 야마나카가 손목시계를 힐끗 보고 찻잔을 입으로 옮긴다. 3개월 반 만에 보는 얼굴은 카리브해 태양에 밝은 다갈색으로 그을어 있었다. 검은 머리카락과 턱수염은 변함없이 꼼꼼하게 손질되어 생기발랄하다.

"아직 모나코 물이 빠지질 않은 건가, 아니면 백인 언니한테 골수까지 쪽쪽 빨렸나."

고토의 농지거리에 웃는 이가 없다.

이날의 모임은 다음 프로젝트를 상의하기 위한 자리였다. 검토용 자료를 정리해 오기로 했던 다케시타가 오지 않으면 아무 일도 안 된다.

"펑크 낼 사람은 아니니까 걱정할 건 없지만……."

말은 그렇게 해도 해리슨 야마나카의 표정에서 우려하는 빛이 가시지 않는다.

다케시타에게 다시 연락해보려고 다쿠미가 스마트폰을 잡을 때 뒤쪽에서 문 열리는 소리가 났다.

다케시타가 점원의 안내를 받으며 루이비통 아타셰케이스를 들고 들어왔다. 체중을 던지듯 옆자리에 깊숙이 앉는 다케시타를 보니 전혀 다른 사람처럼 얼굴이 달라져 있다. 새카맣게 그을린 볼이 쏙 빠지고 쌍꺼풀눈은 한층 커 보인다. 의자에 기댄 채 말 없이 테이블을 응시하는 모습은 며칠 금식을 강요당한 환자 같았 다.

"무슨 일 있어요?"

참지 못하고 묻자 가만히 고개를 든 다케시타가 야윈 얼굴을 환하게 펴면서 입을 열었다.

"아니, 이번 일로 계속 날밤을 새서 가끔씩 캔디를 빨았는데, 나리타에서 낚은 여자애한테 먹이니까 얘가 푹 빠지는 거야. 매 일 밤 개랑 장화도 안 신고 닳도록 해댔더니 온몸이 흐늘흐늘거 리네."

좌중에 메마른 실소가 흘러나왔다.

"다케시타 씨. 부탁드렸던 거, 됐습니까?"

해리슨 야마나카의 말에 다케시타는 께느른한 눈으로 반응하 고는 자못 귀찮은 듯 아타셰케이스에서 자료 다발을 꺼냈다.

클립으로 묶은 수십 매짜리 자료를 다케시타가 각자에게 나누 어주었다. 다케시타와 부하들이 조사한 내용을 정리한 자료다.

다쿠미도 한 부 받아서 한 장씩 넘겨갔다.

거기에는 공도, 주변 지도, 등기사항 증명서, 현황 사진, 시장 가격, 용도지역이나 건폐율 등의 물건 개요, 소유자 내력 및 가족 관계 같은 개인정보 등 타깃 후보의 정보가 기록되어 있었다. 다 쿠미가 알기로는 타깃 물건 선정을 앞두고 다케시타가 이렇게 방 대한 자료를 준비한 적은 없다. 의뢰인이며 프로듀서인 해리슨 야마나카가 이번 프로젝트에 거는 의욕이 얼마나 큰지 알 수 있었다.

일행이 자료를 훑어보는 동안, 누가 봐도 안색이 좋지 않은 다케시타가 아타셰케이스에서 펜 스타일 전자담배를 꺼냈다.

"다케시타 씨, 담배 시작했어?"

고토가 자료에서 얼굴을 들고 쳐다보았다.

"아니, 이거 담배 아냐. 니코틴 같은 것보다 더 야무진 놈이지."

각성제 용액을 전자담배 장치로 기화시켜 섭취하는 것 같다.

"이런 데서 그런 건 하지 말아요."

레이코가 신경질적인 목소리로 말했다.

"괜찮아, 괜찮아. 여기는 흡연할 수 있는 곳이고 유효 성분은 내 폐 세포가 하나도 남김없이 싹 흡수해주니까."

전자담배를 문 다케시타가 버튼을 누르고 증기를 들이마신다. 잠시 숨을 멈추고 있다가 토해내자 방금 전까지 얼굴을 뒤덮었던 음울한 그림자가 깨끗이 가시고 생기를 되찾았다.

"위험했는데…… 부활했네."

안도하는 목소리와 함께 동공이 열리고 수상쩍은 빛이 번쩍이고 있다.

"기운 났으니 바로 시작할까요."

다케시타는 기세 좋게 말하고 손에 든 자료로 눈길을 모았다.

"가장자리에 써둔 것이 내가 일단 주관적으로 매긴 평가야. ABC 세 단계로, A가 추천, B는 무난. 남은 것이 C인데, 판단이 애매하고 물건도 많아져서 내가 미리 **빼버렸어.**"

자료에는 각 물건 정보 앞머리에 알파벳 A나 B가 갈겨쓴 글씨로 적혀 있다. 그 가운데 A평가를 받은 것은 2개, 기본적으로는 이것들을 검토하면 되지 않겠느냐고 혀가 꼬인 듯한 말투로 다케시타가 덧붙였다.

"우선 첫 페이지의 아카사카 물건부터. 지도를 보면 알겠지만, 다메이케 근처이고 현황은 주차장으로 되어 있어. 등기부도 깨끗하고 근저당도 설정되어 있지 않아. 위치가 위치인 만큼 인수자 찾는 건 어렵지 않을 거고, 요즘 시황을 감안하면 21억, 22억은 너끈할 거야."

"다케시타 씨, 이 A평가라는 거, 물건만 보고 평가한 거죠?"

고토가 묻자 다케시타는 의미심장하게 입가를 늘이며 미소 지었다.

"물론, 하지만 그게 전부는 아냐. 이 땅 주인이 일흔 살쯤 된 갑부 영감인데, 얼마 전 재혼한 스무 살쯤 되는 필리핀 여자랑 아이를 낳았단 말이야. 어처구니없는 얘기지만 영감에게는 첫 아이인 모양이야. 그러니 얼마나 귀엽겠어. 눈에 넣어도 아프지 않을 자식을 위해 돈을 남겨주고 싶다면서 절세 대책으로 싱가포르로 이주해서 지내고 있어."

다케시타에 따르면 세무적 관점에서 싱가포르 이주 혜택을 인정받기 위해서는 기본적으로 1년 내내 현지에서 살아야 한다고 한다. 그동안 이쪽에서 배우나 대리인을 준비해 작업하면 성공할 가능성이 높을 거라고 했다.

"요전번 사사키 씨와 나이가 비슷한가요?"

레이코가 포크에 찌른 딸기를 입으로 옮기며 다케시타 쪽을 보았다.

"그래."

"그럼 사사키 씨에게 한 번 더 부탁하면 되겠네. 사람 찾는 게 너무 번거롭잖아요."

레이코가 짐짓 불만을 흘리자 다케시타가 요란하게 웃었다.

"날로 먹으려고 들면 안 되지. 애초에 체구가 전혀 다른 사람이야. 평생 가라데를 해서 나이치고는 덩치가 크대."

말이 없는 해리슨 야마나카가 다케시타 쪽을 힐끗 보고는 아무말도 없이 다시 서류로 시선을 내렸다.

다쿠미는 자료를 들춰보며 마음에 걸리는 점을 지적했다.

"A평가를 받은 또 다른 물건, 니시신주쿠 쪽은 전에도 검토했던 곳이죠? 그때는 어렵겠다고 판단했던 것 같습니다만."

그 근방 관계자들 사이에서는 나름 잘 알려진 물건이다. 현황은 지어진 지 오래된 주택이 있고, 코인주차장과 셔터를 내린 문구점이 인접해 있다. 부지 자체는 대로에 접해 있고 마침 재개발이 활발하게 진행되는 지구이기 때문에 고층 고급 아파트로 활용하는 방향을 기대할 수 있다. 누구나 탐내는 땅이라는 것은 이론의 여지가 없고, 시장에 내놓으면 아마 30억을 밑도는 일은 없을 것이다. 소유자는 부모에게 자산을 물려받은 육십대 독신 여성이다. 남들과 어울리기 싫어하고 성격이 괴팍한 데다, 땅을 팔 생각이 전혀 없어서 구입을 원하는 업자를 모두 내쳐왔다고 한다.

"그때는 그랬지."

다케시타가 자신만만한 눈빛으로 이쪽을 쳐다보자 고토가 끼어들었다.

"지금은 상황이 달라졌다?"

"그럼. 달라졌지. 엄청 달라졌어."

다케시타가 흡족한 미소를 지으며 말했다.

"남의 불행을 너무 기뻐하면 안 되지만, 그 노파가 아무래도 암에 걸린 것 같아. 그럼 그렇지, 성격이 그렇게 생겨먹어서 의사가 권하는 치료를 다 거부하고 있다는 거야."

"전부 포기하고 집에서 요양하고 있다는 겁니까?"

다쿠미는 다케시타 쪽으로 눈길을 향했다.

"그럴 것 같지? 그런데 그게 아니야. 흔히 말하는 민간요법이라는 것에 속할까. 도호쿠 쪽에 유명한 온천이 있어. 병 고치는 데 효험이 좋대. 노파가 거기 머물며 암반욕을 하고 있다는 거야."

"암반욕으로 암을 고치나?"

레이코가 진지한 얼굴로 묻는다.

"나도 그게 궁금해."

다케시타가 환하게 웃으며 모두의 얼굴을 둘러보았다.

"하지만 중요한 것은 지금 니시신주쿠의 그 집에 노파는 없다는 거지. 그리고, 그걸 아는 놈이 우리 말고는 거의 없다는 거야."

소유자가 남들과 어울리기 싫어하는 성격인데다 집을 떠나 있다면 이쪽에서 내세울 배우가 들통 날 가능성이 낮으므로 작업이 매우 쉬워진다. 제일 중요한 토지 자체도 흠잡을 데가 없는데다 지난번 에비스보다 몇 배나 비싼 가격을 기대할 수 있을 듯하니 다케시타가 A평가를 매긴 것도 타당해 보였다.

누가 먼저랄 것도 없이 의견을 청하는 시선이 결정권자 쪽으로 쏠린다.

자신을 향한 시선을 아는지 모르는지 해리슨 야마나카는 변함 없이 침묵을 지키며 자료를 보고 있었다. 마침내 자료에서 눈길을 떼나 싶더니 생각에 잠긴 표정으로 허공을 응시하다가 다케시타 쪽으로 시선을 돌렸다.

"아까 말씀하신 C평가 물건 말인데, 지금 자료 가지고 있습니까?"

"가져오긴 했지만, 다 힘든 것들입니다."

말끝에 노골적인 불만이 묻어난다.

"그걸 봤으면 합니다만."

"정 마음에 안 들면 내가 직접 하는 게 빠를지도."

다케시타는 혀를 쯧쯧 차고 아타셰케이스에서 난폭하게 꺼낸 자료를 해리슨 야마나카에게 던지듯이 넘겼다.

주저 없이 페이지를 넘기는 소리가 테이블에 감돌고 있던 모종의 무거운 공기를 더욱 도드라지게 하고 있었다.

"다케시타 씨가 추천하는 물건은 왜 안 되는 거죠?"

다르질링 차를 마시던 레이코가 잔을 테이블에 내려놓았다.

페이지를 넘기던 손길이 멈춘다. 마치 그곳에만 전기가 흐른 것처럼 의지義指가 살짝 구부러져 있다.

"재미없잖아요."

해리슨 야마나카가 입을 열었을 때 그의 눈에는 아이에게 세상 이치를 찬찬히 들려주는 듯한 기쁨의 빛이 떠올라 있었다.

"누구나 할 수 있는 짜잘한 일은 좀 그렇잖아요. 작은 산보다 큰 산, 쉬운 산보다 어려운 산. 누구라도 포기해버릴 법한, 까마득하게 올려다뵈는 난공불락의 산을 함락해야 그 어떤 쾌락도 미치지 못할 스릴과 만족을 얻을 수 있는 겁니다."

"요전번에도 그랬지만, 지금까지 이런 소리 안 했잖아요?"

고토가 의문을 제기했다.

잠시 생각하는 척하다가 자료를 테이블에 내려놓은 해리슨 야마나카가 양 팔꿈치를 괴고 기도라도 하듯 양 손가락을 깍지 끼었다. 다쿠미 자리에서 잘 보이는 의지는 미동도 하지 않았다.

"아까 다케시타 씨가 니시신주쿠의 노파 이야기도 하셨습니다만, 내 나이쯤 되면 해마다 체력이 떨어지는 걸 피할 수 없습니다."

눈길을 내리고 입술을 움직이는 해리슨 야마나카의 이야기를 모두 말없이 듣고 있었다.

"하지만, 잘 아시다시피 이 일은 굉장히 하드합니다. 체력이 처지면 기력도 쇠하죠. 감도 무뎌지고. 그렇게 되면, 전혀 불가능한 건 아니더라도 큰 건에는 도전하지 못합니다. 건수가 커지면 커질수록 적도 강해지니까…….”

실내가 조용하다. 잠시 묵고하던 해리슨 야마나카가 고개를 들었다.

“한참 전 이야기지만, 한때 사냥에 빠진 적이 있어요. 해외를 돌아다니며 트로피, 그러니까 박제를 얻으려는 목적이 아니라 그냥 총을 쏘는 수렵 행위 자체에 끌렸습니다. 이 손으로 생명을 빼앗고, 그 생명을 감사하게 받는 것. 그런 원시적 행위에 신성함을 느끼고 있었는지 모릅니다.”

“뭡니까, 뜬금없이—,”

이야기를 훼방 놓으려는 고토를 해리슨 야마나카가 부드러운 손짓으로 물리쳤다.

“아프리카에도 가보고 라이플도 익숙하게 다룰 줄 알게 되었을 무렵, 몬태나로 1주일간 사냥하러 갔습니다. 사냥감은 고기로 식용할 수 있다면 뭐든 좋았지만, 그때는 수렵기에 들어 있던 무스였거나 엘크였을 겁니다.”

일행에 해리슨 야마나카 외에 거만하고 뚱뚱한 앵글로색슨 중년 남자가 있었다고 한다. 사냥학교를 막 나온 젊은 히스패닉계 미국인 가이드 한 명과 함께 아름다운 호반에 있는 베이스캠프에 거점을 두고 셋이서 매일 말을 타고 사냥감을 찾아 숲속을 돌아다녔다. 하지만 이틀이 지나고 사흘이 지나도 사냥감은 한 마리도 보이지 않았다. 그러자 앵글로색슨이 투덜대기 시작했고, 초조해진 가이드도 판단력을 잃어서 모처럼 나온 사냥도 험악한 분위기에 빠져들었다고 한다.

"나흘째였어요. 몹시 쌀쌀한 날이었습니다. 아침부터 사냥감을 찾아다녔지만 유감스럽게도 발견하지 못하고 숲속에서 점심을 먹고 있었어요. 샌드위치를 먹던 앵글로색슨이 풀이 죽은 가이드에게 얼굴이 새빨개져서 더러운 슬랭으로 욕을 퍼부었습니다. 쉬고 있을 때만이라도 네 면상을 보고 싶지 않다, 꺼져라. 그러자 가이드는 근처 바위 너머로 힘없이 걸어갔습니다."

어느새 모두 귀를 기울이고 있었다.

"앵글로색슨의 불평을 들으며 식사를 계속하는데 비명소리가 들리더군요. 처음에는 벌에 쏘이기라도 했나 싶었지만, 아무래도 심상치 않은 비명소리였습니다. 우리는 대화를 멈추고 말없이 바위 그늘 쪽을 바라보았습니다. 그 순간 바위가 부풀어 오르나 싶었는데 그게 아니었어요. 거대한 그리즐리였던 겁니다. 족히 3백킬로그램은 될 법한 성체였는데, 놀랄 정도로 민첩했어요. 그리즐리에게 끌려간 가이드는 필사적으로 저항했지만 너무나 무력했습니다. 나무에 묶어둔 말은 히힝거리며 난폭하게 날뛰고 앵글로색슨은 즉시 도망치기 시작했습니다. 나도 누굴 구하러 갈 수는 없었어요. 나까지 죽을 테니까. 사나운 곰에게 우리 인간 따위는 식은 죽 먹기나 다름없는 약체였으니까. 무선통신 장치는 반입 금지여서 구조를 요청할 수도 없었고."

"그래, 무사히 도망쳤나요?"

모두를 대변하듯 레이코가 끼어들었다.

"아뇨, 목격하고 말았습니다."

해리슨 야마나카가 담담하게 말했다.

"두 손으로 라이플을 안고 조금 떨어진 곳에서 가이드가 공격 당하는 것을 다 보고 말았습니다. 곰이란 동물은 그렇더군요, 성질이 더러워요, 고양잇과와 달라요. 사냥감을 깨끗이 죽이지 않고 산 채로 먹어치워요. 가이드도 비명을 지르며 먹히고 말았습니다. 가이드가 내 눈을 보며 살려달라고 하더군요, 몇 번이나. 그러다 곧 가이드 목소리가 들리지 않게 되고 그 대신 그리즐리가 두개골을 우득우득 씹는 소리가 들렸습니다."

끔찍해라, 하고 레이코가 미간을 찡그리며 찻잔으로 손을 내밀었다. 웃음을 참고 있는 듯한 해리슨 야마나카를 다케시타가 굳은 표정으로 응시하고 있었다.

"한바탕 포식했으니 만족했겠지요. 넝마조각처럼 땅바닥에 남은 가이드의 다리인지 팔인지 고기조각을 그리즐리가 아가리에 물었습니다. 그대로 떠나가나 싶었지만 무슨 생각을 했는지 문득 고기조각을 뱉어내고 내 쪽을 돌아다보았습니다. 감정을 읽을 수 없는 동그랗고 귀여운 눈동자였습니다."

해리슨 야마나카가 눈을 크게 떴다. 치열을 드러내며 활짝 웃는 모습이 어린아이 같았다.

"상상이 됩니까, 여러분? 그때 내 심경이 어떠했을지를. 그 순간처럼 살아있음을 온몸으로 실감한 순간이 없었습니다. 내가 갖고 있던 총탄을 정신없이 그리즐리의 거대한 몸뚱이에 쏘아주었습니다. 놈을 죽인 뒤 신기하게 머리는 냉정했지만 페니스가 터질 것처럼 뻗쳐 있더군요. 가이드의 피로 범벅이 되어 맥없이 뻗어 있는 그리즐리의 혓바닥에다 대고 사정을 해주었습니다."

그 대목에서 말을 멈추고 해리슨 야마나카는 자기 내면을 들여다보듯 테이블의 한 점을 응시했다.

"어쩌면 나는, 그때의 흥분을 지금도 잊지 못하고 있는지도 모릅니다."

황홀경에 있는 해리슨 야마나카의 얼굴에서 다쿠미는 좀처럼 눈을 뗄 수 없었다. 아플 정도로 심장 박동이 느껴졌다.

다시 자료로 시선을 내린 해리슨 야마나카가 손에 든 그것을 테이블 가운데 내려놓고 맞은편에 앉은 다케시타의 얼굴을 들여다보았다.

"이곳은, 어떤 상황입니까?"

고토와 레이코에 이어 다쿠미도 책상 위의 자료를 들여다보았다.

다케시타가 검토할 것도 없다고 했던 후보 물건은 도쿄 미나토구의 센가쿠지역東岳寺駅에 가까운 넓은 일등지로, 주차장과 거기에 인접한 지금은 폐쇄된 갱생보호시설이었다. 합쳐서 2,600평방미터가 넘는 물건은 깨끗한 정형지이며 저당권은 설정되어 있지 않았다. 도쿄 니혼바시에서 요코하마까지 남북으로 관통하는 편도 3차선 국도에 면한 데다 마침 야마노테선의 신역사 개통이 예정되어 있어서 재개발이 예상되는 지구에 위치해 있었다. 지극히 희귀하고, 활발한 수요가 전망되는 덩치 큰 땅이라고 할 수 있다.

"아아, 거기는 전혀 아니올시다입니다. 여승이 갖고 있는 땅인데, 그 근방에서는 절대 팔지 않는 것으로 유명한 여승인데다 여전히 팔팔하니까. 게다가 여승의 사찰이 독립 사찰이 아닐 겁니다. 종단에서 지켜보고 있어서 건드리기 힘들어요. 그냥 하는 말이 아니니까 내가 그만두라고 할 때 그만두는 게 좋을 겁니다. 괜히 시간만 낭비하게 될 거요."

다케시타가 귀찮다는 듯이 말하고 낯을 찡그렸다. 해리슨 야마나카는 물러서지 않았다.

"이 물건의 시장 평가액은 어느 정도나 됩니까?"

"글쎄…… 90…… 아니, 백이 될지도 모르지."

"백 억……."

다케시타의 대답에 레이코의 눈이 휘둥그레졌다.

"그거, 아무래도 안 되겠네. 매수인을 못 찾아."

고토는 의자 등받이에 기대어 옆머리를 쓸어 붙이며 흥미를 잃은 듯 쓴웃음을 지었다.

지금까지 다쿠미 일행이 시도한 작업 중에도 수십억 엔 전후 물건을 계획한 적이 몇 번 있었지만 전부 실행도 하기 전에 좌초했다. 하물며 백억 엔짜리 물건은 검토해본 적도 없는 굉장한 건이었다.

어느새 시작되었는지 건너편 빌딩을 비추던 창문이 빗줄기로 흐려졌다. 여전히 가라앉지 않는 가슴속 동요가 점차 너울이 되어 높아진다.

"뭔가 파고들 틈새가 있을지 모릅니다. 조금 더 조사해볼 수 없을까요?"

해리슨 야마나카가 다케시타에게 다짐을 놓으며 천천히 이쪽으로 고개를 돌렸다.

"다쿠미 씨도 거들어주세요."

육교를 내려온 다쓰는 역으로 흘러가는 인파에 합류했다.

나일론코트 목깃으로 늦가을 냉기가 파고들어 온몸을 짓누르는 졸음과 피로가 더욱 힘겹게 느껴진다. 검은 합성피혁 워킹화는 납을 녹여 부은 것처럼 느껴지고 고무밑창을 디딜 때마다 지난 며칠간 잠도 못 자고 체중을 지탱해온 뒤꿈치에 노면의 딱딱함이 아프게 전해졌다.

도내에 지점을 둔 지방은행에서 발생한 횡령사건 수사를 지원하기 위해 관할서에 파견된 것은 바로 얼마 전이다. 혐의자인 삼십대 행원이 고객에게 착복한 돈의 사용처를 알아내고 매일 밤낮없이 증거 수집 작업을 도왔는데, 그 일도 일단락되어 이제야 잠시 귀가할 기회를 얻었다.

예전에는 몇 달씩 숙식하며 수사하는 일도 다반사였다. 1, 2주 정도 집에 돌아가지 못하는 것쯤은 아무것도 아니었지만, 요즘은 아무래도 몸이 힘들다. 확실하게 다가오는 육체적 쇠락이 서럽고, 형사로 지낼 수 있는 시간이 많지 않음을 새삼 자각할 수밖에 없다.

하루의 끝을 고하는 석양이 발밑에 그림자를 길게 늘어뜨리고 터미널에 정차하는 버스나 전차역 외벽을 황혼 빛으로 물들이고 있다. 귀가를 서두르는 사람들이 역 구내로 빨려 들어가고 다쓰도 그들을 따랐다.

　교외에 있는 집에 가려면 여기에서 사철을 탔다가 중간에 한 번 갈아타야 한다. 그 경로를 머릿속에 떠올리며 걸음을 옮기는데 문득 주소 하나가 떠올랐다.

　무수한 발소리가 구내에 울리고 있다.

　벽으로 다가서서 슈트 안주머니에서 휴대전화를 꺼내고 잠시 망설이다가 집 전화번호를 눌렀다.

　벨소리가 다섯 번 이어지고 여섯 번째가 시작되려고 할 때 아내가 받았다. 주방에라도 있었는지 급하게 수화기를 집어든 듯한 목소리였다.

　"오늘 말이야, 끝내지 못한 일이 조금 있는데, 미안하지만 먼저 밥 먹어."

　아내가 한숨 섞인 목소리를 흘린다. 자못 기대하고 있었다는 듯한 낙담은 있을지언정 비난하는 울림은 희박했다.

　이십대 무렵, 아직 세 딸도 태어나기 전인 새내기 형사 시절에는 밤낮 없이 업무에 치여 사는 생활 탓에 아내와 자주 다투었고, 더 이상 부부관계 유지가 불가능하다며 별거한 적도 있다. 그래도 그럭저럭 위기를 넘기고 위태롭게나마 생활을 함께해 왔다. 사생활이란 개념이 깨끗이 누락된 형사 일을 오래도록 지긋지긋해하던 아내도 이제는 포기했는지 아니면 그냥 익숙해져버렸는지 지금은 며칠씩 집에도 안 들어오고 수사를 계속할 때면 갈아입을 옷이나 영양 드링크를 가져다줄 정도의 이해는 보여주었다.

"많이 늦지는 않을 거야."

문득 구내가 시끄러워지는 바람에 다쓰는 목소리를 높였다.

"또 거짓말. 급한 사건이에요?"

"아니, 그런 건 아냐. 조금 마음에 걸리는 게 있어서."

지금까지 헤아릴 수 없을 만큼 많은 사건을 추적해 왔다. 반드시 합리적 판단과 행동만이 해결로 이끌어준다고는 할 수 없다. 때로는 얼핏 스치는 착상 같은 직감이, 때로는 변덕 같은 샛길이 뜻밖의 중요한 정보를 가져다주고 수사를 크게 진척시켜 주었다. 마음에 걸리는 자각을 그냥 방치했다가 돌이키기 힘든 사태가 벌어지고 해결의 길을 완전히 놓친 일도 한두 번이 아니다.

"또 그 못 믿을 감?"

아내가 놀리는 투로 말했다.

끊임없이 지나가는 인파로 눈길을 던지며 대답도 없이 쓴웃음을 지었다.

"정년이 코앞이니 살살 하라고들 하지 않아요?"

아내의 미소 지은 얼굴이 눈앞에 선하다.

정년퇴직하면 둘이 느긋하게 크루즈여행을 즐길 계획이다. 아내도 말은 하지 않지만 내심 기대하는 눈치였다.

"살살 하라고 하지."

"무리는 하지 말아요."

알았어, 라고 대답하고 휴대전화를 슈트 안주머니에 넣었다.

승객들로 복작거리는 완행을 타고 집에서 제일 가까운 역으로 연결되는 터미널역 바로 앞 역에서 내렸다. 그 역은 국립대학에 접해 있어서 현대적인 역사를 나서면 도로는 대학 정문을 향해 곧장 뻗어 있다.

다쓰는 대학 관계자 같은 얼굴을 하고 정문을 통과하여 드넓은 캠퍼스 안을 걸었다.

이미 해는 지고 캠퍼스에 흩어져 있는 건물 여기저기에 불이 켜져 있다. 종종 학생으로 보이는 무리가 지나가면 고요에 휩싸인 캠퍼스에 그들의 쾌활한 말소리가 울려퍼졌다.

안쪽으로 들어갈수록 저도 모르게 걸음이 빨라진다. 며칠간 숙식하며 수사하느라 쌓인 피로도 어느새 싹 날아가 버렸다.

마침내 캠퍼스 가장자리에 닿으니 운동장이 시야에 들어왔다.

조명 설비가 없는 캄캄한 운동장에는 인기척이 없고 육상 트랙에 들어서자 건너편에 우뚝 솟은 10층짜리 대형 아파트를 한 눈에 볼 수 있었다. 독신자용 원룸과 가족용 룸이 혼재하는 아파트는 베란다가 이쪽으로 나 있고, 모자이크패턴처럼 일부 룸에서 빛을 흘려보내며 야음 속에 떠올라 있었다.

다쓰는 어둠 속에서 1층부터 거꾸로 헤아려 3층을 찾고 그 층 끝에 있는 집으로 시선을 옮겼다.

그곳에 거주하던 자, 더 정확히 말하면 그 집을 사무소로 쓰던 인물은 부동산 컨설팅을 업으로 하는 이노우에 히데오라는 삼십 대 남자였다.

이노우에는 올해 7월에 발생한 에비스 부동산 사기 사건에서 거래 현장에 있던 대리인이다. 담당 형사가 중요참고인으로 사정청취를 하고자 했지만 사건 직후부터 연락이 닿지 않고, 가구 하나 없는 원룸 아파트를 둔 채 어디론가 자취를 감춰버렸다.

행방을 감춘 것은 이노우에만이 아니고 거래 현장에 동석했던 중개자나 배우로 짐작되는 토지 주인 노인도 마찬가지였다. 범인 검거로 연결될 만한 정보를 거의 확보하지 못하여 사건이 해결될 전망은 여전히 보이지 않는다.

애초에 경찰 상부도 이 사건에 대해서는 다른 특수사기 사건에 비해 상대적으로 의욕이 없었다. 수사관 몇 명으로 수사를 계속하고는 있지만 여러 사건을 동시에 담당하는 자들뿐이어서인지 이렇다 할 성과는 여전히 들려오지 않는다.

이제는 피해자가 원통해해도 어쩔 수 없다는 분위기가 희미하게 흐르기 시작하는 가운데 다쓰도 새로운 사건 수사로 정신없이 바빠졌지만, 한때 지원 인력으로 파견되어 도왔던 이 사건이 내내 마음에 걸렸다. 7억 엔이 넘는 피해액 규모도 그렇지만 수법이 너무나 똑 부러졌다.

사기당한 돈이 입금된 계좌는 '시마자키 겐이치' 명의의 가짜 계좌로, 이미 전액이 익명성 높은 가상화폐로 교환되어 누구에게 넘어갔는지 알 수 없었다. 범행에 쓰인 위조서류는 모두 정교하게 제작되었고 서류에 남은 지문을 조회해도 데이터베이스에 조회되지 않았다. 거래 현장 주변의 방범카메라 영상을 샅샅이 뒤져보고 거래 대상이 된 부동산의 인근 주민을 상대로 탐문도 해보았지만 현재까지는 이렇다 할 정보를 얻지 못했다.

물증으로 보건대 실력 있는 지면사가 저지른 것은 틀림없어 보였다. 땅 주인으로 분장한 노인은 이 사건만을 위해 준비된 자일 가능성이 높고, 이노우에 등 현장에 있던 자들과는 별개로 배후에서 그림을 그리고 실을 당기는 자가 있을 것이다. 일을 이토록 매끄럽게 해치울 자는 그리 많지 않다. 역시 해리슨 야마나카의 짓일까…….

아무리 머리를 굴려 봐도 결국 억측의 영역을 벗어날 수 없고, 지금까지 확보한 정보를 꼼꼼하게 되짚어나가는 수밖에 없다. 이노우에의 거처를 알아내 사건을 해결로 이끌고 싶고, 해리슨 야마나카를 끌어낼 단서도 잡고 싶었다.

다양한 예단이 뇌리를 스치는 가운데 나란히 있는 아파트 룸 중에서 이노우에의 집을 주시했다.

주인의 부재를 알리듯 불이 꺼져 있다. 이번에도 감은 어긋난 듯하다. 굳어 있던 어깨에서 한순간 힘이 빠져나간다.

아내 말대로네, 하고 쓴웃음을 지으며 다쓰는 몸을 돌렸다.

곧장 집으로 돌아가고 싶었지만 되돌린 발걸음에 미련이 묻어나왔다. 전차 역으로 가기 전에 혹시 모르니까 아파트 문 앞까지 가볼까.

가봐야 마찬가지지, 라는 아내의 조롱 섞인 목소리가 어디선가 들려오는 듯했다. 스스로 생각해도 미련하다 여기면서 발걸음은 아파트로 향하고 있었다.

오래된 승강기를 타고 3층으로 올라가 이노우에 집의 초인종을 눌렀다.

예상하던 대로 응답은 없고 안에 누가 있는 기척도 느껴지지 않았다. 옆집에 탐문해볼까 했지만 공교롭게 아무도 없었다. 독단적으로 잠복을 할 수도 없었다. 그만 돌아가야 한다.

1층에 멈춰 있던 승강기를 부르자 곧 텅 빈 승강기가 올라왔다. 다쓰는 벽에 기대어 유리창 달린 문이 시야를 차단하는 모습을 망연히 바라보고 있었다.

소리도 없이 승강기 문이 닫히고 잠시 사이를 두었다가 1층을 향해 내려가기 시작했다. 그때, 유리창 너머 보이는 3층 복도에 사람그림자가 지나간 것 같았다. 누군가 승강기 홀에 인접한 계단으로 올라왔거나 내려온 것인지도 모른다.

승강기가 1층에 도착하자 다쓰는 승강기 안에 남은 채 다시 문을 닫고 제 성격에 스스로 넌더리를 내며 3층으로 향했다.

그러고는 아까처럼 이노우에 집 앞에 서서 초인종을 눌렀다.

대답이 없다. 역시 착각이었나, 하고 생각할 때 실내에서 발소리가 들렸다. 소리가 점차 확실해진다. 곧 철제 현관문이 열렸다.

안에서 40세 전후로 보이는 스웨터 입은 여자가 문손잡이를 잡고 얼굴을 내민다. 이노우에의 여자인가 생각했다. 아파트 복도에 포장이사 업체의 박스가 여러 개 접힌 채 세워져 있는 것이 보였다.

"무슨 일이죠……?"

여자가 경계심 가득한 표정으로 말했다.

다쓰는 안주머니에서 경찰수첩을 꺼내 보여주고 사정을 간단히 설명했다. 여자의 반응으로 보건대 이노우에와 관계가 없는 듯하다.

"여기로 이사한 뒤 무슨 일 없었습니까?"

여자는 궁리하듯 턱에 손을 받치고는 짚이는 거라도 있는 듯한 눈빛으로 다쓰의 얼굴을 쳐다보았다.

"우편함에 전 주인한테 온 편지가 들어 있던 것 같아요."

"어디 있습니까, 그거."

목소리에 힘이 들어간다.

여자에 따르면 편지는 서류봉투에 들어 있었는데, 어딘가 다른 주소로 보낸 것이 1층에 설치된 이 집 우편함으로 전송되어 온 모양이다. 조금 미안한 마음이 들었지만 관리회사에 알리지 않고 공동 쓰레기통에 버렸다고 했다.

오늘 낮에 그랬다는 말을 듣고 다쓰는 1층에 있는 쓰레기집하실로 발걸음을 서둘렀다. 아직 쓰레기통에 남아 있을지 모른다. 곰팡내와 쉰내 속에서 타는 쓰레기가 담긴 쓰레기통에 두 손을 찔러 넣고 뒤져서 마침내 마가린 같은 것이 묻은 봉투를 발견했다. 여자가 뜯어보았는지 이미 봉투 위가 잘려 있다. 지문이 묻지 않도록 손수건을 걸치고 집어 들었다.

봉투 앞면에는 전송용 봉인이 붙어 있다. 우편물 전송 서비스는 신청 후 1년간 유효하며, 매년 갱신 가능하다. 깜빡 잊고 새

전송처를 신고하지 않았는지도 모른다.

'쓰지모토 다쿠미'라는 이름과 함께 이곳이 아닌 요코하마 주소가 적혀 있다. 해서체 글씨는 삐침, 치침, 파임이 성실하게 지켜지고 있지만 선이 흔들려 불안해 보였다.

뒷면을 보니 '쓰지모토 마사미'라는 이름 옆에 눈에 익은 주소가 적혀 있다.

"지바형무소……."

노랗게 마른 채 아침 해를 받는 겨울잔디가 선행 플레이어들의 티샷으로 여기저기 흙을 드러내고 있다.

중심을 찾으며 스탠스를 굳힌 아오야기 다카시는 어깨에서 힘을 빼고 발밑의 공에 의식을 집중했다. 드라이버 헤드를 공 바로 앞에 멈추었다가 허리를 비틀어 테이크백하고 오른쪽 옆구리를 조인 채 힘차게 휘둘렀다. 그립을 통해 전해지는 확실한 반응과 함께 하얀 공이 날아올라 바람을 가르며 파상운이 떠 있는 담청색 하늘로 빨려 들어간다.

콩알만 하게 멀어진 공은 포물선을 그리고 동반한 동창친구들의 공을 지나 연갈색 페어웨이의 거의 한복판에 떨어져 두어 번 크게 튀며 굴러갔다.

주위에서 술렁임이 섞인 환호성이 터졌다.

"280은 되겠는걸."

선바이저를 쓴 친구 하나가 200야드 깃발을 넘어가는 공을 눈으로 좇으며 감탄하는 소리를 흘리고 있다.

아오야기는 드라이버를 캐디에게 넘기고 바지주머니에 한 손을 찔러 넣은 채 일행과 함께 걷기 시작했다.

"연습장에라도 다녔어?"

옆에서 걷는 회계사 친구가 그들보다 머리 하나쯤 튀어나온 아오야기의 탄탄한 체구를 훑듯이 쳐다본다.

"미녀 강사 얼굴 보러 다니고 있지."

아오야기가 시선을 전방으로 던졌다.

거의 직선으로 뻗은 페어웨이가 완만한 기복을 보여준다. 잔디는 잘 깎여 있고 우듬지 가지를 드러낸 낙엽수와 파란 잎이 무성한 침엽수가 주위를 둘러싸고 있다. 숲 너머에 우뚝 솟은 철탑을 제외하면 인공물이 보이지 않아 도쿄 도내에 있다는 사실을 잠시나마 잊게 해 줄 정도다.

아오야기가 도내 근교 구릉지에 있는 이 골프장의 회원권을 구입한 것은 작년이었다. 200만 엔 가까이 되는 회원권은 명의 변경 비용을 포함하면 어지간한 승용차 한 대를 살 수 있는 금액이다. 오랫동안 근무한 회사에서 상무이사 겸 개발본부장에 취임한 자신에게 주는 작은 위로라고 생각했다. 이렇게 주말에 마음 편한 친구들과 명문 코스를 라운딩할 수 있다는 것을 생각하면 그리 나쁘지 않은 판단이었는지 모른다.

"아무튼 여긴 정말 좋네. 시내에서 비교적 가깝고. 이런 데서 라운딩을 할 수 있다니, 정말이지 아오야기가 출세했어."

이케지리 오오하시에 있는 관사에서 하이브리드카를 운전하고 온 관료 친구가 아이언클럽을 든 채 양팔을 벌리며 가슴을 젖힌다.

"뭐니 뭐니 해도 우리 같은 공무원보다 대기업을 선택한 아오야기가 제일 똑똑했는지 몰라. 나는 늘 아오야기를 믿었어."

다른 친구가 농담 같은 말투로 말했다.

아오야기도 주오대학 법학부에 입학할 당시에는 다른 친구들처럼 법조계에 뜻을 두었다. 그러나 강의를 빼먹고 마작에 빠져 사는 동안 넘치던 의욕은 고상한 꿈과 함께 어느새 사그라지고 2년을 꿇은 끝에 간신히 현 직장에 들어올 수 있었다.

유명 대기업이라는 간판이 그나마 자존심을 조금 달래주었을 뿐, 이 업계 자체에는 전혀 흥미가 없었다. 어지러울 만큼 팽팽 돌아가는 업무에 쫓기며 살다가 문득 돌아보니 뼛속까지 업계에 물들어 있었다. 그래도 초심을 잃지 않은 동창들의 활약을 보면서 마음 한구석에서는 늘 열등감을 느끼고 있었던 것 같기도 하다. 개발본부장 자리에 오른 지금도 그 친구들에 대한 열등감은 해소되지 않았다.

"아오야기가 승진할 때마다 코스 그레이드를 올리게 하자고."

"그거 좋지. 그렇다면 다음은 대표이사 사장 승진인가."

동창들이 저마다 한 마디씩 던지며 기세를 올렸다. 반걸음쯤 뒤에서 걷는 아오야기는 대꾸 한 마디 없이 쓴웃음을 짓고 있었다.

아오야기의 회사에서는 전통적으로 경영전략부, 혹은 아파트나 빌딩, 상업시설 등의 부동산 수입으로 이익을 가져오는 커머셜사업부 간부가 사장에 취임해왔지만 아오야기와 같은 개발본부 출신인 현 사장의 이례적인 발탁으로 그 관례도 무너졌다. 임기 만료 시기가 착실히 다가오고 있으므로 어쩌면 자기한테도 그런

요행이 찾아오지 말라는 법이 없다. 실제로 이번에 커머셜사업부는 모든 부문에서 계획 달성이 어려울 전망이지만, 자신이 속한 개발본부는 그럭저럭 목표를 달성할 것 같다. 가능하다면 현 위치에 머물지 않고 조직의 정상까지 올라가서 그곳이 아니면 볼 수 없을 풍경을 바라보고 싶었다. 그렇게만 된다면 동창들에 대한 굴절된 감정도 해소되지 않을까.

주초에 아오야기는 오전부터 회사 회의실에서 부하들의 보고를 받았다.

향후 토지 개발의 방향성을 결정하는 중요한 회의였다. 각부 책임자가 앞쪽 스크린에 자료를 띄우고 순서대로 진척 상황을 설명해나간다. 마침내 대형 상업시설 개발용지를 담당한 부서 차례가 되자 회의실 분위기가 확 변했다.

순조롭게 진행되던 프로젝트 가운데 하나가 최근 교섭이 어려워져 회사와 지권자 사이에 회복하기 힘든 균열이 생겼다는 것이다.

"어떻게든 해결될 것 같다고 하지 않았나?"

평소 끼어들지 않으려고 주의하는 아오야기였지만 오늘은 참지 못하고 입을 열고 말았다.

프로젝트 규모가 큰 만큼 사업 계획이 지체되면 목표 미달은 물론이고 막대한 손해가 발생한다. 안 그래도 도심 근교는 용지가 좁은데다 개발될 만큼 개발이 된 상태이다. 대체 개발 용지를 쉽게 구할 수도 없다. 하물며 이번과 같은 대형 프로젝트에 필요한 대규모 토지라면 더욱 어렵다.

부하의 설명에 따르면 지연 정도가 아니라 계획 자체가 좌초될 가능성도 있었다. 아니, 자기 경험에 비추어보면 이번과 같은 경우는 무난히 극복된 사례가 없다.

오후에는 간부들이 한자리에 모이는 경영회의가 예정되어 있다. 아오야기는 그 자리에서 개발본부의 현황을 보고해야 한다. 개발본부 수장으로서 이 결과에 대한 책임은 지극히 무겁다. 부하가 변함없이 요령부득한 설명을 이어나가고 있다. 그 창백한 얼굴에 날카로운 시선을 던지던 아오야기는 끝이 뾰족한 칼로 위벽을 찔리는 듯한 통증을 느끼고 있었다.

"상무님…… 이제 경영회의에 가실 시간이."

옆으로 다가온 아오야기의 비서가 귀엣말을 했다. 마흔을 눈앞에 둔 독신녀로, 몇 년 전 이혼을 계기로 입사한 여성이다. 하얀 커트 앤드 소운 목깃에서 백금 목걸이가 들여다보이고 지난밤과 같은 향수 냄새가 풍겨왔다.

"아직 안 끝났어."

상대방을 보지도 않고 참석자 모두가 들을 만큼 강한 말투로 말허리를 잘랐다.

예상대로 오후 경영회의는 갈등이 극에 달해 아오야기는 해명으로 내몰렸다.

"이거 어떡할 거야. 이제 땅이 없는데 뭘 어떻게 지어 올리라는 거야."

노성에 가까운 소리로 커머셜사업부 부장 스나가가 집요하게
몰아세운다.

회사의 돌격대형 분위기를 체현한 듯한 남자로, 아오야기보다
나이는 두 살 어리지만 입사동기였다. 입사 때부터 뛰어난 성적
을 남겨서 나란히 서 있던 선배 사원들을 제치며 지금의 지위까
지 치고 올라왔다. 사장 자리를 노리고 있을 것이다. 아오야기가
개발본부장이 되고부터는 출세의 방해물로 보는지 걸핏하면 공격
을 해댄다.

"이건 아무리 생각해도 개발 쪽 책임이잖아. 이거 위험해. 알고
있는 거요? 엉?"

대각 방향에 앉은 스나가가 날카로운 눈초리로 아오야기를 비
난했다. 다른 참석자들도 동정적인 목소리는 하나 없이 차가운
태도를 허물려고 하지 않는다.

"알고 있습니다."

"그렇게 맥 빠진 목소리로 동정을 구할 틈이 있으면 당장 어떻
게 좀 해봐, 당신."

아오야기는 스나가 쪽을 쳐다보지도 않고 모호하게 고개를 끄
덕였다. 효과적인 타개책을 제시하지 못한 채 마침내 회의는 당
초 예정시간을 크게 넘기고 끝났다.

참석자들이 잇달아 회의실을 나간다.

혼자 남은 아오야기는 허탈감에 사로잡혀 좀처럼 자리에서 일
어서지 못했다. 아득한 불안이 가슴 밑바닥에 깔리고 스나가의

가차없는 매도가 끊임없이 떠올랐기 때문이다.

"빌어먹을 놈."

입안으로 가만히 중얼거린 아오야기가 주먹으로 테이블을 힘껏 때리며 무거운 허리를 들어올렸다.

천장 조명을 죽인 7첩쯤 되는 원룸을 어스름한 어둠이 침묵과 함께 뒤덮고 있다.

"그렇게 내내 바라보는 거 피곤하지도 않수?"

어이없어하는 목소리가 다쿠미의 발에 닿는다.

발 아래 침낭에서 방금 전까지 잠든 숨소리를 내던 다케시타의 젊은 수하가 큰대자로 엎드리며 스마트폰을 만지고 있었다.

막 스무 살이 된 까까머리 얼굴에는 여전히 천진함이 남아 있다. 강건한 체구는 신장이 190센티미터 가까이 되고, 옷을 갈아입을 때 본 등에는 야마타노오로치일본 신화에 등장하는 상상의 괴물. 머리와 꼬리가 각각 여덟 개인 거대한 뱀. 간단히 '오로치'로 부르기도 한다로 짐작되는 대가리가 여덟 개 달린 뱀이 크게 그려져 있었다.

오로치는 소년원을 나온 뒤 지역 선배의 연줄로 다케시타의 일을 돕게 되었다고 한다. 일이라고 하지만 그냥 잔심부름꾼이라고 투덜거리며, 이번 잠복 일도 상황을 전혀 모른 채 투입된 거라고 했다.

"피곤하고 말고 할 상황이 아닙니다. 한눈파는 사이에 어디로 나가버릴지도 모르니까."

창가 의자에 앉은 다쿠미는 단안 야간투시경을 들여다본 채 대답했다.

야간투시경은 어둠속에서도 최대 시인거리가 400미터이며, 커튼 틈새로 내다볼 수 있도록 삼각대에 설치되어 있다. 아파트 8층인 이 방에서 직선거리로 100미터쯤 떨어진 2층집 목표물을 선명하게 보여준다. 흑백으로 보이는 저택 현관문은 닫혀 있고 저녁에 한 번 주인이 출입한 뒤로는 아무런 움직임이 없다.

야간투시 기능을 통상 모드로 바꾸고 꼭 잡은 삼각대 핸들을 살짝 옆으로 움직였다.

현관에서 이어지는 거실 창문은 중정에 면해 있고 여전히 두꺼운 커튼이 쳐져 있다. 실내에 켜진 따뜻한 불빛이 커튼 가장자리에 희미하게 새어나오고 있어 주인이 아직 침실로 이동하지 않았음을 이쪽에 가르쳐주고 있었다.

목표물은 고안지光庵寺 주지 가와이 나쓰미의 자택이다. 정확히 말하면 890평방미터 부지를 가진 사찰의 살림채이며, 아즈치모모야마 시대오다 노부나가–도요토미 히데요시가 실권을 장악하고 있던 시대에 제작되었다는 불상이 안치된 본당 옆에 있다. 콘크리트조 외관은 장엄하고, 건축 면적은 130평방미터 정도 되는 본당의 두 배에 가깝다.

가와이는 사원 말고도, 거기서 엎어지면 코 닿을 데 있는 센가쿠지역泉岳寺駅 가까이에 매우 넓은 토지도 소유하고 있다. 일전의 회의에서 후보에 오른 물건이다. 다쿠미와 오로치는 사원이 내려다보이는 아파트를 빌려 숙식을 해가며 감시를 계속하고 있었다. 그녀의 일상생활은 물론이고 뭔가 비집고 들어갈 틈새가 있는지 찾아내고 싶었다.

"어차피 녹화하고 있는데, 그렇게 열심히 지켜볼 필요는 없는
거 아닙니까?"

오로치가 하품을 참으며 말했다.

야간투시경은 케이블을 통해 노트북 컴퓨터와 연결되어 있다.
투시경으로 잡은 영상은 노트북 컴퓨터 화면에 재생되며, 정보
공유와 분석을 위해 전부 기록되고 있다.

"우리가 눈을 뗀 사이에 가와이가 어디로 외출하면 미행할 수
없게 되니까."

"그거야 나도 노트북 화면을 보고 있으니까 괜찮아요."

오로치가 소리 내어 웃었다.

"그리고 저 여승은 이 시간에 외출 안 해요, 절대로. 벌써 닷새
나 지켜보았는데 아무 변함이 없잖아요. 혼자 사는 아줌마 사생
활 훔쳐보는 게 무슨 재미가 있다고. 연예인이나 젊고 예쁜 여자
라면 몰라도."

오로치의 목소리에는 밀실에 틀어박혀 지내는 스트레스에서
오는 초조감과는 다른, 응석처럼 들리기도 하는 분위기가 있었
다. 지난 닷새간 다쿠미와 허물없이 친해져서라기보다는 띠 동
갑만큼 차이나는 다쿠미와 위아래 구별 없이 한방에 갇혀 있었기
때문인지도 모른다.

원룸에 틀어박혀 감시하기 시작한 것은 이번 주 초부터였다.
오로치가 투덜거리는 대로 가와이의 생활은 판에 박은 듯 똑같고
별다른 것이 없었다. 삭발만 봐도 알 수 있는 승려다운 검박함이

있을 뿐, 뭔가 특이함은 느껴지지 않았다.

새벽 5시에 기상하여 본당에서 근행을 마치면 오후에는 경내를 청소하거나 마당의 초목을 손질하며 보낸다. 저녁 근행을 거쳐 밤 10시가 지나면 실내 전등이 전부 꺼진다. 기본적으로 가와이는 대부분 자택 안에 있으며, 가끔 외출하더라도 택시 타고 이웃마을 슈퍼마켓에 장보러 가는 정도가 고작이었다.

사찰 본당은 인접한 공원과 연결되는 울창한 나무에 둘러싸여 있으며, 근행할 때를 제외하면 평소에는 문이 닫혀 있다. 경내에는 판석을 깐 참도는 있지만 산문이나 새전함은 없고 참배하는 사람도 보이지 않았다. 이웃과도 일절 소통하지 않은 채 대저택에 혼자 고독하게 사는 모습은 산중의 수행승을 떠올리게 했다. 가와이는 마치 타인 자체를 거부하는 사람처럼 보였고, 그 생활상에는 검박함을 넘어서는 측면이 있다고까지 느껴졌다.

"그런데 다쿠미 씨도 참 대단하네요."

질렸다는 말투였다.

"뭐가요?"

"내내 그렇게 들여다보고만 있잖아요. 전혀 눕지도 않고. 보통 이런 일은 귀찮아서 적당히 때우거든요. 누가 지켜보는 것도 아니고. 이상하네요. 머리도 그렇게 새하얗고."

"이게 내 일이니까요."

수면 부족이 계속된 탓인지 식사는 잘 하고 있는데도 흥미로울 정도로 체중이 줄고 있었다. 손으로 얼굴을 쓸어보고서야 광대뼈가 튀어나온 것을 알았다.

"일이라는 거, 요령껏 노는 게 장땡 아닙니까."

지난 닷새 동안 오로치에게 여러 번 들었던, 소년원에서 교관 눈을 피하는 방법들이 떠올랐다.

"놀기만 하면 출세할 수 없잖아요."

야간투시경을 들여다보며 훈계하는 투로 대꾸했다.

"다쿠미 씨는 출세하고 싶으세요?"

"그런 건 아니지만요."

오로치가 말하는 '출세'가 구체적으로 무엇을 말하는지 모르지만 적어도 남들 위에 서거나 이름을 날리기 위해 이렇게 잠을 줄이며 일하고 있는 것은 아니었다.

"역시 돈입니까?"

돈은 중요하다. 그러나 동기의 전부는 아니다. 사정을 모르는 남에게 설명하는 것이 쉽지 않아 대답을 얼버무리려는데 뒤쪽 현관에서 문 열리는 소리가 들렸다.

"상황이 어때?"

밝은 목소리와 함께 다케시타가 들어왔다.

"변함없습니다. 지금까지는 아무것도."

현관에 등을 향한 채 대답했다. 침낭에 늘어져 있던 오로치가 당황해서 벌떡 일어나 직립부동 자세를 취한다.

"야 인마, 거기 서 있지 말고 얼른 다쿠미 씨랑 교대나 해."

다케시타가 거친 목소리로 말하자 오로치가 다쿠미를 밀어내

다시피 하며 야간투시경 앞에 앉았다.

"이거, 괜찮다면 먹어."

다케시타가 바닥에 양반다리를 하고 앉아 비닐봉지에서 다코야키 포장과 캔맥주를 꺼냈다. 다쿠미도 다케시타와 마주앉았다. 전보다 말라 보인다.

"또 살이 빠졌군."

다케시타가 자기 형편은 젖혀두고 이쪽 얼굴을 쳐다보더니 입가를 끌어올리며 웃었다.

"심하게 피곤하다 싶으면 이거 한번 해볼래?"

다케시타가 바지주머니에서 각성제 용액이 들어 있을 전자담배를 꺼냈다.

"괜찮습니다."

약에 기댈 생각도 그럴 필요도 없었다. 종종 엄습하는 수마에 까무룩 졸 뻔한 적도 있지만 이기지 못할 정도는 아니다.

"그래, 그 여승 말인데, 캐보니 여러 가지가 나오더군."

"어떤 겁니까."

1주일 가까이 가와이를 감시해서 생활 패턴은 대체로 파악할 수 있었지만 그 이상의 수확은 없었다.

"저 여자, 아무래도 서방이 도망친 것 같아."

"도망쳐요?"

가와이 나쓰미에게는 데릴사위로 가와이 집안에 들어온 남편이 있었다. 가와이의 부모는 이미 세상을 떠났고, 결혼해서 독일에 사는 외동딸을 제외하면 형제가 없는 가와이에게 남편은 거의 유일한 가족이라고 할 수 있다. 하지만 동거하는 모습은 볼 수 없었다.

다케시타에 따르면 결혼할 때까지 불교와 인연이 없던 남편은 사찰 운영을 전적으로 가와이에게 맡기고, 자신은 가와이의 부모가 설립한 갱생보호시설의 운영을 맡았다. 그러다가 몇 년 전 시설에서 보호 중이던 여자와 깊은 사이가 되어 그대로 야반도주하고 말았다는 것이다.

"옛날에나 있을 법한 얘기군요."

다쿠미는 캔맥주의 풀 탭을 따서 입에 조금 머금었다.

"어느 시대나 마찬가지야. 남자와 여자라는 것들은."

다케시타가 세상 진리를 꿰뚫어보는 사람처럼 말하고는 한심하다는 표정을 지었다.

"그 시설이 폐쇄된 것도 그게 원인인가요?"

갱생보호시설은 형무소에 수감되었던 가석방자나 만기출소자의 사회 복귀를 지원할 목적으로 설립되었다. 가와이 남편이 시설장을 맡았던 곳은 전국에서도 몇 안 되는 여성 전용 시설로, 관청과 제휴하며 일정 기간 피지원자에게 거처나 식사 등을 제공했다고 한다. 지금은 건물 전체가 잠겨 있어 아무도 드나들지 않는 듯하다.

"시설 책임자란 자가 자신이 돌보던 감방 출신 젊은 여자랑 붙어먹었으니 당연히 유지되기 어렵지. 관청에서는 그런 사태를 제일 싫어하니까."

다케시타가 식은 다코야키에 이쑤시개를 꽂아 입에 넣었다.

가와이가 삭발하고 극단적으로 이목을 피하게 된 것도 남편이 다른 여자와 눈이 맞아 가출한 직후였다고 한다.

"여승이 남편을 더 좋아했던 것 같으니 충격이 훨씬 컸을지도 모르지."

다쿠미도 맞장구치며 투시경을 통해 여러 번 보았던 가와이의 눈길을 내린 표정을 떠올렸다.

"그밖에 내가 궁금했던 것은 여승의 주머니사정이야."

다케시타가 바닥에 떨어져 있던 고무밴드를 주워 손가락 새총으로 오로치의 머리를 겨냥했다.

"주머니사정이라뇨?"

가와이는 이 근방에서는 잘 알려진 자산가다. 본당과 살림채, 다쿠미 일행이 눈독을 들이는 주차장이나 갱생보호시설 외에도 이 근처의 여러 부동산을 법인이나 개인 명의로 소유하고 있다. 상속받을 때 많이 처분했다고 하지만 여전히 아파트를 구분소유하는 등 많은 물건이 그녀 개인 명의로 되어 있었다.

다케시타에 따르면 그 대부분이 은행에 저당잡혀 있다고 한다.

"가와이는 왜 그렇게 돈이 필요한 거죠?"

조용히 생활하는 것처럼 보이는 가와이와 거액의 돈이 잘 연결되지 않았다.

"그건 모르겠어."

다케시타는 고개를 갸우뚱하더니 손가락에 걸어서 당기고 있던 고무밴드를 쏘았다. 명중했는지 오로치가 뒤통수를 긁적인다.

감시 활동이나 정보 수집에 관한 향후 계획을 서로 간단히 확인하자 다케시타는 다시 찾아오겠다고 말하고 자리에서 일어섰다.

"빨리 돌아가지 않으면 여자가 징징거리니까."

웃으며 주머니에서 전자담배를 꺼내 보여준다.

"그렇게 많이 해도 괜찮습니까?"

다케시타의 건강이 걱정되었다.

"이제 그만 끊으시는 게 좋을 겁니다, 사장님."

돌아보니 오로치가 투시경에서 얼굴을 떼고 걱정스러운 눈으로 쳐다보고 있다. 윗사람인 다케시타를 두려워하면서도 속에 품은 생각을 저도 모르게 입 밖에 내고 마는 것이 자못 오로치다웠다.

"뭐야?"

다케시타의 얼굴이 일그러졌다.

"얻다 대고 함부로 입을 놀려!"

격앙한 다케시타가 욕설을 퍼부으며 오로치의 커다란 등에 앞차기를 날리기 시작했다.

"감히 너 따위가 언제부터 주제도 모르고 끼어들게 된 거야. 묻어버릴까보다."

복도 끝에 있는 집이라 해도 아래층이나 옆집에 소리가 들리기 쉽다. 공연한 말썽은 피하는 게 상책이다.

"다케시타 씨."

그렇게 말리다가 문득 야간투시경에 연결된 노트북 화면을 보았다. 현관 앞을 비추고 있는데, 방금 전과 풍경이 다르다. 제복을 입은 남자가 초인종을 누르고 있다. 가만 보니 택시기사였다.

"가와이가 외출합니다!"

소리를 지르며 뛰기 시작했다.

이 시간에 가와이가 외출하는 것은 감시를 시작한 이래 처음이다. 어디로 가려는 걸까. 뭔가 필요한 게 생겼나? 갑자기 병이라도 났나? 전혀 짚이는 바가 없다. 행선지를 확인해야 했다.

다케시타의 격노한 소리가 등 뒤로 들리고 오로치의 다급한 발소리가 뒤따라온다. 신발을 꿰신고 아래 주차장에 세워 둔 차량까지 서둘렀다.

아파트 1층 주차장에 도착하자마자 다케시타한테 빌린 새 랜드크루저로 달려갔다. 뒤따라온 오로치가 숨을 헐떡이며 운전석에 앉고 다쿠미도 조수석으로 미끄러지듯 올라탔다.

엔진을 켜자 차체가 힘차게 전진했다. 주차장 앞 도로를 가와이가 탄 택시가 지나간다.

"아, 저 택시예요."

택시를 가리키며 오로치가 서두른다.

주차장을 나가려고 할 때 보도에서 자전거가 튀어나왔다.

"위험해!"

오로치가 놀라서 핸들을 꺾었다. 오른쪽 벽이 와락 닥쳐온다. 오른쪽 뒷좌석 창문 가득 어두운 블록 벽이 바짝 닥쳐오고 오로치의 비명과 함께 격렬한 마찰음이 차내에 울렸다. 첫눈에 알아볼 수 있는 무참한 흠집이 차체 측면에 생겼으리라는 것은 보지 않아도 능히 짐작할 수 있었다.

"어떡하나, 젠장."

당황하는 오로치를 비웃듯 가와이가 탄 택시가 커브로 접어들더니 이내 모습을 감추었다. 랜드크루저는 완전히 멈춰 있었다.

"괜찮아요. 일단은 가와이를 쫓아갑시다."

하마터면 고함을 지를 뻔했다.

"다케시타 씨한테 맞아죽을 텐데."

넋이 나가버린 오로치가 전방을 바라본 채 핸들을 꼭 쥐고 있다.

"그런 일 없을 겁니다. 만약에 정말로 험악해지면 나도 같이 사죄할 테니까. 괜찮아요. 절대로 괜찮습니다."

울상이 된 오로치가 말없이 이쪽을 쳐다보았다. 눈길을 피하지 않고 쳐다보자 그제야 차가 움직이기 시작했다.

"이래서 존나게 큰 차는 운전하기 싫다고 했던 건데."

음울한 노성과 함께 랜드크루저가 급발진했다. 운전학원 굴절 코스 비슷한 커브 길을 돌자 교차로가 시야에 들어왔다. 적신호였다. 택시는 이미 보이지 않는다. 교차로 너머 편도 3차선인 국도 15호가 막혀 있고 헤드라이트를 켠 차량이 끊임없이 가로지르고 있었다.

"어느 쪽으로 갈까요?"

안달이 난 눈으로 오로치가 이쪽을 쳐다본다.

가와이가 늘 가던 슈퍼마켓이라면 오른쪽이다. 그 슈퍼마켓은 구색도 좋고 24시간 영업이긴 하다. 가와이는 22시가 지나면 침실의 불을 끈다. 20시가 지난 이 시간에 슈퍼마켓에 갈까? 그곳이 아니라면 다마치 방면인 좌회전인가? 그쪽에 무엇이 있다는 거지? 아무리 생각해도 가와이가 탄 택시가 어느 쪽으로 갔는지 짐작할 수 없었다.

"왼쪽. 좌회전합시다."

감이 시키는 대로 말했다.

신호가 파란색으로 바뀌자 교차로를 좌회전했다. 랜드크루저
가 속도를 높여 앞 차량들을 잇달아 추월해간다. 택시가 눈에 띄
면 일단 살펴보았다. 교차로를 두 군데 통과했지만 그녀로 짐작
되는 사람은 보이지 않았다.

"……없네요."

운전석에서 흘러나오는 목소리에 불안이 배어 있다.

반대쪽이었나? 초조해진다.

적신호가 켜져서 랜드크루저가 속도를 줄였다. 왼쪽 차선에 서
있던 택시 뒷좌석이 시야에 들어왔다. 기억에 확고하게 박힌 옆
얼굴이 거기 있었다.

"있네. 왼쪽. 왼쪽에 있어요."

살짝 아래를 내려다보는 자세로 택시 뒷좌석 쪽을 훔쳐보았다.
가와이는 허리를 펴고 시트에 앉아 선글라스를 낀 얼굴을 창밖으
로 향하고 있다.

"어딘지 평소와 느낌이 다르네요. 한밤중에 선글라스를 끼고
있고."

오로치가 몸을 틀어 옆의 택시를 들여다보았다.

듣고 보니 분명 그랬다.

가와이는 검은 재킷에 모자를 쓰고, 같은 색 계열의 오벌 선글
라스를 끼고 있었다. 수행할 때나 경내 잡무를 처리할 때는 승복
이나 작업복을 입고 점심에 장을 보러 슈퍼마켓에 갈 때는 청바

지에 카디건 같은 캐주얼한 차림이 기본이었다. 색이 연한 안경을 쓸 때는 있었지만 이렇게 눈이 전혀 보이지 않는 진한 선글라스나 모자 따위를 쓰는 모습은 본 적이 없다.

"……어딜 가는 걸까."

이쪽의 중얼거림에 반응하듯이 택시가 가만히 출발했다.

15분 정도 따라가서 도착한 곳은 시오도메의 호텔이었다. 이곳에 묵은 해리슨 야마나카를 만나기 위해 방문했던 일이 생각난다. 하마리큐와 도쿄만이 내려다보이는 도내에서도 손에 꼽히는 럭셔리 호텔이다.

포치에 멈춘 택시에서 가와이가 내렸다. 호텔 포터가 택시 트렁크에서 30리터 전후의 슈트케이스를 꺼내더니 그녀를 안으로 안내했다.

"잠깐 다녀올게요."

가와이가 건물 안으로 들어가는 것을 확인하고 랜드크루저에서 내렸다.

직통 승강기로 28층 로비로 올라가자 천장이 높은 개방적 리셉션 카운터에 가와이가 보였다.

이렇게 유행하는 패션으로 갖춰 입은 팬츠 스타일의 가와이를 보고 있자니 승복이나 작업복으로는 알 수 없던 50세치고는 허리가 꼿꼿한 멋진 라인이 두드러진다. 자못 세련된 이 공간에 썩 어울리는 고객처럼 보였다.

시치미 뗀 얼굴로 가와이가 서 있는 리셉션 카운터를 그대로 지나친 다쿠미는 조금 떨어진 자리에서 전화하는 척하며 짐짓 자연스럽게 가와이를 살펴보았다.

잠시 후 가와이가 포터를 앞세우고 객실 전용 승강기 홀을 향해 걷기 시작했다. 얼른 뒤를 따랐다. 문이 닫히기 전에 두 사람이 탄 승강기에 가세했다.

문 옆에 선 포터가 '36층' 버튼을 누르고 이쪽을 향해 몇 층에 가느냐고 물었다.

"같은 층입니다."

주저 없이 대답하자 포터가 공손히 목례했다.

승강기가 조용히 오르기 시작한다.

문득 몸이 무거워져가는 감각을 의식하며 패널을 응시했다. 바로 오른쪽 옆에 가와이가 있다. 시야 구석에 간신히 들어올 뿐 그녀의 모습이 똑똑히 보이지는 않는다.

지금까지 슈퍼마켓 같은 곳에서 미행할 때도, 랜드크루저 안에서 가와이를 살펴볼 때도 적당히 거리를 두고 훔쳐보았을 뿐이다. 이쪽을 의식하지 않으리라는 걸 머리로는 알고 있지만 그녀의 숨소리까지 들릴 거리에 있다고 생각하니 어쩔 수 없이 몸이 굳어버렸다.

승강기가 36층에 멈추고 문이 열렸다. 가와이가 먼저 내리고 다쿠미도 포터가 안내하는 대로 승강기에서 내렸다.

객실이 나란히 있는 복도는 승강기 홀에서 T자형으로 갈라져 있는데, 그녀의 객실이 어느 쪽에 있는지는 알 수 없다. 전화를 받는 척 멈춰 서서 가와이와 포터를 먼저 보냈다. 두 사람이 복도에서 왼쪽으로 꺾어지는 것을 확인한 다쿠미가 조금 늦게 오른쪽으로 향하며 되도록 천천히 걸었다. 문 열리는 소리가 등 뒤에서 들린다. 다쿠미는 재빨리 몸을 돌려 융단 깔린 복도를 달려서 막 문이 닫힌 객실 앞에서 호수를 확인했다.

그러고는 다시 28층으로 내려가 스마트폰으로 이 호텔 웹사이트에 접속해서 베이뷰 객실을 당일로 예약한 뒤에 곧장 리셉션 카운터로 걸어갔다.

"체크인을 부탁합니다."

남성 스태프에게 예약할 때 사용한 가명과 이미 예약하고 왔음을 알렸다. 남성 스태프가 조심스레 목례하고 손 맡에 있던 단말기를 두드려 예약 상황을 확인했다.

"저어, 3623호실은 비어 있나요?"

"3623호 말씀이십니까?"

스태프가 고개를 든다. 그 표정에는 무엇 때문에 특정 객실 상황을 묻는지 이해하기 힘들다는 곤혹스러움이 희미하게 묻어났다.

"실은 전에 아내와 묵었던 추억의 객실입니다. 서프라이즈를 해주고 싶어서요."

스태프가 그제야 납득했다는 듯 미소를 짓더니, 잠시만 기다려주십시오, 하고 다시 키보드를 두드리기 시작했다.

"손님, 죄송합니다. 공교롭게도 그 객실은 현재 예약이 되어 있어서……."

가와이가 묵고 있으니 당연하다.

"옆 객실도요?"

낙담한 척하며 물었다.

"아뇨, 옆 객실이라면 가능합니다."

"그럼, 그 객실로 부탁합니다."

포터의 안내를 거절하고 객실에 들어서기 무섭게 가와이의 객실에 면한 벽에 귀를 댔다. 어떤 소리도 들리지 않는다. 바 스페이스에 있던 컵을 들고 마찬가지로 벽에 대 보았다. 소용없었다.

오로치에게 전화해서 다케시타가 가지고 있을 콘크리트마이크를 당장 가져다달라고 부탁했다. 랜드크루저를 망가뜨린 건이나 다케시타가 여자와 있을 경우를 고려했는지 수화기로 들려오는 목소리가 영 내켜하지 않는다. 어르고 달래서 겨우 승낙을 받아냈다.

오로치가 도착하기 전에 가와이가 외출할 경우 바로 알 수 있도록 입구에서 문에 기대어 앉았다.

오크재 바닥이 차디차다. 하지만 이내 거기에 신경 쓰지 않게 되었다.

융단이 깔린 객실에는 킹사이즈 침대가 있고 간접조명이 연하게 켜져 있다. 그 너머로 시선을 던지니 검은 밤을 걸치고 선명하게 우뚝 솟은 도쿄만 경치가 통유리창에 펼쳐져 있었다.

옆 객실의 가와이는 지금 무엇을 하고 있을까. 애초에 무엇 때문에 집에서 그리 멀지도 않은 이 호텔에 투숙했을까. 슈트케이스를 들고 나온 것을 보면 어딘가로 떠날 계획일까? 여기서 공항은 매우 가까우므로 새벽 비행기를 타기 위해 하룻밤 묵는 것일 수도 있다. 아니면 비록 승려라지만 가끔은 기분전환이 필요한 걸까? 하루 6만 엔이 넘는 이 객실에 숙박하면 과연 일상의 잡일 따위는 다 잊을 수 있을 것 같기는 하다…….

곰곰이 생각하고 있을 때 오로치의 전화가 왔다.

"도착했어요. 지금 로비입니다."

다케시타에게 호되게 당하기라도 했는지 기분이 상한 목소리였다. 콘크리트마이크는 무사히 받아온 듯하다.

즉시 로비로 내려가겠다고 말하고 전화를 끊을 때 복도에서 문 여닫는 소리가 들렸다. 짐작하건대 가까운 객실인 듯하다. 가와이가 객실에서 나온 걸까?

가만히 문을 열고 밖을 내다보았다.

한 여성이 승강기 홀 쪽으로 걸어간다. 몸매가 예쁘게 드러나는 타이트한 잿빛 투피스를 입고 맨살이 미묘하게 비치는 검은 스타킹으로 잘 빠진 다리를 감쌌다. 까만 하이힐의 새빨간 밑창이 오르락내리락한다. 발걸음이 경쾌하다. 쇼트스타일로 다듬은 숱 많은 머리는 다운라이트 아래 진갈색 윤기를 발하고 있다.

뒷모습으로 판단하건대 사십대, 아니 삼십대 후반일까. 기대와 달리 가와이는 아니었다.

스마트폰을 바지주머니에 넣고 창가 테이블에 둔 지갑과 카드키를 챙겨서 객실을 나섰다.

승강기 홀로 가기 전에 옆 객실 문에 귀를 대보았다. 아무 소리도 들리지 않는다. 가와이는 벌써 잠들었는지 모른다.

가와이의 객실 앞을 떠나려고 하다가 문 옆의 램프가 켜져 있는 것을 보았다. 램프 밑에는 'Make Up Room 객실을 청소해주십시오'라는 작은 글자가 인쇄되어 있다.

이 시간이라면 취침에 대비하여 침대 주변을 정돈하는 이른바 턴다운 서비스를 의미할 것이다. 보통 그런 종류의 서비스는 객실을 나갈 때 요구한다. 아직 객실에 있을 가와이가 왜 이런 의뢰를 했을까…… 거기까지 생각했을 때 간이 오그라들었다. 가와이는 객실에 없다. 이미 외출한 것이 틀림없다.

아래 로비로 서둘러 내려갔다. 등에 식은땀이 흐른다.

어느샌가 가와이는 객실을 나갔다. 안 그래도 누구나 문 닫을 때는 조심스러울 텐데, 너무 생각에 골몰하느라 듣지 못했는지도 모른다. 안이했다.

로비에 오로치가 앉아 있었다. 장소에 어울리지 않는 분위기를 풍기며 커다란 체구를 소파에 맡긴 채 스마트폰을 만지고 있다.

"가와이가 내려오지 않았습니까?"

"아뇨, 못 봤는데."

오로치가 의아한 표정으로 말한다.

온몸에서 맥이 빠져나가는 기분을 느끼며 오로치 옆에 앉았다. 지금까지 어렵게 잠복해 왔는데 정작 중요한 순간에, 그것도 자신의 부주의 때문에 행방을 놓치고 말았다. 식사하러 나갔을 뿐인지도 모른다. 그렇게 스스로를 위로해 보지만 역시 자위적인 억측일 뿐이다. 아무리 상상을 펼쳐 봐도 가와이가 이 시간에 무엇을 하려는 것인지 알 수 없었다.

"다쿠미 씨……."

목소리 쪽으로 눈길을 돌리자 오로치가 진지한 얼굴로 이쪽을 쳐다보고 있다. 이토록 진지한 표정은 본 적이 없는데.

"뒤돌아보지 마세요."

오로치가 다짐을 놓듯이 말하고 목소리를 낮춰 계속했다.

"뒤에 있는 사람…… 가와이 아닙니까?"

가슴이 덜컥했다.

한 호흡 사이를 두었다가 일어서서 스마트폰으로 어딘가에 전화하는 척하며 자연스럽게 몸을 돌렸다.

눈앞에 펼쳐진 바 라운지에 손님들이 띄엄띄엄 앉아 있다.

창가석에 타이트한 투피스를 입은 여자가 오십대 남자와 마주 앉아 칵테일 잔을 한 손에 들고 담소를 나누는 중이다. 낯설지가 않다. 방금 전 복도에서 뒷모습을 보았던 여자가 분명하다. 따뜻한 느낌의 부드러운 조명 아래 빨간 루즈 칠한 입술 사이로 드러나는 치열과 짙은 아이섀도나 마스카라로 강조된 눈매가 은은하게 떠 있다. 이목구비가 단정하고 문득 치켜뜨는 눈길로 미소 짓는 표정이 자못 싱싱하다. 더없이 편안한 그녀의 얼굴을 쳐다보다가 하마터면 탄성을 지를 뻔했다.

분위기도 옷차림도 완전히 다른 사람처럼 보이는 여자는 다름
아닌 가와이 나쓰미였다……

그 뒤에도 가와이의 행동을 추적하고, 계속 그녀의 주변을 조사하는 한편 시오도메의 호텔에서 밀회하던 남자의 신원에 대해서도 작업을 나눠서 샅샅이 조사했다.

다케시타가 이끄는 별동대의 조사에 따르면 세는나이로 57세인 남자는 구보야마라는 성을 갖고 있고, 그 부근에서는 잘 알려진 극단의 운영자이자 연출가 겸 극작가라고 한다. 각지의 소극장에서 정기적으로 무대 공연을 하고 있지만, 그밖에 이렇다 할 수입은 없다. 아내와 별거 중이며, 자산다운 자산도 없고 생활에 여유가 없는 듯하다.

가와이가 언제 어떻게 구보야마와 알게 되었는지까지는 알아내지 못했다. 분명한 것은 아무리 봐도 승려처럼 보이지 않는 아리따운 모습으로 변장한 뒤에 구보야마와 고급 식당에서 식사하고 고급 호텔에서 함께 밤을 보내고 있다는 것이다. 가와이는 그런 밀회에 드는 비용을 전적으로 부담할 뿐 아니라 남자의 극단에 필요한 공연 비용까지 지원하는 모양이다. 이쯤 되자 가와이가 재산을 처분하면서까지 돈을 마련하고 싶어 하는 이유가 상세히 밝혀졌다.

"시작했네요. 와보세요, 와보세요."

옆 침대에 있던 오로치가 손짓한다. 콘크리트마이크를 벽에 대고 앰프에 연결된 이어폰 소리에 귀를 기울이는 중이다.

옆 객실에는 모토아자부의 고급 프랑스레스토랑에서 저녁을 마치고 니시아자부 교차로 근처에 있는 와인 바에서 2차를 하고 온 가와이와 구보야마가 투숙해 있다. 지난주 말 투숙했던 시오도메가 아닌 롯폰기에 있는 럭셔리 호텔이다. 두 사람이 객실로 돌아온 것은 23시 지나서이고 아직 30분도 지나지 않았다.

"뭡니까, 이 여승. 고기 먹고 술 마시고 남자까지 먹고 있네. 진짜 황당하네요."

오로치의 휘둥그레진 눈이 분노인지 질투인지 알 수 없는 흥분으로 물들고 있다.

소파에서 담소를 나누던 다쿠미는 다케시타와 함께 침대로 올라 분배기에 연결된 이어폰을 오로치한테 받아서 귀에 꽂았다.

모래돌풍 같은 소음 속에서 거친 숨소리와 함께 물웅덩이를 가볍게 치는 듯한 소리가 쉴 새 없이 들려온다. 간헐적으로 가녀린 여자 목소리가 들리나 싶더니 여자가 흐느껴 우는 듯 절규하며 연방 남자에게 애원하고 있었다.

비명을 즐기듯이 살을 때리는 교접 소리가 격해졌다. 시각 정보가 없으니 도리어 더 생생하게 상상된다. 견딜 수 없어 이어폰을 빼고 말았다.

"후원자로 나서는 데 그치지 않고 가발을 쓰면서까지 여자가 돼서…… 갸륵하네."

다케시타도 조소하는 얼굴로 이어폰을 침대 위에 내던지며 말했다.

"가와이라는 게 아직도 믿기지 않습니다."

다쿠미가 그렇게 중얼거리자 다케시타는 귀찮은 듯 세라믹 치열을 드러내며 찡그린 얼굴로 말했다.

"여자는 아무리 나이가 들어도 여자야."

가와이 나쓰미에 관한 사전조사는 일단 이것으로 끝내고, 수집한 정보를 정리한 뒤 해리슨 야마나카와 만나 일련의 조사 결과를 보고했다.

"그렇군요. 여승과 극작가의 불륜이라. 참으로 흥미로운 이야기입니다."

잠자코 이야기를 듣던 해리슨 야마나카는 테이블에 있는 자료를 들춰보며 턱수염에 손을 대고 고개를 끄덕였다.

"그럼, 어떻게 할까요?"

더는 참지 못하겠다는 듯이 다케시타가 물었다.

의지에 낀 쌍가락지를 돌리는 해리슨 야마나카의 눈에 기쁨의 빛이 넘실대는 것을 다쿠미는 가만히 응시하고 있었다.

4
장

휴대전화를 통해 다케시타의 기분 좋은 목소리가 들려온다. 긴장이 풀려버린 듯한 빠른 말투였다. 또 약을 한 것인지도 모른다.

들어 보니 다케시타가 이끄는 별동대가 다카나와에 있는 월정액 주차장을 계약했다고 한다. 주차장 주인은 고안지 주지 가와이 나쓰미였다. 계약하는 과정에서 그녀의 개인정보 몇 가지를 알아낸 듯하다.

"아, 그리고, 거기 있는 절, 어느새 종단을 탈퇴해 있더군. 공고에도 실렸던데 전혀 몰랐었어."

"무슨 말씀입니까."

다쿠미는 스마트폰에 대고 말했다. 자기 목소리가 뜻밖에 빌딩 복도에 울린다. 주말이어선지 오피스 거리는 인기척이 없고 주위는 밤공기를 두른 채 쥐죽은 듯 조용했다.

"종단을 이탈해서 독립했다는 거야. 분쟁이 계속돼서 골치 아팠는지도 모르지. 남편이 바람나서 가출한 일 때문에 관청과도 관계가 틀어졌을 테고."

전화 너머에서 다케시타가 웃음을 억누르고 있다.

"순풍이 분다는 건가요?"

자연히 목소리가 높아졌다.

"그쪽은 좋은 배우 찾아냈나?"

"아뇨, 아직 면접 중입니다."

진전이 있으면 연락하겠다고 말하고 다쿠미는 통화를 마쳤다.

조명을 낮춘 대기실로 돌아오니 해리슨 야마나카가 벽에 설치된 매직미러를 통해 인터뷰 룸을 응시하고 있다. 잔광을 받고 있는 옆얼굴은 변함없이 험악하다.

해리슨 야마나카 옆에 앉았다.

"어떻습니까?"

"이 사람, 나쁘지 않네요."

매직미러를 응시한 채 조용히 대답한다.

미러 너머에는 밝은 빛이 가득한 5평쯤 되는 인터뷰 룸이 있다. 저쪽에서는 야마나카가 있는 대기실이 보이지 않는다. 중앙에 테이블이 있고 거기 앉은 레이코가 한 여성과 마주앉아 대화하는 중이다.

여성은 레이코가 데려온 배우 후보였다. 평소 슈퍼마켓 계산원 아르바이트를 하다가 밤에는 보도방에서도 일하는 모양이다. 나이는 53세, 범죄 경력이 없으며 가와이보다 조금 젊다. 신장은 가와이와 그리 다르지 않고 얇은 입술도 닮았다. 전체적으로 조금 살집이 있기는 하지만 허용 범위라고 할 수 있었다.

"분위기는 어딘지 비슷하군요."

다쿠미가 기대를 담아 말했다.

그저께부터 시작된 배우 면접도 이제 열세 명째가 된다. 가와이와 용모가 비슷해도 연기력이나 임기응변이 부족한가 하면 반대의 경우도 있다. 기준을 전혀 충족시키지 못하는 후보도 몇 명 있어서, 합격이다 싶은 사람을 쉽게 찾지 못했다. 배우가 정해지지 않으면 각종 준비물도 준비할 수 없다.

"말투도 느낌이 있네요."

해리슨 야마나카도 긍정적으로 보고 있는 듯했다.

레이코가 사전에 준비한 질문을 후보 여성에게 던지고 있다. 두 사람 목소리가 테이블의 집음 마이크를 통해 대기실 스피커에서 흘러나오고 있었다.

"그런데 이 일에는 딱 한 가지 조건이 있어요."

니트 소재의 타이트한 원피스를 입은 레이코가 다리를 고쳐 꼬았다. 원피스와 같은 캐러멜색 핀 힐이 차분하지 못하게 흔들리고 있다.

"그 머리, 자를 수 있어요?"

마지막 질문이다.

"머리요?"

여자가 놀란 표정으로 되물었다. 허리까지 내려오는 까만 직모였다. 윤기는 조금 약해졌지만 평소 손질을 잘하고 있는 것처럼 보인다.

"그래요. 전부, 까까머리로."

레이코가 거침없이 말했다.

여자의 표정에 곤혹스런 기색이 짙어진다. 레이코가 아무리 설득해도 그녀는 고개를 끄덕여주지 않았다.

곧 대기실 문이 열리고 승강기 홀까지 여성을 바래다준 레이코가 들어왔다.

"방금 그 여자는 괜찮을 줄 알았는데."

건너편 의자에 레이코가 몸을 던진다. 긴 머리를 그러쥐어 올리는 몸짓에 한낮부터 내내 면접을 해온 피로가 드러나고 있다.

"역시 삭발은 어려운 조건이군요."

다쿠미가 위로하듯 말을 건넸다.

"그렇다면 삭발 가발을 써볼까? 왜 그런 거 있지 않나요? 영화 같은 거 보면 배우가 특수 메이크업으로 뒤집어쓰고 나오는 거."

거반 진심으로 레이코가 말했다.

"당연히 들통나지 않겠어요? 그야말로 할리우드급 분장을 하지 않는 한."

오가는 대화에 귀를 기울이던 해리슨 야마나카가 입을 열었다.

"다음이 마지막 후보죠?"

"그래요. 늦는다는 연락이 없었으니까 이제 슬슬 나타날 것 같은데."

레이코가 손에 든 스마트폰을 내려다보았다.

다음 사람도 채용에 이르지 못하면 다시 후보들을 모아야 한다. 가와이 또래 여성을, 그것도 리스크가 큰 프로젝트에 협력해줄 여성을 처음부터 찾으려면 지방까지 범위를 넓힐 필요가 있다. 공연히 시간을 낭비하면 비용이 늘어날 뿐 아니라 그동안 상황도 달라진다. 해리슨 야마나카가 설계한 계획이 전제부터 무너지기 십상이니 안 그래도 어려운 프로젝트는 성공에서 더욱 멀어지고 만다.

다니구치라는 마지막 후보가 약속시간보다 조금 이르게 인터뷰 룸에 나타났다. 다쿠미는 해리슨 야마나카와 대기실에 남아 후보를 관찰했다.

레이코 맞은편에 앉은 다니구치는 전체적으로 호리호리하고 키는 가와이보다 조금 커 보인다. 턱이 나오긴 했지만 커다란 눈은 조금 전 후보보다 훨씬 가와이의 인상에 가깝다. 영민한 이미지에 옷매무새도 지금까지 면접한 어느 후보보다 세련되어 보였다.

"이미 들으셨겠지만, 다니구치 씨가 할 일은 어떤 사람으로 분장하고 비즈니스 상담에 참석해서 연기를 해주시는 겁니다. 그게 다예요. 자세한 내용은 채용이 결정되면 가르쳐드릴 테니까."

레이코 목소리가 대기실로 흘러들어온다.

"보수는 3백만 엔인데, 선금이 30만이고 일이 무사히 끝나면 잔금을 주는 방식입니다. 그 정도면 됐죠?"

"네, 좋아요."

다니구치는 분명한 말투로 대답했다. 다쿠미 눈에는 빠릿빠릿하다기보다는 기죽지 않으려고 애쓰는 것처럼 보였다.

"다니구치 씨는 평소 무슨 일을 하는지 물어봐도 괜찮을까요?"

레이코가 질문을 계속했다. 다니구치에 대한 사전 정보는 거의 없었다. 레이코도 지인의 불륜 상대의 친구에게 건너건너 소개받았다는 것 정도밖에 듣지 못했다고 한다.

"음, 그냥 주부예요."

"달리 파트타임을 뛰거나 하진 않나요?"

네, 하고 다니구치가 고개를 끄덕였다.

레이코가 뜻밖이라는 표정을 짓는다. 다쿠미도 같은 느낌이었다.

이미 면접을 끝낸 후보 중에도 주부가 몇 명 있었지만 모두 물장사나 청소 아르바이트 같은 걸 하지 않을 수 없는 환경에 몰려서인지 생활의 곤궁이 얼굴에도 희미하게 드러났는데. 다니구치에게는 그런 모습이 없다.

"돈 때문에 곤란하다고 들었는데?"

거침없는 질문이었다.

다니구치가 레이코에게서 시선을 거두고 입을 우물거린다.

"억지로 얘기할 필요는 없지만 우리가 힘이 돼줄 수 있을지도 모르니까."

인터뷰 룸이 조용해졌다. 무거운 공기가 미러를 통해 대기실에도 전해진다.

입을 다물고 있던 다니구치가 이윽고 고개를 들었다.

"저어, 외환거래로 손실을 보고 말았어요."

"손실이라면, 어느 정도나?"

"……처, 천사백 만 정도."

친구 권유로 외환거래에 손을 댔다고 한다. 처음 얼마 동안 평가이익이 놀랄 정도로 불어나자 몰빵을 하고 말았다. 예금은 물론이고 보험과 적금까지 중도해지해서 투자했는데, 어느 날 아침 보유하고 있던 외환이 폭락하여 거액의 평가손실을 보고 말았다. 자산은 전부 녹아나고 외환거래 업자에게 수백만 엔에 달하는 추가 보증금 입금을 요구받는 모양이다.

"남편한테 말도 못하고……."

다니구치가 목메는 소리로 말했다.

그렇군, 하고 옆에서 해리슨 야마나카가 가만히 중얼거렸다. 다쿠미도 고개를 끄덕였다. 배우 면접에 오는 사람은 대개 정강이에 상처를 한두 군데쯤 갖고 있다. 법적 구속력이 전혀 미치지 않는 생판 타인들이 함께 일할 때 상처나 약점이라는 것은 말하자면 신뢰의 고리다. 비상사태가 벌어질 경우 그런 급소를 누르면 된다. 온전한 가정을 가지고 평탄하게 살아온 것처럼 보이는 다니구치지만, 그렇다면 일을 맡길 수 있겠다.

면접은 계속되었다. 가와이를 상정한 본인 확인 문답 모음을 다니구치에게 낭독하게 하고 간단한 암기 시험도 실시한다. 가와이에 가까운 용모, 개인정보를 머릿속에 새길 만한 암기력, 상대방으로 하여금 가와이로 믿게 하는 데 충분한 연기력, 돌발 사태에 대처할 수 있는 임기응변에서 모두 합격점이라고 할 수 있었다.

"마지막으로, 한 가지 조건이 있어요."

레이코가 조금 거들먹거리는 투로 말했다.

다쿠미는 자기도 모르게 자세를 고쳐 앉으며 인터뷰 룸에서 오가는 대화를 주시했다. 옆에 있는 해리슨 야마나카도 제법 긴장했음을 알 수 있었다.

"머리를 짧게 칠 수 있을까요? 거기에 대해서는 합당한 보수도 따로 챙겨줄 수 있는데."

"할 수 있습니다."

다니구치가 망설임 없이 대답했다.

그녀의 헤어스타일은 어깨에 채 닿지 않는 보브였다. 전체적으로 차분한 색으로 염색했고, 미용실에 자주 다닌다는 사실을 짐작할 수 있었다.

"짧아도 그냥 짧은 게 아니라 바리캉으로 싹싹 미는 삭발인데, 정말 괜찮겠어요?"

레이코가 의아해하는 목소리로 물었다.

다니구치가 말을 잇지 못하고 시선을 손으로 내린다. 그렇게까지 짧을 줄은 몰랐던 듯하다. 무릎 위에서 깍지 낀 손가락을 연방 고쳐 끼고 있다.

레이코가 턱을 괴고 불안한 얼굴로 대답을 기다렸다. 대기실에도 숨소리 하나 들리지 않았다.

다니구치가 가만히 고개를 들었다.

"저어…… 할 수 있어요. 하게 해주세요."

잠깐 사이에 마음의 각오를 마친 느낌이었다. 자연히 미소가 지어진다. 다쿠미는 말없이 해리슨 야마나카와 얼굴을 마주보았다.

10평이 채 안 되는 무대로 한 줄기 스포트라이트가 떨어진다.

스포트라이트를 받은 주연 배우가 맨발로 버티고 서 있다. 팸플릿에 따르면 그녀의 역은 본능이 시키는 대로 자유분방하게 살아간 여성해방운동가라고 한다. 어지러운 비백무늬 기모노 사이로 하얀 허벅지가 드러나고 방금 열렬한 정사를 끝내고 나온 것처럼 머리카락이 헝클어져 있다.

"이봐요, 부탁이니까 우리 같이 죽어요. 여기서 뛰어내려서 이 육체를 버립시다. 그걸로 모든 걸 끝내버리면 돼요."

절박한 독백이 조용한 장내에 울린다.

무대 앞에 서로 다른 방향으로 설치된 두 방면의 객석은 총 250석 남짓인데 관객으로 거의 다 차 있다.

다쿠미는 맨 끝 열에 앉아 연극을 관람하는 중이다. 여기 오기 전에 사용한 백발 염색약이 냄새가 독해서 종종 독특한 향이 머리 쪽에서 내려온다. 옆 좌석에는 다리를 꼰 해리슨 야마나카가 차가운 눈으로 주연배우를 바라보고 있었다.

다른 방면 좌석에 있는 가와이 나쓰미의 모습은 관객들과 벽 때문에 여기에서는 보이지 않는다. 공연 전에 로비에서 보았을 때는 지난 번처럼 가발을 쓰고 실루엣이 아름다운 롱스커트 차림으로 하이힐을 따각따각 울리고 있었다.

"이 세상 어느 누구도 나에게 행복의 모습을 가르쳐주지 않았어. 하지만 덕분에 나는 자유로워질 수 있었지."

주연배우가 허공을 노려보며 힘이 다한 듯 무대에 무릎을 꿇는다. 희미하게 벌어진 입술에 강렬한 미소가 떠오르고 양손이 매달리듯 허공을 쓰다듬는다.

옆 좌석의 해리슨 야마나카가 쓴웃음을 짓고 있었다.

"신이시여, 거기 계신가요? 제 바람은…… 바람은…… 이 미칠 것 같은 자유를, 고통과 함께 그저 누리는 것, 그것뿐."

양손의 손가락을 하나씩 구부리듯 해서 주먹을 쥐어간다. 배우의 옷이 어깨에서 흘러 떨어져 오른쪽 가슴이 드러났다.

다쿠미의 눈에는 배우가 연기하는 여성해방운동가와, 이 작품을 무대에 올린 극작가와 불륜을 반복하는 가와이의 모습이 겹쳐 보였다.

마침내 스포트라이트가 꺼지고 무대로 우레와 같은 박수가 쏟아졌다.

장내 전체에 조명이 켜진다. 주연배우를 비롯한 출연자 일곱 명 뒤에서 가와이의 애인인 구보야마가 등장했다. 후련한 표정이다. 정중하게 연방 고개를 조아려 관객의 호응에 화답하고 있다.

연극이 끝난 후 혼잡한 로비에서는 각 출연자가 관객과 인사를 나누거나 지인과 사진을 찍었다. 구보야마도 몇몇 관계자와 담소를 나누고 있다. 구석 쪽에 가와이 모습도 보였다.

잠시 후 구보야마가 혼자가 되자 가와이가 곁으로 다가갔다. 특별히 주위 시선을 의식하지 않고 친밀하게 대화를 나누기 시작한다. 이 시간 이후의 계획을 확인하는지도 모른다. 이튿날 공연이 없을 경우 두 사람이 저녁에 호텔이나 레스토랑에서 만난다는 것은 이미 조사를 통해 알고 있었다.

다쿠미는 도수 없는 안경을 쓰고 두 사람이 함께 있을 때 말을 건네러 다가갔다.

"작품이 정말 좋았습니다. 깊이 감동했습니다. 고전적 테마지만 기존에 없는 참신한 해석이었던 것 같습니다."

가까이서 구보야마를 보니 소박한 이목구비 속에 한 가지 일에 몰두해온 사람 특유의 순박함이 느껴진다. 가와이가 이 극작가에게 끌린 이유를 조금은 알 것 같았다.

구보야마가 어색하게 인사했다. 슈트를 차려입은 낯선 남자가 건네는 찬사에 당황한 기색을 감추지 못하는 듯했다.

"소개가 늦었군요. 저는 이 재단에서 컨설턴트로 일하고 있습니다."

준비해 간 가짜 명함을 구보야마에게 내밀었다.

연락처 외에 가공의 재단을 사칭한 URL이 인쇄되어 있다. 접속하면 그때를 위해 준비한 세련된 웹사이트가 뜨고 그럴 듯한 활동을 열람할 수 있도록 해두었다.

대화를 배려해서인지 가와이가 자리를 피하려고 했다. 재빨리 그녀에게도 명함을 건넸다. 이 자리에 잡아두지 못하면 의미가 없다.

"실은 이번에 저희 재단에서 교육 지원 사업에 더욱 힘을 쏟기로 했습니다. 다음 세대에게 뛰어난 기술과 지혜를 계승하자는 취지랄까요. 그 사업과 관련해서 구보야마 선생께도 협력을 부탁드릴까 합니다만."

신중하게 말을 꺼냈다. 여기서 거절당하면 계획을 다시 짜야 하니까.

"……구체적으로 어떤?"

구보야마의 표정에 긴장과 설렘이 어른거린다. 옆에서 듣던 가와이도 반가워하는 것처럼 보였다.

"교육기관, 아마도 초중학교가 되지 않을까 싶습니다만, 그런 학교 현장에서 아이들에게 연극의 매력을 전해주셨으면 하는 것입니다. 형식은 선생님께 맡기겠습니다. 강의도 좋고 워크숍 같은 형식도 좋고."

"오, 그런 일이라면 찬성이죠. 연극은 정서 교육에 좋으니까요."

"해서 장소 말씀입니다만 현재 저희가 몇 군데 검토하는 곳 가운데 오키나와가 있는데 그곳에서 진행하는 것도 가능하실까요?"

프로젝트가 실행될 도쿄에 쉽게 돌아올 수 없는 장소가 최소한의 조건이었다.

"좋지요, 오키나와."

구보야마 목소리에 반가움이 섞여 있다.

구보야마가 신참 시절에 오키나와 나하에서 3년 정도 활동했었다는 사무소 웹사이트의 소개를 보았다. 몇 년 전 잡지 인터뷰에서도 구보야마는 오키나와에 대한 애정을 피력했었다.

"사례와는 별개로 항공권과 숙박비는 저희가 부담합니다. 두 분 몫입니다."

"둘이요?"

"모처럼 가시는 거니까요. 호텔에서 바라보는 바다 풍경도 일품이고, 식사도 동반이 있어야 하지 않을까 싶어서요. 매니저든 가족 분이든 함께 가주십시오. 어느 분이든 좋습니다."

가와이에게도 잘 들리도록 말하고 짐짓 자연스럽게 그녀에게 눈인사를 했다. 가와이가 요염한 눈빛으로 구보야마를 바라보고 있었다.

구보야마와 접촉하고 며칠 뒤, 다쿠미는 해리슨 야마나카와 함께 오키나와로 건너갔다.

미리 예약해둔 현 교육위원과 면담하고 교양 교육의 일환으로 강연을 무상 지원하겠다고 제안하자 실시 방침이 쉽게 결정되었다. 극작가 구보야마의 경력이 평가받아서라기보다 해리슨 야마나카가 긴자에서 가끔 술자리를 함께한다는 전직 프로야구 선수이자 오키나와 출신인 정치가와 사전에 줄을 대놓은 것이 주효했는지 모른다. 정체를 의심받는 일도 없었고, 스케줄도 이쪽이 바라는 대로 따라주겠다고 했다.

"문제없이 될 것 같아서 다행입니다."

다쿠미는 광어회 접시로 젓가락을 향했다. 원목 카운터 너머에 있는 젊은 주인에 따르면 나가사키에서 잡은 것을 다시마로 숙성시켰다고 한다. 요나구니시마산 소금에 찍어 입에 넣으니 탱탱한 살이 씹을 때마다 감칠맛을 낸다.

옆에 앉은 해리슨 야마나카가 맥주잔을 전통종이 코스터에 내려놓으며 말했다.

"저쪽으로서야 마다할 이유가 없으니까요. 문부성도 연극교육에 힘을 쏟고 있고."

그날 저녁 별동대로 움직이던 해리슨 야마나카와 다시 만나 나하 변두리에 있는 초밥집을 찾아갔다. L자 카운터가 설치된 내부에서는 다쿠미 일행 외에 두 그룹의 손님이 음식을 즐기고 있었다.

"이런 에도풍 회를 먹을 수 있다면 이쪽 일을 더 늘려도 좋겠군."

대각선 방향에서 들려오는 손님의 탁한 목소리가 시끄럽다 싶을 정도로 가게 안에 울린다. 해리슨 야마나카와 귀경 후의 할 일에 대하여 의견을 나누는데 그 목소리 때문에 종종 대화를 중단해야 했다.

목소리가 시끄러운 쪽을 짐짓 자연스럽게 쳐다보니 캐주얼하게 차려입은 육십대 남자가 데우지 않은 청주를 마시고 있었다. 텔레비전에 나오는 유명 탤런트 같다. 초밥을 다 먹었는지 현지 후원자처럼 보이는 남성과 담소하고 있다.

"아, 그래. 그놈을 잊고 있었군."

탤런트 남자가 카운터 안쪽에 있는 주인을 불렀다.

"한 사람이 식사를 해야겠는데, 적당히 덮밥 종류로 얼른 만들어줄 수 있소? 남는 재료로 대강 만들어도 좋으니까. 뭣하면 샤리에 초생강 얹은 것도 상관없고."

평소 덮밥은 팔지 않는지 주인은 적잖이 당황하면서도 작은 접시에 초밥용 밥을 담고 그 위에 생선회를 듬뿍 뿌려 카운터에 내놓았다.

"굉장한 걸 만들어주셨네. 그놈에게는 과분한걸."

남자가 쓴웃음을 지으며 어디론가 전화를 걸었다.

"어이, 밥이다. 빨랑 와라."

곧 출입문이 열리고 트레이닝복을 입은 까까머리 청년이 남자 옆에 앉았다. 젓가락을 쥔 청년은 남자의 로드매니저인지, 잘 먹 겠습니다, 라고 공손하게 말하더니 곧장 지라시즈시를 쓸어 넣기 시작했다.

"이놈 봐라 이거."

남자가 청년의 뒤통수를 살짝 때렸다.

"여기가 무슨 소고기덮밥집인 줄 아냐."

가게 안이 조용해졌다. 청년은 볼이 미어지게 초밥을 입안에 넣은 채 얌전히 고개를 숙였다.

그 남자와 후원자는 변함없이 담소를 재개했지만 가게 내부에 는 어색한 분위기가 감돌고 있었다. 해리슨 야마나카와 나누던 대화도 끊긴 상태였다.

"언제까지 먹을 거야, 얼릉 먹어."

남자가 방금 전보다 더 거칠게 청년의 머리를 후려쳤다. 그때 까지 잠자코 있던 성실해 보이는 주인이 에둘러 말리자 남자가 코웃음을 쳤다.

"아녜요, 주인장, 이렇게 해두지 않으면 안 된다니까. 대차게 훈련시켜야 합니다. 주인장도 밑바닥에서부터 수련했을 테니까 잘 아시겠지. 이놈은 나한테 인생을 맡기기로 결심한 놈이거든."

청년의 경황없는 식사가 끝나자 탤런트 일행은 기분 좋게 가게를 나갔다.

구석에 앉아 있던 관광객으로 보이는 장년의 부부가 기다렸다는 듯이 소감을 나누었다. 유명인사와 우연히 한 식당에 있었다는 사실보다 청년을 대하는 탤런트의 가혹한 태도와 전근대적이라고 해야 할 사제관계에 놀라움을 감추지 못하는 듯했다.

"덮밥에 얼굴이 처박힐 뻔했어요."

어느새 미소가 지어진다. 부부의 열띤 감정이 이쪽에도 옮겨지고 말았다.

"연예계가 원래 저래요."

해리슨 야마나카가 유쾌한 표정으로 젓가락을 내려놓았다.

"내가 소싯적에 조직을 탈퇴한 뒤 특별히 할 일도 없고 해서 당시 유행에 편승하여 연예사무소를 차린 일이 있습니다. 긴자나 롯폰기 근방 클럽에서 기회를 노리고 있는 젊은 여자애들을 모아서 말입니다. 사실 노하우고 뭐고 없는 상태여서 사업이 쉽게 풀릴 리도 없었고, 실상은 거의 약 판매상이었지요. 독자적으로 구입 루트를 개척한 다음 여자애들 데리고 영업하는 척하며 닥치는 대로 팔아치웠습니다. 연예계에는 잠재적인 수요가 있어서 그야말로 날개 돋친 듯이 팔렸어요. 기본적으로 고객은 연예계 사람들뿐이었지만, 과거에 나를 벗겨먹던 선배들도 소문을 듣고 찾아와 약을 달라기에 요청하는 대로 적당히 팔아넘겼습니다. 당연히 할인가로. 그자들은 얍삽하게 거래했다고 생각했겠지만, 결국은 중독돼서 더럽게 죽고 말았지요. 불행한 인연이었어요."

피팅을 확인하듯 의지를 응시하며 다른 손으로 매만지고 있다.

"아까 그 두 사람 때문에 하는 얘기는 아니지만, 만약 누가 부탁한다면 다쿠미 씨는 다른 사람을 위해 인생을 바칠 수 있습니까?"

"바친다는 것은, 비서 같은 사람이 되는 걸 말합니까?"

교토 술도가에서 구입했다는 준마이다이긴조를 입술에 댔다. 상큼한 향에 콧구멍이 벌름거리고 과실을 떠올리게 하는 희미한 단맛이 혀 위에 풀려나간다. 식당 안은 평온한 분위기를 되찾고 있었다.

"우리끼리 하는 이야기지만…… 다케시타 씨가 우리를 배신하려고 합니다."

"다케시타 씨가?"

생각지도 못한 말이었다.

"그렇게 되면 내 편에 서 주시겠습니까?"

뜻밖의 상황에 해리슨 야마나카 쪽으로 고개를 향했다. 거기에는 언약의 시간을 즐기려고 하는 낯익은 얼굴이 있을 뿐이었다.

"구체적으로, 다케시타 씨가 어떻게 배신한다는 겁니까."

신중한 말투로 물었다.

"이번 프로젝트의 성과를 독차지하려는 것 같습니다."

이번 프로젝트로 우려내려고 하는 돈은 백억 엔 정도로 전망된다. 따라서 각 멤버의 몫도 파격적으로 커지고, 다케시타에게 돌아갈 돈도 기존 건과 비교도 안 될 만큼 많다. 이제 와서 그 전부를 독차지하려고 하는 속내를 알 수 없었다. 다케시타가 정말로 그런 짓을 획책하고 있을까? 해리슨 야마나카의 말을 순순히 믿어야 하나.

"다쿠미 씨는 다케시타 씨 편에 설 겁니까? 아니면 나한테 붙을 겁니까."

이쪽 속내를 살피는 듯한 말투였다.

해리슨 야마나카를 우연히 알게 되어 지면사 일에 발을 들여놓았다. 프로젝트가 시작되면 지시하는 대로 따랐고 일정한 신뢰도 얻었다. 이러한 자세는 해리슨 야마나카보다 인연이 짧은 다케시타나 고토나 레이코에 대해서도 다르지 않았다. 다만 그것도 명확한 목적을 공유하는 일이 있기 때문에 성립하는 이야기였다. 거기에 일이 개입되어 있지 않다면 다들 타인일 뿐이다. 누구를 편들 일도 없고 아군 적군의 논리로 움직일 생각도 없었다.

대답을 못하고 있자 해리슨 야마나카가 기분 좋게 활짝 웃으며 계속 말했다.

"농담입니다. 다케시타 씨가 우리를 배신할 리가 없지요."

모호하게 맞장구치고 잔에 남은 술을 다 마셨다. 방금 전 음미했던 맛과 향이 느껴지지 않고 불순물 섞인 물을 입안에 머금고 있는 느낌이었다.

이튿날 아침, 상쾌한 자연광이 넘치는 라운지에서 조식을 먹고 체크아웃했다.

위층에 묵은 해리슨 야마나카는 이미 객실을 비운 상태였다. 오늘 아침에 온 문자에 따르면 갑자기 여정을 바꾸어, 간밤에 클럽에서 친해진 호스티스와 북부의 리조트호텔로 짧은 여행을 떠나기로 했다고 한다.

호텔을 나서자 겨울 같지 않은 따뜻한 공기가 피부를 감쌌다. 도어맨에게 행선지를 고하고 잠시 후 나타난 택시에 몸을 실었다.

"업무차 오셨나 봐요?"

사람 좋아 보이는 초로의 택시기사가 핸들을 잡고 사투리 섞인 목소리로 말을 걸었다. 어떤 업무를 상상하고 있을까. 업무라면 업무가 맞지만.

"오키나와는 처음이세요?"

택시기사가 친숙하게 묻는다. 싫지는 않았다.

"두 번째입니다. 처음 왔을 때는 아주 오래전인데, 거리 풍경이 싹 바뀌어서 놀랐습니다."

"그렇죠. 예전에 비하면 정말 많이 달라졌습니다. 요즘은 이렇게 커다란 크루즈선이 와서 중국인 관광객을 우르르 풀어놓으니까요. 택시들도 전부 그쪽에 빼앗겨서, 보세요, 어딜 가도 택시 잡기 힘들다고 손님들이 짜증을 내시잖아요."

통근시간대가 지난 덕분인지 간밤에 잔뜩 밀려 움직이지 않던 도로는 맥 빠질 정도로 한산했다.

창유리 밖 거리 풍경이 눈 깜짝할 새 뒤로 물러난다.

손목시계를 보며 생각하니 예약한 하네다행 비행기는 정오 지나서였다. 이대로 공항에 가면 탑승까지 시간이 많이 남을 듯했다.

"죄송합니다. 저어, 이 도로, 세나가지마 쪽으로 통합니까?"

백미러를 들여다보던 택시기사와 눈이 마주쳤다.

"아뇨, 그쪽으로는 안 가요. 새로 생긴 도로라 그대로 공항으로 갑니다."

"죄송합니다만, 세나가지마에 들러주실 수 있나요?"

"물론이죠."

방향등 소리가 차내에 울리고 택시가 교차로에서 좌회전했다.

비에 젖어 살짝 지저분해진 콘크리트조 건물들, 머리 위를 미끄러지듯 오가는 모노레일, 도로변에 유유히 가지를 벌린 용수나무 거목, 붉은 기와 올린 지붕에서 이쪽을 흘겨보는 사자상, 구름 사이로 비치는 파란 하늘…… 뇌리에 박혀 있는 풍경의 조각들과 겹쳐간다.

"오늘은…… 별로 붐비지 않네."

택시기사가 핸들을 잡고 혼잣말을 했다.

택시는 세나가지마로 가는 해상도로를 달리고 있었다. 보도에 작은 야자수들이 늘어서 있고 반대 차선으로 종종 차량이 스쳐간다. 휴일만 되면 관광객으로 붐비고 교통량도 부쩍 늘어난다고 한다.

"보세요, 바로 얼마 전에 호텔이 새로 들어섰잖아요. 주변에 가게도 많이 생기고. 그래서 풍경이 확 달라졌어요."

"……그렇군요."

예전에 아내와 어린 아들과 셋이서 이 섬을 찾았을 때는 회사가 아직 도산하기 전이었다, 바쁘지만 평온한 일상이 유지되던 시절이다. 친구 결혼식에 참석할 겸 떠나온 2박3일 여행이었다. 그때도 봄이라고 하기에는 너무 이른 계절이라 오늘처럼 구름이 많았고, 그런데도 거리에는 따뜻한 공기와 태양광이 흘러넘치고 있었다.

여행 마지막 날, 렌터카를 타고 공항으로 가는데 고등학교 시절 부모님 직업 때문에 한때 나하에서 지낸 적이 있다는 아내가 잠깐 들렀으면 하는 섬이 있다고 말했다. 그곳이 세나가지마였다.

둘레가 2킬로미터쯤 되는 작은 섬이지만, 가족과 찾아갔을 때는 야구장 네 개 외에 배팅센터와 이름뿐인 게임센터만 있는 조용한 곳이었다.

도로와 곧장 연결된 주차장에 렌터카를 세우고 아들을 무릎 사이에 끼고 아내와 나란히 경사면에 앉았다. 발밑에는 썰물이 빠진 얕은 바다가 멀리까지 이어지고 눈부신 석양에 해수면은 금빛으로 젖어 있었다. 희미한 파도소리가 쉴 새 없이 귓불에 닿고 일정 간격으로 거대한 여객기가 굉음과 함께 머리 위를 지나갔다.

오키나와에 도착한 뒤로 내내 수다스럽던 아내도 이때만은 조용했다. 그녀는 십대 시절 무슨 일이 있을 때마다 이곳으로 석양을 보러 왔었다고 했다. 해맑은 얼굴로 게라마제도에 저물어가는 태양을 말없이 쳐다보고 있었다.

"멋진 바다…… 또 볼 수 있을까."

얼굴을 황혼으로 물들인 아내가 그렇게 중얼거리며 어깨에 가만히 고개를 기댔다. 아마도 그 말에 깊은 의미는 없었을 것이다. 그녀의 가녀린 어깨를 말없이 끌어안았다.

잠든 숨소리를 내는 아들의 온기를 가슴으로 느끼고 아내의 머리 냄새를 맡으며 이 특별할 것도 없는 평온한 생활이 영원히 계속될 것을 의심하지 않았다―.

"이 근방에 잠깐 내려 보실래요? 가게를 구경하고 싶으시면 기다려드릴 테니까."

택시기사 목소리에 퍼뜩 정신을 차렸다. 택시기사가 서행하며 백미러 너머로 이쪽을 살피고 있다.

주위에는 여러 관광객 무리가 있었다. 햇빛이 반짝이는 근해나 그 건너 공항을 배경으로 사진을 찍는가 하면 몇몇은 아이스크림을 핥고 있다. 학생으로 보이는 젊은이들의 단편적인 대화와 그들의 순진한 웃음소리가 여기까지 들려온다.

"아뇨, 그만 공항으로 가주세요. 할 일이 있으니까."

뺨에서 일어나는 경련을 느끼며 다쿠미는 눈을 감았다. 차량 밖 활기찬 소음이 멀어지고 머리 위를 통과하는 제트기 폭음에 삼켜져갔다.

입구에서 접수를 마치고 대합실 의자에 앉았다.

여러 줄이 평행하게 놓인 벤치에는 몇몇 면회 희망자들이 앉아서 자신의 대기 번호가 불리기를 기다리고 있다. 옆으로 눈길을 돌리니 양복 플라워 홀에 변호사 배지를 단 남자가 피로에 전 표정으로 목운동을 하는 중이다. 앞에 앉은 금발 여인은 손톱이 이상하리만치 긴 손가락으로 완전히 메말라서 거칠게 꼬불거리는 머리카락 끝을 잡고 신경질적으로 뜯어내고 있다.

다쓰는 뿌리가 완전히 까매진 그녀의 뒤통수를 멍하니 쳐다보며 이제 곧 면회할 남자에 대해 생각했다.

사전에 훑어보고 온 과거 수사 자료 및 공판 자료, 그 밖의 각종 보도에 따르면 올해 68세인 쓰지모토 마사미는 살인과 현주건조물방화죄로 징역 23년을 언도받고 4년쯤 전 이곳 지바형무소에 수감되어 오늘에 이르고 있다.

쓰지모토는 사업 실패에 따른 막대한 부채로 번민하다가 일가족 동반자살을 꾀하고 자택에 불을 질러, 동거하는 아내와 마침 그날 묵으러 와 있던 며느리, 손자 등 총 세 사람의 목숨을 빼앗았다. 피해자 수만 보더라도 죄상은 극히 무겁다. 판례에 비추면 극형도 가능한 사건이었다. 피고인 쓰지모토가 처음부터 범행을 전적으로 인정한데다 우울증 때문에 불면이 계속되었다는 점, 전과 이력이 없고 계획성이 부족했다는 점, 범행 직후 한번은 불을 끄려고 시도했다는 점 등 여러 정상이 참작되어 검찰 측이 구형한 무기징역은 면했다.

다쓰가 의아하게 생각한 것은 가해자 피해자 쌍방의 유족이며 쓰지모토의 친자이기도 한 다쿠미의 태도였다.

유족으로서 법정 증언대에 선 다쿠미는 엄벌을 바란다는 말은 하지 않았지만, 피고를 용서할 마음이 들지 않는다고만 말하고 그 뒤로는 거의 침묵을 지켰다고 한다. 그럼에도 일전에 아파트 쓰레기통에서 발견한 쓰지모토의 편지를 보면 알 수 있듯이 몇 년간이나 전송 서비스 신청을 갱신해오고 있었다. 예전 주소로 온 우편물 따위는 상식적으로 필요 없는 물건일 터이고, 가령 형무소에서 온 편지가 꼭 필요하면 발송인인 부친에게 새로 이사한 곳의 주소를 알려주면 그만일 텐데.

이윽고 다쓰는 담당자의 호출을 받고 일어섰다.

면회실 아크릴판을 사이에 두고 마주한 작업복 차림의 쓰지모토는 형무소 생활에 적응했는지 상상했던 것보다 건강해 보였다. 사건 당시보다 이마는 넓어졌지만 극단적으로 여위거나 하진 않고 나이에 걸맞게 주름살 그어진 피부의 혈색도 좋은 편이다. 거동이 불편한 기미도 없고 두 눈은 깨달음을 얻은 것인지 체념한 것인지 알 수 없는 조용한 빛을 담고 있었다.

"무슨 용건입니까."

형사가 찾아왔다는 말을 들었는지 쓰지모토가 입을 열었다.

"그 당시의, 사건에 대해서 묻고 싶은 게 있습니다만."

거절당할 가능성도 염두에 두고 있었는데, 쓰지모토는 뭐든 물어봐도 괜찮다고 말했다. 왜 묻는 거냐고 질문하지도 않아서 오히려 이쪽이 당혹스러웠을 만큼 선선한 태도였다.

쓰지모토의 기억은 선명해서, 이쪽 질문에 상세하게 대답해주었다. 무릎에 양손을 놓고 시선을 내린 자세로 시간을 거슬러 올라가서 신중하게 단어를 고른다. 그 모습이 차분한 목소리와 어우러져 회개의 깊이를 전해주었다.

"범행 동기 말입니다만, 부채 외에 회사가 도산한 것 자체에도 깊은 책임을 느끼신다고 진술하셨잖습니까. 쓰지모토 씨가 주도한 거래가 도산을 불렀다고 하셨던데, 그건 구체적으로 어떤 내용이죠?"

"리스회사에 판매하려고 대형 제조사에서 의료기기를 구입하는 거래였는데, 그 거래가 전부 사기였던 겁니다."

다쓰는 자료에서 얼굴을 들었다.

"불량품을 떠안은 겁니까?"

"아뇨, 의사인 줄로만 알고 거래한 상대가 의사를 사칭한 브로커였던 겁니다."

의아한 듯 고개를 갸웃거리는 다쓰를 보며 쓰지모토가 달관한 말투로 경위를 설명했다. 다쓰는 펜을 움직이던 손을 멈추었다. 가슴속에 뭔가 석연치 않은 것이 느껴졌지만 그 정체가 뭔지는 아직 확실하지 않다.

"회사를 경영하던 친족 분들이 사건 후 면회나 편지로 연락을 해온 적이 있습니까?"

다쓰가 조사한 바로는 대표였던 쓰지모토의 동생을 비롯한 친족들이 깨끗이 증발한 상태였다.

"아뇨."

쓰지모토는 고개를 저었다.

"그럼, 지금 어디서 뭘 하고 있는지도 모르시겠군요."

"부끄러운 얘기지만 뭐 하나 알지 못합니다. 이런 처지여서 친척들과 인연이 끊겼다고 생각하고 있었으니까요. 고향 요코하마에 집안 묘가 있지만, 아내를 비롯한 가족의 유골이 어떻게 되었는지도 모릅니다."

장례나 행정 절차 같은 사건 뒷수습은 희생자와 가장 가까운 다쿠미가 떠맡았다고 생각하는 것이 자연스러울 것이다. 그런데도 다쿠미라는 이름을 꺼내려고 하지 않는다. 유족이기도 한 아들에 대한 쓰지모토의 미묘한 마음을 엿본 것도 같았다.

다쓰는 묘가 있는 사찰의 주소를 묻고 수첩에 적었다.

쓰지모토 뒤에서 조는 척하던 입회 형무관이 의자 등받이에 기댄 채 손목시계를 슬쩍 내려다보았다. 아무리 수사라고 해도 쓰지모토를 계속 이 자리에 붙잡아둘 수는 없었다.

다쓰는 양복 안주머니에서 마가린 묻은 부분이 완전히 변색된 봉투를 꺼내 상대방이 잘 볼 수 있도록 아크릴판에 갖다 댔다.

그때까지 표정 하나 변하지 않던 쓰지모토의 얼굴에 동요가 번져간다.

"쓰지모토 씨 글씨가 맞죠?"

"어째서……."

입을 조금 벌린 채 봉투를 응시하고 있다.

"유감스럽게도 아드님에게 이 편지가 전달되지 않았던 것 같습니다."

쓰지모토가 무릎에 두었던 양손을 선반 위에 올렸다. 왼손 새끼손가락에서 중지까지 유착되어 흉하게 틀어져 있다. 오른손도 곳곳에서 색소가 얼룩덜룩 탈색되고 피부이식 수술 자리가 생생하다. 다쓰는 짐짓 자연스럽게 시선을 상대방 얼굴로 되돌렸다.

"아드님 다쿠미 씨를 찾고 있습니다. 어디 짚이는 데는 없습니까?"

에비스 사건에서 거래를 진행한 이노우에 히데오가 쓰지모토 다쿠미와 동일 인물이라는 확증은 어디에도 없었다. 분명한 사실은 이노우에가 그 아파트의 한 방을 사무실로 썼고 다쿠미는 우편물 전송처를 그 아파트로 지정해놓고 있었다는 사실뿐이다.

이곳에 오기 얼마 전에, 에비스 사건에서 매도인 역할을 한 노인이 나가사키에 숨어 있었다는 정보가 들어왔다. 그것은 동시에 노인의 자살을 수사 관계자에게 전하는 소식이도 했다. 유서는 없고 아파트 손잡이에 끈을 맨 채로 목을 맸다고 한다. 진상을 규명할 단서가 하루하루 손안에서 빠져나간다. 정보의 확실성이나 경중에 연연할 때가 아니었다.

"왜…… 왜, 형사님이 다쿠미를 찾는 겁니까?"

"아직은 말씀드리기가……."

설사 부친이라고 해도 확실한 증거가 없는 사실을 입 밖에 낼 생각은 없었다.

"그애가…… 무슨 짓을 했습니까?"

말문이 막힌다. 아크릴판 너머에서 눈 하나 깜빡이지 않는 차가운 얼굴로부터 시선을 거둘 수 없었다.

다쓰가 잠자코 있자 쓰지모토는 뭔가를 짐작한 듯 다시 시선을 내렸다. 그것을 마지막으로 이쪽에서 무엇을 물어도 입을 꾹 다물고만 있었다.

"JR 건 말인데, 아무래도 안 될 것 같아."

다케시타가 자리에 앉자마자 말했다.

안 그래도 대화가 번번이 끊기던 원탁에 침묵이 번져간다. 룸 테이블에 가득 차려진 음식은 거의 손도 안 댄 채 식어버리고, 각자의 술잔에 따른 맥주나 소흥주도 다들 입에 대는 시늉만 하고 있다. 아래층에서 손님들이 떠드는 소리가 종종 들려온다.

다쿠미는 대각선 방향에 앉은 다케시타에게 눈길을 향했다. 잠시 안 보는 사이에 볼살이 더 빠진 것처럼 보인다. 두 안구는 튀어나온 것처럼 괴이하게 빛나고 입술 사이로 비치는 세라믹의 백색은 선탠 살롱을 멀리한 지 오래인 듯한 피부의 나쁜 혈색을 도드라지게 하고 있었다.

숨 막히는 공기를 헤쳐내듯이 입을 열었다.

"하지만, 보행자 광장의 재개발이 가능해져서 엄청 몰려든다고 하지 않았습니까?"

"아냐, 갑자기 그만두겠다고 했다는 거야. 사정은 알 수 없지만, 근처에 있는 어떤 놈에게, 어쩌면 가와이 본인에게 연락해서 확인해 봤는지도 모르지. 게다가 신역사 재개발에 관해서라면 놈들은 애초에 토지 확보에 어려움이 없단 말이야. 처음부터 썩 내키지 않았을 가능성도 있어."

"다카나와 게이트웨이라는 한심한 이름을 붙이는 놈들이라 홀랑 속을 줄 알았더니. 아무리 그래도 천하의 JR인데 쉽게는 안 되겠지."

옆자리 고토가 소시지를 된장에 찍으며 다케시타의 말을 받아주자 다시 조용해졌다.

도심 하늘에 가는 눈송이가 하늘거리는 저녁, 다쿠미 일행은 몇 개월 만에 한자리에 모였다. 작년 말 가와이의 토지가 백억 엔에 매물로 나왔다는 허위 정보를 흘리며 준비를 진행해 왔지만, 문의만 몇 건 있었을 뿐 교섭 테이블에 나오려고 하는 기업이나 브로커는 여전히 없었다.

"타타호텔은? 그리고 뭐였더라, 홍콩인가? 싱가포르 호텔도 있었고. 관심을 보인다고 하지 않았나?"

레이코가 곱슬머리를 만지작거리며 신경질적으로 말했다. 배우로 채용된 다니구치가 언제 일을 시작하느냐고 내내 재촉하는 모양이다. 오래 끌면 그녀의 마음이 변할 수 있고, 경찰서로 달려가는 일이 전혀 없으리란 보장도 없다.

다케시타가 레이코 쪽을 보며 고개를 저었다.

"양쪽 다 아닌 것 같아."

"타타호텔이라. 거기는 얼마 전에 10억짜리 롯폰기 땅을 두고 사기를 당한 참이라 신중하겠지. 난감하네, 때가 안 좋아."

고토는 물만두를 먹고 소흥주를 들이켰다.

"이제 가망 없어 보이는 곳만 남았네."

레이코가 손에 쥔 머리카락을 쳐다보며 불만스레 말했다.

"브로커의 문의는 있었습니다만, 그다음 진도가 영……."

다쿠미는 그렇게 대답하고 비난하는 분위기를 의식하며 술잔을 들이켜는 시늉을 했다.

애초에 백억 엔대 땅을 구입할 수 있는 기업은 몇 군데 안 된다. 종합상사, 대형 건설사, 대형 토지개발사, 철도회사 계열 부동산회사 같은 대기업이나 부동산펀드 정도다.

"낚싯바늘이 너무 컸는지도 모르지."

고토가 눈초리 주름살로 쓴웃음을 지으며 물수건을 펴서 훤히 벗겨진 이마의 비지땀을 닦았다.

"그럼, 어떡하나."

다케시타의 시선은 여전히 입을 꾹 다물고 있는 해리슨 야마나카에게 향하고 있다. 다른 이들도 안색을 살피는 눈빛으로 이 계획의 주모자를 쳐다보고 있었다.

"기다립시다. 땅은 나쁘지 않으니까."

해리슨 야마나카의 목소리에 동요는 없었다.

"언제까지 기다리누."

다케시타는 집요했다.

지금까지 이 계획에 쏟은 비용은 상당액에 달한다. 태반은 해리슨 야마나카가 부담하고 있지만 잠복이나 별동대의 조사비용은 다케시타가 일부를 부담하고 있다. 계획이 성공하면 사취한 돈으로 충당할 수 있다지만, 실패할 경우에는 아무런 보장이 없다.

사실 다케시타가 초조해하는 이유는 그것만이 아닌지도 모른다. 다케시타가 갖고 있는 종교법인이 최근 세무당국으로부터 탈세 판정을 받아 거액의 추징금을 부과받았다. 추징과세 때문에 수익 기반이 무너져 자금 회전이 나빠지고 있다고 한다.

"인수자가 나타날 때까지."

해리슨 야마나카는 변함없이 담담하다.

다쿠미는 두 사람의 대화를 초조하게 지켜보고 있었다. 오키나와의 초밥집에서 해리슨 야마나카가 이야기한 다케시타의 배신 의혹이 자꾸 떠오른다.

"나타나지 않으면?"

"나타날 때까지 기다립니다."

해리슨 야마나카가 희열에 빠진 듯 미소를 짓는다.

컵을 꽉 쥐고 있던 다케시타의 얼굴이 노기로 물들었다. 콘크리트 바닥에 내동댕이친 컵이 요란하게 깨지고 레이코가 작은 비명을 질렀다.

"이 빌어먹을 놈이 누굴 놀리는 것도 아니고!"

다케시타가 벌떡 일어나 해리슨 야마나카를 향해 으르렁거린다.

"한 달이야, 한 달. 앞으로 한 달이 지나도록 움직임이 없으면 나는 이 건에서 손 뗄 거야. 알겠어? 그때는 비용 전액과 성공보수의 1할, 반드시 받아낸다. 내놓지 않으면 다시는 이 일을 못하게 해주지."

다케시타가 룸을 박차고 나가자 자리바꿈을 하듯이 주인으로 보이는 중년 여성이 들어왔다.

"아니, 무슨 일이에요? 우리 가게에서 말썽 나는 건 안 됩니다."

중국어 억양이 강한 목소리에는 아이를 꾸짖는 듯한 친근한 울림이 있었다.

"죄송합니다. 잔을 깨고 말았네요."

해리슨 야마나카가 애써 미소를 지었다.

"경찰이 오는 건 싫거든요. 그리고 이거. 아까 온 손님이 전해 주라고 하던데."

주인이 앞치마 주머니에서 수첩형의 케이스에 든 스마트폰을 꺼냈다. 대포폰일까? 해리슨이 평소 사용하는 것보다 훨씬 크다. 오렌지색으로 염색한 가죽 케이스는 함부로 열 수 없도록 케이스 커버에 다이얼식 자물쇠가 달려 있었다.

"이번뿐이에요. 우리는 택배기사가 아니니까."

고맙습니다, 라고 인사하고 해리슨 야마나카가 케이스를 안주머니에 넣었다.

주인이 나가기를 기다렸다가 고토가 입을 열었다.

"그런데 다케시타 씨가 엄청 열받았네. 저러는 건 처음 봤어."

"막나가는 건 진짜 싫어. 싸울 거면 나 없는 데서 싸워요."

레이코가 눈살을 찌푸리며 유리조각 흩어진 발밑을 신경 쓰고 있다.

"계획 변경은 없는 겁니까?"

다쿠미가 묻자, 물론입니다, 라고 해리슨 야마나카는 여유롭게
말했다.

"뭐 없어? 뭐 없냐고."

아오야기의 노성이 울려 퍼진다.

정오가 지난 개발본부 층에는 긴박한 공기가 팽팽하게 흐르고 있었다. 부원들이 모두 풀죽은 표정으로 일하고 있다.

대형 프로젝트가 뜻밖에 좌초되는 바람에 대체할 개발 용지를 급하게 알아봐야 했다. 애초에 무리한 일이었다. 개발될 대로 개발된 도쿄 시내에 70억 엔에 가까운 예산을 받아줄 땅이 남아 있다면 이미 오래전에 사내에서 검토했을 것이다. 아오야기도 가망 없는 일이라고 머리로는 이해하면서도 한없이 부풀어 오르는 초조감을 노성으로 토해내지 않을 수 없었다.

아오야기는 층을 가로질러 창가의 한쪽을 차지하는 제4개발부로 향했다.

다른 부서가 신탁은행 중개부문을 통한 입찰이나 대형 중개회사를 통해 토지를 사들이지만, 이 부서는 주로 권리조정을 전문으로 하는 영세 부동산회사, 간단히 말해 땅투기꾼을 담당하고 있다. 제4개발부 출신인 아오야기는 수완 좋은 땅투기꾼들과 손잡고 몇몇 재개발 프로젝트를 성공시켜서 오늘의 지위에 올랐다. 무리한 사업을 어떻게든 성공시킬 가능성이 있는 곳이라면 바로 이 부서일 것이다.

"어떻게 되고 있나."

거의 모든 직원이 외근 중이다. 남아 있는 몇 명이 일손을 멈추고 아오야기의 안색을 살핀다. 다들 시원치 못한 표정이다.

"너희들은 대체 언제까지 허수아비 노릇만 할 거야."

노여움이 시키는 대로 한쪽에 있는 철제 캐비닛을 주먹으로 쳤다. 둔탁한 소리가 조용한 층에 울려 퍼진다. 가까이 있던 젊은 직원이 책상 위 컴퓨터 모니터를 응시한 채 목을 움츠린다.

아오야기는 친한 업자 몇 명과 전화통화를 하고 나서 회사를 나섰다.

히가시니혼바시역에서 가까운 낡은 빌딩 3층에 도착하자 작은 사무실에 열 명이 채 안 되는 직원이 어깨를 나란히 한 채 일하는 모습이 보인다.

멜빵을 멘 하야시가 안쪽 데스크에 있었다. 키는 크지 않은데 변함없이 비만체질이어서 셔츠 밑에 튜브를 두른 것처럼 비곗살이 올랐다.

리클라이닝을 눕힌 하이백체어 등받이에 둥글둥글한 몸뚱이를 맡기고 천장을 바라보는 자세로 고래고래 소리를 지르며 통화하고 있다. 이마에 땀이 배고 기도가 눌리는 탓인지 거칠게 숨을 몰아쉬다가 입구에 나타난 아오야기를 알아보고 짤막한 팔을 쳐든다.

철도회사 계열 부동산회사를 거쳐 땅투기꾼으로 독립한 하야시는 그 분야에서 알아주는 인사다. 낮게 잡아도 도내에서 다섯 손가락 안에 들지 않을까. 지력, 담력, 교섭력이 뛰어나고 관련 법령과 세제에 해박하며 다른 업자가 포기하는 어려운 현장이라도 일을 마무리지을 줄 안다.

도시 재개발과 한몸을 이루는 토지 매입에는 그에 따르는 막대한 이익을 노리는 반사회적 세력이 종종 고개를 들이민다. 하야시는 그런 자들과도 법령을 방패로 거침없이 맞서고, 결국 합법이라는 형태로 상품화시켜 준다. 아오야기 같은 대기업 사람이라도 안심하고 거래할 수 있는 상대였다.

옆 소파에서 기다리자 통화를 마친 하야시가 맞은편에 앉았다. 그 순간 하야시의 휴대전화가 울렸지만 그는 나중에 다시 걸겠다고 응하고 끊었다.

"변함없이 바쁘시네요."

"바쁘지 않으면 망하는 거니까요."

막 고희를 맞은 하야시가 살집에 파묻힐 것 같은 눈으로 쓴웃음을 짓는다.

많은 지권자나 차지인과 교섭해야 하는 매수업자는 계약금만 해도 거액을 확보할 수 있어야 한다. 하야시가 덤빌 만한 대형 안건이라면 풍부한 자금을 가진 투자가의 협력을 얻지 않고서는 쉽게 착수할 수 없다. 리스크가 두려워 투자가가 긍정적으로 대답해주지 않는 경우라도 하야시는 종종 불법 고리대나 스폰서 자금을 조달해서라도 적극적으로 일을 만들어나간다. 연간 매출이 상당할 테지만 쓰는 돈도 못지않게 거액일 것이다.

"어디 금방 끝낼 만한 물건 없습니까? 우리도 조건을 최대한 양보할 테니까."

아오야기의 심상치 않은 모습을 알아챈 하야시가 의미심장하게 웃었다. 조바심 내는 까닭은 묻지 않았다.

진행 중인 안건 몇 개를 들어보았다. 어느 건이나 아오야기가 요구하는 규모에 못 미치거나, 규모가 충분하더라도 이번 회기 결산에 시간을 맞출 수 없었다.

"시부야 건은 어떻게 되고 있습니까?"

"시부야라면, 그 저주받은?"

네, 하며 아오야기는 고개를 끄덕였다.

업계에서는 유명한 물건이다. 거래가 성사되기만 하면 번화가와 접한 도심 일등지에 수천 평에 이르는 덩치 큰 땅이 나타나는 것이다. 개발 예산은 1천억 엔을 가볍게 넘으리라.

"그건 저도 아직 포기하지 않았지만, 아무래도 사연이 복잡한 땅이잖아요."

이 땅에 재개발 이야기가 나온 것은 버블 시기였다. 대기업이나 외국계 펀드, 브로커, 국회의원, 반사회적 세력 등 다양한 책사들이 뛰어들었다. 한때는 폭력단의 협박이 언론에 보도되고 백주대낮에 총탄이 날아다닌 적도 있다. 공개되지 않은 사건까지 포함하면 지금껏 죽어나간 사람도 상당수에 달한다.

"가망이 있다면 시도해보고 싶어서 가끔 상황을 확인하고 있습니다만 그건 좀 어렵습니다."

베테랑 업자가 망설임 없이 말한다.

가장 가능성이 높아 보이던 하야시 선이 사라졌다. 아오야기는 인사를 건네고 자리에서 일어섰다.

그 뒤에도 유력한 업자를 몇 명 찾아다녔지만 어디서나 기대할 만한 이야기는 듣지 못했다. 지하철을 타고 롯폰기역에 내리니 어두운 거리는 찬란한 전광에 싸여 있었다. 겨울 저녁의 차가운 공기 속에서 사람들의 시끄러운 말소리가 끊이지 않는다. 롱코트 앞단추를 채우고 인파를 누비며 니시아자부 방면으로 걸음을 옮겼다.

거리는 쉼 없이 신진대사를 거듭하고, 그렇게 시대나 사회를 반영해간다. 그런데 이 근방은 여전히 노후 빌딩이나 작은 건물들이 남아서 토지의 비효율이 심하다.

토지는 각종 법령에 묶여 있어 거기 지어지는 건물의 규모는 상한이 정해져 있다. 토지 한 필지만으로는 3층 정도밖에 올릴 수 없지만 인접한 토지 여러 필지를 합치면 하늘을 찌르는 고층빌딩을 올릴 수 있다. 그렇게 되면 공용부분의 비율도 줄일 수 있고 임대료도 비약적으로 뛰며 주변의 경기도 살아난다.

요즘은 다소 나아졌다고 하지만 일본은 임차인을 보호하려는 사고방식이 뿌리 깊다. 전철역 앞에 있는 서서 먹는 작은 소바가게나 찻집을 퇴거시키려 해도 1억이나 2억에 달하는 보상금을 줘야 한다. 그 점에 눈독들인 불량한 자들이 세입자의 영업권을 사들여 알박기를 하기 때문에 아오야기처럼 대기업에 적을 둔 사람이 정상적으로 퇴거 교섭을 진행하려면 아무리 시간과 돈이 많아도 힘들다.

왼쪽에 원주형 고층빌딩이 시야에 들어왔다. 파란 일루미네이션이 외벽을 타고 오르는 듯이 명멸해간다.

이 롯폰기힐즈 일대를 재개발할 당시, 매입업자의 힘을 빌리지 않았던 모리빌딩은 완공하는 데 20년 가까운 세월이 걸렸다. 시간을 끌면 그만큼 돈이 든다. 하야시는 자기가 했으면 시간을 절반으로 줄일 수 있었을 거라고 장담해마지 않았고, 실제로 그랬으리라 생각한다. 매입업자는 어느 시대나 필요하고, 적어도 지금의 아오야기로서는 의지할 수 있는 거의 유일한 존재였다.

어느새 니시아자부 교차로에 가까운 회원제 라운지에 다다랐다.

점원의 안내를 받아 들어가자 우락부락하게 생긴 마쓰다이라가 소파에 앉아 술을 마시고 있었다.

오늘은 웬일로 비열한 웃음을 지으며 옆에 앉은 여자애 어깨에 팔을 두르고 있다. 기분은 나쁘지 않은 듯하다.

"죄송합니다, 이렇게 불쑥 쳐들어와서."

소파에 앉은 아오야기가 상대방 태도를 살피듯 신중하게 말했다.

"뭐, 괜찮으니까 아오야기 씨도 마십시다. 간만에 얼굴을 봤으니."

강제로 샴페인 잔을 안긴다.

마쓰다이라 역시 매입업자였다. 앞서 만난 하야시만 한 능력은 없지만 매입업자의 경력이 풍부한 것은 분명하다.

이름뿐인 건배 제안에 응해주고 아오야기는 이야기를 꺼냈다.

"저어, 실은 말이죠—"

"뭡니까, 새삼스럽게."

마쓰다이라 눈에 깃든 날카로운 빛을 느꼈다. 옆에서 입가를 올리며 웃는 여자애의 눈빛이 굳어 있다.

예전에 마쓰다이라가 일하던 부동산회사는 '오사카 특유의 열정이 있는' 업체로 그 분야에서 이름을 날렸다. 돈만 주면 토지의 복잡한 권리 조정을 단기간에 해결해주기 때문에 아오야기도 마쓰다이라와 여러 번 거래했다. 마침내 시대가 변해서 법령 준수의 중요성이 강조되기 시작하자 마쓰다이라의 무리한 수법이나 반사회적 세력과의 제휴가 문제시되었고 자연히 그와의 만남도 뜸해졌다. 그 후 회사는 도산했지만 마쓰다이라는 매입업자로 독립하는 데 성공했다.

아오야기는 규모가 큰 토지가 갑자기 필요해져서 어려움을 겪고 있다고 솔직하게 털어놓았다. 잠자코 이야기를 듣던 마쓰다이라가 입을 열었다.

"더러운 일은 얄짤없이 남들한테 떠넘기고. 단물은 얄짤없이 자기들만 빨고. 상황이 나빠지면 도마뱀꼬리 자르듯이 나 몰라라 내빼고."

손에 든 잔을 응시하면서 중얼거리고 있다.

"그러다가 또 지들이 죽겠으니까 더러운 일 좀 해주십쇼, 인가?"

마쓰다이라가 이쪽으로 시선을 던진다.

아오야기는 굳은 얼굴로 고개를 깊이 숙였다.

"……라고 원망을 늘어놓는 고약한 놈들이 있는 것 같으니 아오야기 씨도 조심하시란 말이지요."

마쓰다이라가 돌연 쾌활한 투로 너스레를 떤다.

"무슨 말씀인지는 알겠습니다. 어디든 움직이는 현장이 있다 싶으면 즉시 아오야기 씨에게 연락을 드리죠."

맛나게 잔을 기울이는 그의 눈에서 부드러운 빛은 찾아볼 수 없었다.

아오야기는 그곳을 나오자마자 사무실로 돌아왔다. 사내에는 아직 많은 직원이 남아서 잔업을 하고 있었다. 새로 온 메일을 확인하고 과거에 기각했던 물건을 다시 샅샅이 훑어보았다. 상황이 상황인 만큼 어지간한 리스크에는 눈을 감아야 한다. 재검토한 물건 중에 마음에 드는 것이 있으면 사내 담당자에게 전화로 현황을 물었지만 어느 물건이나 만만치 않았다.

언뜻 보니 개인 휴대전화에 문자가 여러 개 와 있다. 전부 아내가 보낸 것이었다. 일하던 손을 멈추고 장황하게 긴 문자를 읽어 나갔다.

용건은 중학교에 다니는 딸의 진로 문제였다. 딸이 외국으로 나가고 싶어 하는 점을 고려해서 게이오기주쿠 계열 가운데 하나

인 뉴욕고등학교에 보내고 싶다는 것이다. 처음 듣는 이야기였다. 연간 비용은 기숙사비를 포함하여 600만 엔 정도면 충분하니까, 라고 남의 일처럼 쓴 글을 보자마자 화가 치밀었다.

4년제 대학을 나오지 않은 연상의 아내는 딸의 교육방침을 놓고 자신과 의견이 일치한 적이 없다. 아내가 딸의 학력을 화려하게 만들려는 것도 딸을 위해서라기보다 자신의 격을 높여줄 거라고 기대하기 때문이다.

남편의 반론을 봉쇄하려는 것처럼 아내는 해외 진학의 장점을 몇 가지 나열하고 다음과 같은 문장으로 마무리했다. '게다가 사장이 되면 연봉도 많아질 거라고 당신이 기분 좋게 말했잖아요. 이제 곧 될 수 있는 거죠? 그럼 얘기는 끝난 거네요.'

꽉 쥔 스마트폰을 향해 원망 섞인 말이 흘러나왔다.

책상 위 모니터로 시선을 돌린다. 정신이 산만해져서 아무래도 일에 집중할 수 없다. 피로와 수면 부족 탓만은 아니었다.

자리에서 일어나 아래층 휴게실로 향했다.

캔 커피를 마시며 휴게실 창가에 섰다. 방대한 조명으로 구석구석 묘사되고 있는 빌딩군이 배경으로 펼쳐져 있다. 이 망망하게 이어지는 도시 어딘가에 아직 찾아내지 못한 땅이 잠자고 있을 게 틀림없었다.

뒤에서 문 열리는 소리가 들렸다.

"뭐 좀 진전이 있나?"

희미하게 냉소가 섞인 목소리에 돌아보니 스나가였다. 그를 만나는 것은 아오야기가 질타를 당한 얼마 전 경영회의 이후 처음이다. 나란히 선 그가 초췌한 이쪽 얼굴을 노골적으로 훑어본다.

"이제는 가망 없어. 발버둥치지 마, 시간적으로 무리니까."

아오야기는 창밖으로 시선을 던지며 계속 입을 다물고 있었다.

"차기 사장 자리, 당신은 꿈 접어. 그러면 이사로 남겨줄 테니까."

스나가가 주위를 의식해서인지 목소리를 낮춘다.

이사도, 허다한 동기나 또래 중에서 겨우 몇 명에게만 허용되는 매력적인 자리였다. 사원에 비하면 연봉은 월등히 많고 정년도 5년이 연장된다. 퇴직금이 껑충 뛰고 어디 낙하산으로 가는 데도 어려움이 없다.

방금 읽은 아내의 문자와 딸 얼굴이 눈앞을 스치고 친구들의 칭송이 머릿속에 울린다. 그래서 이 상태로 만족할 수는 없었다.

"사양하겠네."

아오야기는 간신히 그렇게만 말했다.

"어리석기는…… 마음대로 하셔. 이참에 분명히 말해두지. 당신의 그런 뻣뻣한 태도가 글러먹은 거야. 쬐그만 자존심에 매달리다니 딱하구만."

멀어져가는 스나가의 구두소리를 등 뒤로 들었다.

다 마신 캔을 쓰레기통에 던져 넣고 자리로 돌아오니 휴대폰에 착신이 있었다. 일전에 골프를 친 친구가 여기서 가까운 단골 주점에서 술을 마시고 있다는 것이다.

"사무실이야? 시간 되면 얼굴 좀 보여줘."

친구의 쾌활한 목소리가 누군가의 박자가 어긋난 노랫소리와 함께 들려온다.

"일하는 중이야."

어느새 시계바늘은 오후 10시 반을 지나고 있었다.

"그렇게 맥 빠진 목소리로 일이 제대로 되겠나. 얼릉 나와라."

"……30분 뒤에 갈게."

룸 하나와 카운터가 전부인 아담한 주점은 퇴근한 취객들로 북적거렸다.

아오야기는 카운터에 있는 친구 옆에 앉자마자 물수건을 건네준 기모노 입은 젊은 주인에게 진하게 탄 미즈와리를 주문했다.

"온갖 불만을 농축시키면 아마 자네 얼굴처럼 되겠지. 무슨 일 있었나?"

친구가 놀리는 눈빛으로 이쪽을 쳐다본다. 룸 손님이 가라오케 노래를 끝냈는지 가게 안에 박수소리가 터졌다.

"……아니. 별 거 아냐."

신참으로 보이는 아르바이트 여성에게 미즈와리를 건네받아 단숨에 비웠다.

"저어, 처음 뵙습니다."

친구 너머에 앉아 있던 40세 전후 남자가 목을 길게 빼고 이쪽을 쳐다본다. 옆머리를 짧게 쳐올린 요즘 유행하는 헤어스타일로, 개기름 흐르는 피부가 가무잡잡하다. 체구는 작지만, 핀 스트라이프 슈트를 입었는데도 근육질이라는 것을 알 수 있는 위압감 풍기는 인상이다.

"아오야기 씨 말씀을 많이 들었는데 직접 만나 뵈니 반갑습니다."

남자가 아부하는 웃음을 짓는다.

"아, 내가 여기 소네자키 씨에게 세키요에서 중역으로 일하는 친구가 있다고 자네 얘기를 했더니 꼭 좀 만나게 해달라고 해서 말이지."

친구가 변명하듯 말을 이었다. 두 사람 모두 이 주점의 단골이며 종종 만나면 가볍게 이야기를 나누는 사이라고 한다.

"실은, 센가쿠지 땅을 확보할 수 있을 것 같아서요."

소네자키가 상체를 내밀며 이쪽으로 얼굴을 가까이 했다.

당혹스러운 와중에도 이야기를 듣고 보니 야마노테 신역사 근처에 있는 덩치 큰 땅을 주인이 팔고 싶어 한다는 것이었다. 조건에 부족한 점이 없고 이쪽 예산에도 잘 맞는다. 처음 듣는 정보였다.

"제가 다리를 놓아드릴 수 있을 것 같은데 혹시 관심 있으시면 한번 만나서 상세한 정보를 드렸으면 합니다."

남자가 자리에서 일어나 익숙한 손놀림으로 안주머니에서 명함을 꺼내 내밀었다. 아오야기도 자리에서 일어나 명함을 교환했다.

"잘된 일이지?"

주점을 떠나는 소네자키의 뒷모습을 바라보며 친구가 공치사하듯 말했다.

"마담, 소네자키 씨가 여기 자주 오잖아. 저래 봬도 성격이 원만해서 가게 여자애들한테도 인기가 많아. 노래 잘하지, 목소리 좋지."

"오랜 단골이세요. 나이도 젊으신데 회사도 여러 개 경영하시고 술을 드셔도 신사적이고, 아주 멋진 분이세요."

주인이 제법 자랑스러운 듯이 말하며 친구에게 미즈와리를 건네준다.

아오야기는 소네자키의 명함을 한참 동안 들여다보았다. 회사 이름이 낯설다. 뒷면을 보니 운영하는 사업체 중에 부동산사업체도 있다.

'우리 회사와 거래한 적이 있었던가?'

누군가 쇼와 시대의 팝송을 열창하고 주점 스태프들이 박수를 치고 있다. 아오야기가 건네받은 명함에는 AKUNI홀딩스라는 회사명이 적혀 있었다.

5
장

매우 말끔해졌다.

전처럼 수북이 쌓인 빈 도시락상자나 페트병은 보이지 않았다. 현관 안쪽은 금간 콘크리트가 노출된 채 부드러운 전구 빛을 받고 있다.

"웬일이야. 말끔하게 정리되어 있네."

다쿠미가 놀라는 목소리로 말하자 안쪽 방으로 가던 나가이가 걸음을 멈추었다. 그의 손에 꼭 안긴 검은 고양이가 유리구슬처럼 빛나는 눈동자로 이쪽을 쳐다보고 있다.

"이제 곧 새 시즌이니까."

화상 흉터로 팽팽해진 얼굴에 사람 좋은 미소가 떠올랐다.

변함없이 길게 기른 머리를 뒤에서 묶고 빛을 잃은 왼쪽 눈을 감추던 검은 선글라스는 헤어밴드처럼 이마 위에 걸려 있다. 언제부턴가 다쿠미 앞에서는 마스크도 쓰지 않게 되었다.

"청소까지 하다니, 그렇게 신경 쓰지 않아도 되는데."

"다쿠미 씨하고는 관계없어."

목소리에서도 평소보다 밝은 기운이 느껴진다.

처음 이 집에서 작업을 의뢰한 뒤로 나가이와는 계속 만나왔다. 볼일이 있든 없든 종종 도시락을 사들고 찾아와 이렇게 얼굴을 보려고 한다. 요즘은 한동안 타이밍이 맞지 않아 걸음이 뜸했다.

"오늘은 또 뭘 사왔어?"

나가이가 방바닥에 책상다리를 하고 앉아 다쿠미가 들고 있는 비닐봉지를 오른쪽 눈으로 쳐다본다. 검은 고양이가 나가이 품에서 뛰어내려 꼬리를 구불거리며 현관 쪽으로 사라졌다.

"만두. 세상에서 제일 맛있는 거."

다쿠미도 마주앉아 만두와 볶음밥이 든 용기를 바닥에 늘어놓았다.

"어느 가게?"

"만두라면 역시 오쇼王將지."

"당연하지. 먹어본 적은 없지만."

그렇게 너스레를 떠는 나가이의 오른쪽 눈에 미소가 떠올라 있었다.

식은 만두를 먹으며 근황을 주고받았다. 음식을 거의 다 먹었을 즈음에는 일 이야기가 시작되었다.

야마노테선 신역사에 가까운 땅을 겨냥한 이번 프로젝트에서 나가이에게 의뢰하고 싶은 작업은 사취한 돈을 배분하는 일이었다. 모든 일이 잘 된다면 전에 없는 거액이 입금될 것이다. 그 돈을 추적이 힘든 방법으로 미리 정해둔 분배 비율에 따라 각자의 계좌로 옮기고 싶다는 것이 해리슨 야마나카의 바람이었다.

나가이의 제안대로 지난번처럼 가짜 계좌를 사용하여 익명성 높은 가상화폐로 바꾼 뒤 다시 다크웹 교환소에서 자금을 세탁하기로 정했다.

"이번에는 얼마나 처리해야 하지?"

"잘 되면 백 억 정도 처리하고 싶다던데."

"백 억?"

나가이의 오른쪽 눈이 크게 벌어졌다.

"그러니까 나가이의 보수도 이번에는 단위가 달라져."

"그럼 다쿠미 씨도 대박이겠군."

고개도 끄덕이지 않고 말없이 페트병의 차를 마셨다. 해리슨 야마나카는 다쿠미에게 최소한 십수 억은 보장한다고 말했다.

"그런 돈이 들어오면 어떻게 하려고?"

나가이가 궁금하다는 듯이 물었다.

"별로. 달라질 건 없지."

"그다지 좋지도 않은가봐?"

"······좋지."

시야 구석에서 나가이가 이해할 수 없다는 표정으로 이쪽을 쳐다보고 있었지만 그 이상은 묻지 않았다.

전화벨이 울렸다. 나가이가 스마트폰을 쥐고 자리에서 일어나 잠깐 망설이다가 전화를 받았다.

다쿠미는 페트병 뚜껑을 닫고 손을 뒤로 짚은 채 편안하게 쉬었다.

정면 받침대에 놓인 수조로 시선이 끌린다. 지난번 왔을 때에 비해 레이아웃이 크게 달라져 있다. 열대어가 마릿수와 종류도 늘고 색채도 화려한 개체가 많아졌다. 전체적으로 부산한 분위기가 느껴졌다.

수조를 바라보는 동안 방 한쪽에서 통화하는 나가이의 목소리가 마음에 걸렸다.

"—먹었어 —오늘은 만두 —응, 그래, 전에 얘기한 사람. 사다 주더라고. 세상에서 제일 맛있는 만두."

통화 내용을 들어보니 아무래도 일과 관련된 것은 아니고 말투도 친근하다. 누구지? 가족은 물론 자기 외에 교류하는 사람이 있다는 말은 들어본 적이 없는데.

"아직 얘기하는 중이니까, 나중에 내가 연락할게."

전화를 끊은 나가이가 돌아왔다.

"누구?"

"응…… 그냥."

말해버릴까 말까 망설이는 것처럼 보이기도 한다.

"누구든 내가 알 바 아니지만."

내치는 듯한 태도를 보이자 나가이가 시선을 불안하게 움직이다가 체념한 듯이 컴퓨터 모니터가 나란히 놓인 책상으로 다가갔다. 익숙한 손놀림으로 키보드를 두드린다.

"여기서 알게 됐어."

어깨 너머로 모니터를 들여다보니 거기에 3차원 가상공간이 있었다. 키보드를 두드리자 화면 중앙에 두건을 쓴 마법사 같은 아바타가 계곡 사이에 펼쳐진 평야를 달리는데 후드 때문에 얼굴이 보이지 않는다.

다른 플레이어가 조종하는 아바타는 장검이나 도끼를 들고 필드에 서 있었다.

"알게 되었다니, 방금 전화 통화한 사람을?"

"응."

상대는 나가이 또래 여성이었다. 반년쯤 전 게임을 하다가 만나 가상공간에서 서로 협력하다 보니 전화통화까지 하는 사이가 되었다고 한다. 뜻밖에도 나가이가 사고로 심각한 화상을 입은 사실, 그 탓에 한쪽 눈을 실명한 현재 상황도 그녀는 알고 있다고 한다.

"그런 일도 있군."

나가이의 옆얼굴을 쳐다보며 안도하는 목소리로 말했다. 나가이가 이대로 내내 혼자 살아갈 거라고 어느새 단정하고 있었는데.

요즘에는 거의 매일 누가 먼저랄 것도 없이 전화해서 가벼운

이야기를 나누고 있다고 나가이는 쑥스럽게 말했다. 상대 여성은 도내에서 그래픽디자이너로 일하고 있고 마음만 먹으면 당장이라도 만날 수 있을 만큼 가까운 거리에 사는데, 여전히 목소리밖에 모른다고 한다.

"안 만날 거야?"

"이렇게 늘 만나고 있으니까."

나가이가 모니터를 응시한 채 무료한 듯이 키보드를 두드리고 있다. 수조의 희미한 모터소리가 지배하는 실내에 메마른 타건음이 울리고 있었다.

"저쪽에서는 만나고 싶다고 하지 않나?"

짐짓 심드렁하게 물었다.

"이런 현실, 안 보여주는 게 나아."

애초부터 단념한 것처럼 들리기도 한다. 경직된 말투였다. 어쩌면 전에 애인과 겪은 파국을 마음에 두고 있는지도 모른다.

"만나보지그래. 용기가 필요한 건 저쪽도 마찬가지니까."

"다쿠미 씨는 관계없잖아. 그냥 내버려 둬."

나가이의 목소리에 초조감이 묻어난다. 여전히 계속되는 타건음이 커지고 있다.

"만나고 싶잖아?"

"……그만해."

키보드 두드리던 손가락이 딱 멈췄다.

서로 입을 다물자 낮은 모터소리만 무겁게 짓눌러온다. 옆방에 있는 검은 고양이가 어디로 뛰어올랐는지 현관 바닥에 물건이 떨어지는 소리가 났다.

"……가상화폐 건, 잘 부탁해."

만두 용기를 비닐봉지에 담은 다쿠미가 현관으로 향한다.

현관에서 스쳐지나간 검은 고양이는 등 뒤에 가만히 선 나가이에게 느긋한 걸음으로 다가가 몸을 밀착했다.

"차로 가십니까?"

바로 뒤에 따라오던 부하 하나가 긴장한 얼굴로 물었다.

머리 위로 역전 콩코스 광장이 있고 옆 터미널에는 택시들이 손님을 기다리고 있다.

"아니, 걸어간다."

아오야기는 부하의 얼굴도 보지 않고 대답했다.

같은 길을 지나가도 차를 타는 것보다 자기 발로 걸을 때 인식할 수 있는 정보량이 훨씬 많아진다. 거리는 모습을 눈부시게 바꾼다. 차를 타고 수없이 지났고 나름대로 지리를 잘 알고 있지만 예단은 금물이다. '나는 이 지역을 잘 안다'는 근거 박약한 확신은 눈에 보이는 것조차 못 보게 만들고 만다.

부하 네 명을 대동하고 편도 3차선 국도를 따라 걸었다.

교통량이 많아 차량들이 끊임없이 움직이고 있다. 호흡할 때마다 배기가스 냄새가 콧구멍을 간질인다.

도로 양쪽에는 높은 빌딩이 계곡 밑에서 올려다보는 것처럼 우뚝 솟아 있어 왕년에 도카이도도쿄에서 교토까지 약 500킬로미터를 잇는 옛 주요 도로를 따라 번영했던 거리 풍경을 떠올리기란 어렵다. 그래도 그 점을 의식하며 바라보면 골목 안쪽에 왕년의 잔영을 느끼게 하는 오래된 사찰이나 저택의 토벽이 흩어져 있다.

"이대로 죽 가시면 됩니다."

옆에서 걷는 부하가 태블릿의 지도를 내려다보며 말했다.

지금 시찰하러 가는 물건은 이 도로에 면했는데 주차장과 폐쇄된 시설이 남아 있어서 보행로에서도 보인다고 한다.

친구가 불러내서 간 주점에서 알게 된 소네자키가 소개한 물건이다. 이미 그와 두 번 정도 만나서 이야기를 들었다. 처음에는 심상치 않은 인상과 위압적 풍모에 경계심을 품었지만, 막상 이야기해보니 어디서나 볼 수 있는 겸손한 비즈니스맨이었다. 소네자키가 경영하는 AKUNI홀딩스의 부동산 부문은 아오야기 회사와 거래한 적은 없지만 이벤트 사업이나 식음료 사업을 폭넓게 전개하여, 미상장이지만 전기 연매출이 전체적으로 30억 엔에 이른다. 여신을 조회해보니 거래에 지장을 초래할 만한 문제점은 찾아볼 수 없었다.

도영 지하철 센가쿠지역 입구를 지나자 곧 공사용 안전 펜스가 보였다.

펜스에 '건축계획고지'라는 표지판이 걸려 있다. 내용에 따르면 건축주 JR히가시니혼이 야마노테선 신역사와 센가쿠지역을 데크 보도로 연결하는 공사를 계획한 듯하다.

골목 건너에 설치된 안전 펜스 맞은편에는 키 높은 패널형 펜스가 400평은 되지 않을까 싶은 부지를 에두르고 있었다. 틈새로 안을 들여다보았다. 주차장이었던 듯한 아스팔트 공간이 눈에 띈다. 이쪽은 도쿄도 교통국이 센가쿠지역 개량 공사를 예정하고 있는 모양이다.

신역사 개통을 향한 재개발이 착실히 진행되고 있었다. 이 공사가 완료될 즈음이면 주변 풍경도 일변해 있으리라.

아오야기는 국도를 등지고 두 공사 현장 사이에 섰다.

차 한 대가 지나갈 만한 골목이 암거_{땅 속에 낸 배수로} 같은 가드 밑으로 들어가고 있다. 여러 가닥의 선로와 차량 기지를 떠받치고 있는 가드 밑으로 어둑한 길이 250미터 이어진다. 천장이 낮아 아오야기처럼 키가 큰 사람은 머리를 찧을 것 같았다. 제대로 살피지 못한 택시가 종종 지붕의 갓등을 망가뜨리곤 해서 이 근방을 운행하는 운전기사는 물론이고 이 지역에서 영업하는 부동산업자 중에 이곳을 모르는 사람은 없다고 한다.

"이 갓등 킬러는 없어지는 건가."

"음, 그건 말이죠……."

옆에 대기하던 부하가 낯이 창백해져서 가방 속의 자료를 뒤지기 시작했다.

"자네, 제대로 준비해 온 거야?"

아오야기가 초조감을 드러내자 다른 부하들도 당황하는 기색이다.

"죄송합니다. 으음…… 예, 계획상으로는 그렇습니다. 없어질 겁니다."

"정신을 좀 더 바짝 차리지 못하나. 나도 자네가 직업소개소에서 울상 짓는 거 보고 싶지 않아."

아오야기는 낮은 목소리로 으르렁거리고 다시 도로를 따라 걸었다.

하교 중인지 교복을 입은 고교생 무리가 앞에서 걸어온다. 스쳐지나갈 때 아이들의 경쾌한 웃음소리가 입을 꾹 다문 아오야기 일행 사이를 빠져 지나갔다.

왼쪽을 가로막고 있던 빌딩군의 벽에 공간이 생겨나고 시야가 열렸다.

"저쪽입니다, 상무님."

한 손에 자료를 든 부하가 앞쪽을 가리켰다.

펜스를 ㄷ자로 두른 코인주차장이 있었다. 인접한 부지에는 전에 갱생보호시설이던 3층 건물이 조용히 서 있고 벚나무 몇 그루가 앞뜰에서 가지를 벌리고 있다. 공공지도나 안내도에서 확인했던 대형 물건이 거기 있었다.

"이런 자리였군……."

아오야기가 중얼거리며 휑한 주차장으로 발을 들여놓았다.

살펴보니 차량 70대는 너끈히 수용할 것 같았다. 지금이 아무리 평일 대낮이라지만 10대 정도밖에 주차되어 있지 않아 손해가 막심한 부지였다. 주차장 바로 옆으로 열차가 쉴 새 없이 지나가며 레일 연결부를 따락따락 울린다.

땅은 용적률 600퍼센트인 상업지역에 있으며, 시설이 있는 옆 땅과 합치면 800평이 넘는다. 개발 경쟁이 그치지 않는 야마노테 선 안쪽에 이런 대형 토지가 매물로 나오는 것은 지극히 드문 일이다. 지하철 센가쿠지역뿐만 아니라 몇 년 안에 개발 예정인 신역사도 가까워서 분양아파트는 물론이고 호텔 같은 개발 수요도 충분히 전망할 수 있었다.

현재 시세에 따르면 지가는 대략 평당 1,200만 엔 전후, 인수가는 100억 엔 전후로 결정될 것이다. 가령 아파트를 지어 이익률을 넉넉히 잡아서 분양한다면 매출은 250억 엔 가까이 바라볼 수 있다. 대략적인 이익이 수십억 엔에 이를 것이고 자신이 이끄는 개발본부도 목표를 가볍게 달성하게 된다.

"……정말 인수할 수 있을까."

아오야기가 반신반의하며 중얼거렸다.

부하들이 부지 상황을 살펴보니 아파트 같은 상품을 짓는 데도 이렇다 할 문제점은 찾을 수 없었다. 이웃 부지와 경계가 확정되어 있고 경계를 침범한 장애물이나 전선도 없다. 갱생보호시설로 쓰던 건물은 이미 폐쇄되어 철거 보상금 문제가 사라졌고, 코인 주차장도 재계약을 안 하면 그만이다.

"그렇다면 남은 건 주인인가……."

등기에 따르면 주인은 법인이 아니라 근처에 사찰을 운영하는 주지였다. 권리 관계가 단순하여 수상한 점을 찾을 수 없었다. 다음 주에 소네자키와 만나 상의하기로 되어 있지만, 주인은 건강이 좋지 않아 참석할 수 없다고 했다. 상세한 조건은 아직까지 전혀 듣지 못했다. 부동산 매매는 발 빠른 자가 이기는 게임이고, 간발의 차로 눈물을 삼키는 경우도 종종 있다. 조건을 다소 양보해서라도 하루 빨리 이 물건을 확보하고 싶었다.

"저기 건설 중인 것이 다카나와 게이트웨이 같습니다."

부하가 손에 든 지도를 확인하며 설명했다.

지나가는 열차 너머로 조금 떨어진 곳에 현대적인 건물이 보였다. 외관부터가 상당한 규모이고 하얀 외벽이 햇빛을 받아 빛나고 있다.

신역사를 포함해서 차량기지 터를 이용한 종합적인 재개발이 상당한 속도로 진행되는 듯하다. 아오야기가 상상하던 것보다 규모가 컸다.

아오야기는 펜스 옆까지 걸어가 신역사를 바라보았다. 옆에는 드높은 크레인이 우뚝 솟아 있고 그 뒤로는 시나가와 고층빌딩군이 바짝 다가와 있었다.

에도시대에 이 선로 너머는 전부 바다였다. 그 후 지속적으로 매립되어 바닷물냄새도 파도소리도 사라졌다. 지금은 바다를 조망할 수도 없고, 눈길이 닿는 끝까지 인공적인 경관이 시야를 뒤덮고 있다. 끝없이 발전하려는 도시의 모습에 무한한 가능성을 느꼈다.

"이 물건에 대해서 그동안 왜 일언반구가 없었나."

아오야기는 지역 담당 부하를 날카롭게 쳐다보았다. 지금까지 검토회의에 한 번도 올리지 않은 것을 용서하기 힘들었다.

"아뇨, 그게…… 설마 매물로 나올 줄은."

개발본부에서는 각 지구별로 담당자를 두고 있다. 담당자는 평소 지역 커뮤니티와 친목을 다지며 정보를 수집한다. 이렇게 가능성이 무궁무진한 물건이라면 제일 먼저 보고할 책임이 있다.

"다만, 저어⋯⋯."

지구 담당자가 당황하며 입을 열었다. 혼란에 빠진 모습이 역력했다.

"뭔가."

"으음, 그⋯⋯ 아무래도 이상해서 말이죠, 여기 소유자가 매물로 내놓는다는 소문은 어디서도 듣지 못했습니다. 저도 이 동네 모임에 얼굴을 내밀고 있는데, 이런 매물이라면 제법 소문이 돌법도 합니다만."

아오야기는 노성으로 대꾸하려다가 참았다. 자기 보신을 위해 변명하는 것처럼 보이지는 않았다. 지구 담당자가 힘없는 목소리로 계속했다.

"원래 그, 여기 소유자가 집에만 틀어박혀 지내는 사람이어서⋯⋯ 원래 동네 모임하고도 거리를 두고 있다고는 합니다만."

열차의 굉음이 점점 커지고 차가운 돌풍이 코인주차장에 불어닥친다. 꽃봉오리가 맺히기 시작한 벚나무 우듬지가 소리없이 흔들리고 있었다.

"다소 의아한 점이 있더라도 이거 추진해."

아오야기는 스스로를 납득시키려는 듯이 말했다.

다쿠미가 이야기를 마치자 옆에서 하퍼 온더락을 기울이던 고토가 잔을 테이블에 내려놓았다.

"엄청난 거물이 걸려들었네. 일이 재미있어졌어."

어둑한 조명 아래 음영이 깊어진 얼굴에 미소가 떠오른다. 앞뒤 벽면에는 나란히 꽂혀 있는 책들의 책등이 간접조명에 은은하게 떠올라 있다. 비밀 문으로 차단된 이 작은 방은 소파세트와 테이블만 놓여 있고 재즈피아노가 조심스러운 볼륨으로 흐르고 있다.

"텔레비전 광고에서 본 것도 같은데, 그렇게 큰 회사예요?"

정면 소파에 다리를 꼬고 앉은 레이코가 샴페인 잔에서 입을 떼며 말했다.

"세키요하우스는 일본에서도 손꼽히는 토지개발 기업입니다. 이 탈리스커 30년처럼 우리 상대로는 나무랄 데가 없지요."

레이코 옆에서 테이스팅 글라스를 코끝 가까이 댄 해리슨 야마나카가 대신 대답했다. 나폴리의 양복점에서 맞췄다는 브라운 슈트는 같은 컬러 계열의 초크스트라이프 무늬가 들어가 있다. 목에 기품 있게 맨 실크타이의 고동색이 산뜻하다.

다쿠미는 라임을 꽂은 탄카레이 토닉 잔을 집어 들고 보충설명을 했다.

"게다가 저쪽은 본부장 이사가 프런트에서 지휘하는 것 같습니다. 품의가 쉽게 통과될지 모릅니다."

"그거 굉장하군. 진지하게 나오나보네."

고토가 피스타치오 껍질을 까며 기세를 올린다.

"가능성은 높다고 봅니다."

이번 프로젝트의 협조자이며 해리슨 야마나카의 지인이기도 한 AKUNI홀딩스의 소네자키에 따르면 세키요하우스 측은 야마노테선 신역사 앞에 있는 땅에 상당한 관심을 보이며 거래 조건을 놓고 가능한 빨리 이야기하고 싶어하는 모양이다.

"그럼 첫 교섭은 언제쯤이 될 것 같습니까?"

"다음 주 목요일입니다. 오후 2시부터."

해리슨 야마나카 쪽을 쳐다보며 대답했다.

세키요하우스 회의실에서 이루어질 교섭은 다쿠미 외에 고토가 참석하기로 되어 있다.

"저쪽에서 소유자를 모시고 나오라고 하면?"

고토의 목소리에 의심이 가득하다.

세키요하우스 측에서도 땅 주인 가와이를 교섭 자리에 불러줬으면 좋겠다고 소네자키를 통해 요구했다. 이에 가와이의 건강이 좋지 않다는 핑계로 이번 교섭에는 참석할 수 없다고 양해를 구해 두었다.

"여하튼 땅이 스페셜하니까 우리는 끝까지 뻣뻣하게 나가도 문제는 없을 겁니다. 단기 결전으로 알고 막판까지 끌어주세요."

해리슨 야마나카가 테이스팅 글라스를 기울이고 옆으로 시선을 돌렸다.

"그쪽은 어려운 점 없습니까?"

전혀요, 하고 레이코가 고개를 젓고 새침한 얼굴로 먹던 딸기를 샴페인에 가라앉혔다.

배우 다니구치를 정기적으로 만나서 개인정보 암기나 연기를 중심으로 준비하고 있다고 한다. 다니구치는 벌써 삭발을 하고 사진 촬영과 여권 취득도 마쳤다.

다행히 이번에 가와이의 여권이 기한이 다 되었다는 정보를 파악하고, 가와이의 본적과 주민표를 은밀히 옮기는 등 공작을 해놓은 뒤에 다니구치 본인을 시켜 가와이 명의의 여권을 정식으로 신청해서 취득하게 했다. 여권은 제1급 신분증명서로 인정받을 뿐 아니라 갱신할 때마다 여권번호가 달라지기 때문에 면허증과 달리 추적이 어렵다.

"다쿠미 짱. 다니구치 씨한테도 날짜를 비워두라고 해야 하니까 일정이 정해지면 바로 연락해줘."

곧 '무대'가 마련될 거라고 다니구치에게 전하자 레이코에게 불평을 하는 일은 없어졌다고 한다.

술을 더 주문하고 해리슨 야마나카를 중심으로 향후 대책과 준비, 교섭 진행 방식을 상의했다.

"이것 봐라. 이번 일, 잘하면 어찌어찌 될지도 모르겠는걸."

술기운이 돌기 시작한 고토가 흐뭇하게 웃었다. 손에 든 글라스가 흔들려 절반쯤 녹은 둥근 얼음이 시원한 소리를 냈다.

"밑져야 본전이라는 식으로 말하지 말아요. 이렇게 노력해놓고 실패한다는 건 있을 수 없으니까."

최근에 상황이 빠르게 진척된 덕분인지 레이코의 목소리에도 얼마간 여유가 느껴진다.

"하지만 세키요가 빠져나가면 상황은 즉시 어려워집니다. 이번 같은 커다란 거래에 응할 수 있는 기업은 극소수니까. 다쿠미 씨를 비롯해서 다들 애써주셔야 합니다."

다쿠미는 그렇게 말한 해리슨 야마나카에게 가만히 목례하고 드라이마티니를 입술에 댔다. 도수 높은 술을 마셔도 전혀 취기가 느껴지지 않았다.

세키요하우스에 관한 고토의 이야기에 귀를 기울이고 있는데 문에서 둔탁한 소리가 연속적으로 들렸다. 문을 집요하게 발로 차는 것 같았다. 룸 밖에서 싸움이라도 났나. 그때 두꺼운 문이 옆으로 미끄러지며 열렸다.

주점 스태프가 당황해서 말리는 것을 뿌리치며 다케시타가 들어왔다.

실내에서 이야기소리가 뚝 그쳤다.

선반 스피커에서 귀에 익은 재즈 스탠더드가 흐른다. 피아노와 베이스가 자아내는 애틋한 선율이 분위기를 더욱 거북하게 만들었다.

옆에 말없이 버티고 선 다케시타의 표정은 어두운 조명 탓에 또렷하지가 않다. 원래 다케시타도 오늘 저녁 모임에 참석할 예정이었는데 급한 볼일이 생겼다며 직전에 취소했다고만 들었다.

다케시타는 해리슨 야마나카를 보자 불안한 걸음으로 레이코의 다리를 쳐내며 비집고 들어와 옆에 앉았다.

"다케시타 씨도 들었죠? 천하의 세키요하우스가 걸려들었다고."

고토의 목소리가 조심스러웠다.

다케시타는 주위 소리가 들리지 않는 것처럼 입을 살짝 벌린 채 해리슨 야마나카의 얼굴을 응시했다. 주황색 조명이 은은하게 비추는 옆얼굴은 야윌 대로 야위고 혈색이 없는 데다 눈은 초점이 분명치 않았다.

다케시타가 뭐라고 중얼거렸다.

"돈 줘…… 돈."

"프로젝트가 잘되면 돈은 들어옵니다."

해리슨 야마나카에게서 동요하는 기색은 볼 수 없었다.

"지금 당장 필요하다니까…… 현금이."

다케시타가 끙, 소리를 내며 해리슨 야마나카의 멱살을 잡고 넥타이를 비틀어 올리자 술이 쏟아져 브라운 슈트를 적셨다.

뜯어말리려고 하는데 해리슨 야마나카가 걱정할 것 없다는 듯이 미소를 담은 눈으로 이쪽을 힐끗 보았다.

"내놔…… 전부, 깽판 칠 거야."

넥타이를 꽉 쥔 손에 힘이 들어가 있다.

미간을 찡그린 레이코가 다케시타에게서 물러나고 고토는 온더록 글라스를 든 채 긴장한 모습이다. 다쿠미도 엉거주춤한 자세로 움직이지 못하고 있었다. 어눌한 베이스의 저음만이 실내에 울렸다.

"알겠습니다. 일단 지금 갖고 있는 돈을 드리고 나중에 목돈을 입금해 두지요. 그게 어떻습니까?"

해리슨 야마나카가 지갑에서 1만 엔 권 다발을 뽑아냈다.

다케시타는 아무 말 없이 그 돈을 주머니에 쑤셔넣고 비틀거리며 일어나 어디론가 전화를 걸면서 룸을 나갔다.

다쿠미는 입천장에 혀가 붙을 정도로 입안이 바짝 말랐다.

"일단락될 때까지는 얌전히 있어 주면 좋겠는데……."

웃으며 넥타이를 바로잡는 해리슨 야마나카의 혼잣말에 아무도 뭐라고 말을 건네는 사람이 없었다. 이내 곡이 끝나고 장작불불티가 터지는 듯한 레코드 노이즈가 울리기 시작했다.

주점 안쪽에 있는 룸에 얼굴을 들이밀자 기다리고 있었다는 듯이 환성과 박수가 터졌다.

"축하합니다, 다쓰 씨!"

동료와 후배들이 저마다 한 마디씩 축하의 말을 했다. 다들 바쁜 업무에도 시간을 내서 정년퇴직을 맞은 노형사를 위해 오늘의 저녁 자리를 만들어주었다.

다쓰는 쑥스러워하면서도 웃는 낯으로 인사하고 상석에 앉았다. 학생처럼 보이는 점원이 술을 내준다. 간사의 요란한 인사말과 함께 건배하고 다쓰도 성에 낀 맥주잔에 입을 댔다.

"잠시 실례합니다."

힘찬 목소리와 함께 주방에 있던 까까머리 주인이 룸에 나타났다. 호화스러운 선박 모양의 안주접시가 양손에 들려 있었다.

"오랫동안 고생하셨습니다, 반장님. 그동안 정말 신세 많이 졌습니다. 이건 저희 가게에서 마련한 작은 정성입니다. 동료 분들과 함께 드십시오."

주인의 후의에 좌중이 들끓었다.

눈이 빨개져서 눈물을 글썽이는 주인에게 다쓰가 감사의 뜻을 전했다.

오래전에 사건 관련으로 은밀히 조사하던 대상자가 이 가게의 단골이라는 정보가 들어와서 주인에게 사정을 설명하고 매일 가게에 드나들며 정보를 얻은 적이 있다. 그 뒤 공사 불문하고 주인과 인연을 이어왔다. 주인의 차남이 경찰이 되고 싶다고 했을 때는 자기가 책임질 수 있는 범위에서 사람들을 소개해주기도 했다. 형사 일을 계속해올 수 있었던 것도 주인 같은 사람들의 지지가 있었기 때문임에 틀림없다.

"다쓰 씨, 저희들도 소소하게나마 선물을 준비했습니다."

젊은 동료 하나가 스냅사진이 박힌 기념패를 건네주었다. 언제 촬영했는지 수사회의에 참석한 다쓰가 수첩에 글씨를 갈겨쓰는 모습이 찍혀 있다.

기념패 위쪽에 부조로 표현된 경찰 문장이 눈길을 끌었다. 40년 남짓 매일처럼 봤지만 지금 다시 보니 감개가 무량하다.

"그리고, 늘 사모님에게 폐를, 아니 외롭게 해드린 것 같아서 앞으로는 이 커플 란제리로 두 분이 단란한 시간을 보내시라고."

젊은 동료가 위태로운 실루엣으로 직조된 레이스 속옷을 모두가 볼 수 있도록 쳐들자 주위가 시끌시끌해진다.

"바보 녀석. 우린 그것보다 더 야시시한 걸 일주일 내내 입거든."

다쓰가 속옷을 받아들며 대꾸하자 모두 폭소를 터뜨렸다.

술이 추가로 나오자 여기저기서 스스럼없고 명랑한 목소리가 활발하게 오간다.

"어디로 재취직하시나요?"

옆에 있던 후배 하나가 빈 잔에 소주를 따라주며 물었다.

"아냐, 현재로서는."

잔을 받으며 다쓰는 고개를 저었다.

이번 달 아내와 일본 일주 크루즈 여행에 나설 예정이다. 숱하게 고생시켜 온 아내에게 빚을 갚을 요량이었다. 그다음은 어떻게 할까. 전부터 신세를 져온 지인의 회사에서 민원 처리 담당으로 와달라는 제안을 받고 있다. 아직은 대답을 하지 않았다.

"천천히 결정하시는 게 좋겠죠. 또 쓰러지시기라도 하면 이번엔 진짜 훅 갈 수 있으니까."

"사람들 걱정시킬 만큼 늙진 않았어."

고혈압은 약으로 그럭저럭 버티고 있지만 간이나 신장 수치는 변함없이 썩 좋지 못하다. 의사는 최대한 스트레스를 피하라고 엄명했다.

"저도 다쓰 씨처럼 미련 없이 형사 인생을 완수할 수 있도록 노력하겠습니다."

—미련.

대수롭지 않은 한 마디였다. 가슴속에서 부침을 거듭할 뿐 좀처럼 사라져주지 않는다.

형사로서 헤아릴 수 없을 만큼 많은 사건에 관여하고, 대부분을 그럭저럭 해결로 이끌었다. 뒤집어서 말하자면 몇몇 사건은 여전히 범인을 검거하지 못한 상태이다. 개중에는 미궁에 빠진 사건도 있다. 특히 지면사 해리슨 야마나카는 여전히 꿈에 나타나기까지 한다.

재직 중에 해리슨 야마나카를 다시 검거하기는커녕 에비스 지면사 사건조차 진상을 밝혀내지 못하고 말았다. 제한된 시간과 부족한 근거 속에서나마 발휘할 수 있는 힘을 최대한 쏟아 붓긴 했지만 국면을 타개하는 데까지 나가지 못했다.

잔을 기울여 입에 소주를 머금었다. 주점의 황토색 벽에 붙은 골동품 박람회 개최 포스터로 눈길이 갔다. 그날은 7년 전 쓰지모토 마사미가 범행을 저지른 날이고 동시에 다쿠미가 가족을 잃은 날이기도 하다.

쓰지모토 마사미를 지바형무소에서 면회한 뒤, 쓰지모토의 회사가 도산한 경위가 마음에 걸려 독자적으로 조사해보았다. 쓰지모토가 말한 대로 의사를 사칭한 브로커에게 속아 의료기기를 구입했다가 거액의 손실을 낸 회사는 그때부터 비탈길을 굴러내리듯 경영이 악화되다가 도산하기에 이르렀다. 용의주도한 브로커는 먼저 소액 거래를 몇 번 성사시킴으로써 쓰지모토 개인은 물론이고 회사로부터도 신뢰를 얻었다.

사건 후 쓰지모토의 회사는 피해를 신고했다. 도산하고 몇 개월 후 브로커는 신병이 구속되었지만, 얼마 뒤 혐의 불충분으로 불기소처분되어 석방되었다. 그리고 몇 년 전 해외로 출국하고 나서 지금까지 소재를 파악하지 못하고 있다.

아직 탐문을 해보지 못한 관계자가 여러 명 있고 제대로 확인해보지 못한 일도 산더미처럼 남아 있다. 지금까지 확보한 수사

정보나 자료는 동료에게 넘겼지만, 다들 너무 바빠서 앞으로 수사가 얼마나 이루어질지는 전망하기 힘들었다. 시간이 흐를수록 수사의 우선순위는 착착 떨어지고 있어서, 사건은 풍화의 길을 충실히 걷고 있는 것 같다.

만약 허락만 해준다면 사건이 해결될 때까지 계속 형사로 활약하고 싶다. 하지만 역시 자신만의 바람일 것이다.

일단 형사가 특정한 사건이나 범인에 집착하면 개인감정으로 현장을 어지럽게 하는 게 된다. 조직에 의지하며 일해온 자는 조직의 룰에 따라 흔쾌히 후진에게 길을 양보하고 치안이 더 나아지도록 그들을 믿어줘야 한다.

퇴직하고부터 하루하루 비대해지는 미련을 씻어내려는 듯이 잔에 든 술을 한입에 털어 넣었다.

"닷 짱, 나 허전하다."

오랫동안 함께 일해온 동료가 술에 취해 응석을 부린다.

"무슨 바보 같은 소리야. 뒤를 잘 부탁하네."

웃으며 술을 따라주는데 바지주머니에 찔러둔 휴대전화가 진동했다. 필리핀에서 장기간 취재 중인 오랜 지인 저널리스트였다. 본래 신문기자였고, 예전에 연속 묻지마 살인 사건을 수사할 때 다쓰조차 질릴 정도로 집요하게 탐문하던 사람이다. 지금은 프리랜서로서 동남아시아를 중심으로 취재활동을 하며 몇몇 미디어에 르포르타주를 발표하고 있다고 한다.

"다쓰 씨, 지금 통화 괜찮아?"

"잠깐만 기다려줘."

다쓰는 술자리를 벗어나 비교적 조용한 입구 쪽으로 옮겼다.

"그래, 요즘 어때?"

어느새 목소리에 힘이 들어간다. 기분이 들뜨는 것은 동료들의 축사나 술 때문만은 아니었다.

"찾아냈어, 그 브로커. 전부 얘기해주더군."

점심 지나서 고토와 최종 확인을 하고 세키요하우스 사무실로 향했다.

빌딩거리 뒤쪽의 좁은 골목으로 들어서자 잠시 후 옛 시절을 연상시키는 서양풍 건물이 시야에 들어왔다. 입구에 놓인 낡은 사인보드에 '창업 1926년'이라고 적혀 있다. 전에도 와본 적이 있는 찻집이다.

고토의 제지를 무시하고 안으로 들어가자 통층 공간이 펼쳐져 있다.

교회를 연상케 하는 내부는 한낮에도 어둑하고 썩은 나무 냄새가 희미하게 감돈다. 안쪽 벽가에 어른 키만 한 스피커가 놓여 있고, 대지 밑바닥에서 올라서는 듯한 장엄한 파이프오르간 음색이 내부 공기를 감싸고 있었다.

"뭐야, 여긴."

옆에서 고토가 놀란 얼굴로 멀거니 서 있다.

극장을 방불케 하는 객석은 모두 스피커를 향해 배치되어 있고 혼자 들어온 손님 몇몇이 음악에 귀 기울이고 있었다. 2층 관람석으로 올라가 음향이 고르게 들리는 정면 중앙에 나란히 앉았다.

"지금 찻잔 홀짝거릴 때가 아니잖아. 안 갈 거야?"

소네자키 등과 만나기로 약속한 시간이 코앞에 와 있다.

"여기서 이렇게 떠들면 곤란합니다. 그 사람들, 조금 기다리게 합시다. 주도권은 우리에게 있으니까 얼마간 안달 나게 해두는 게 좋아요."

"다쿠미 군도 점점 해리슨을 닮아가는군."

고토가 쓴웃음을 지으며 담배에 불을 붙인다.

다쿠미는 펜을 쥐고 거침없는 손놀림으로 쪽지에 신청곡을 적어 주문받으러 온 젊은 점원에게 건넸다.

"당신한테만 하는 얘기지만."

고토가 오래된 스피커를 쳐다보며 차분한 목소리로 말했다.

"이번 건을 마지막으로 할까 해. 이제 돈은 필요 없어. 벌 만큼 벌었어. 나이도 들었으니 가족과 조용히 살 수 있으면 그걸로 충분해."

처음 듣는 이야기였다. 지금까지 이렇게 속을 내보인 적이 없었는데.

"해리슨 말인데, 그놈은 위험해. 머릿속이 정상이 아냐. 일전에 다케시타 씨가 깽판 칠 때도 실실 웃잖아. 사사키 영감도 나가사키에서 영문을 알 수 없게 죽었고, 이번 일을 끝내고 나면 솔직히 무슨 일이 벌어질지 몰라."

어딘지 비밀스러운 찻집 분위기에 긴장이 풀렸는지 고토가 축축한 목소리로 봇물 터진 듯 말을 쏟아냈다. 혼자 고립당하는 기분이었다.

"겁먹은 건 아니겠죠? 중간에 떨어져나가는 건 허용되지 않습니다."

부풀어 오르는 분노를 억누르며 말했다.

"……물론 알고 있어. 그렇게 쳐다보지 마."

고토는 시선을 피하며 물컵으로 손을 뻗었다.

점원이 내준 커피를 마시는 동안 오르간 곡이 끝났다.

"이어서 신청곡을 보내드립니다."

눈 아래 보이는 방금 전의 젊은 점원이 마이크를 잡고 있다. 사무적이지만 이 장소의 주인공이 음악이라는 사실을 잘 알고 있는 말투였다.

"쇼펍간단한 공연을 하는 대중 주점 같네."

다쿠미가 반갑다는 듯 농담을 날리는 옆자리 고토를 향해 조용히 하라고 입술 앞에 검지를 세워 보였다.

"바흐의 〈관현악 모음곡 제3번 라장조, BWV1068, 제2곡〉. 지휘 오자와 세이지. 연주 사이토기념 오케스트라."

점원이 마이크를 내려놓자 곧 스피커가 공기를 진동시키기 시작했다.

다쿠미는 의자 깊이 몸을 묻고 현악기가 만들어내는 중층적인 음향의 파도에 의식을 맡겼다.

모레는 어머니와 아내와 아들이 재로 변한 날이다. 매년 세 사람의 기일이 다가오면 못 견디게 이 곡이 듣고 싶어진다. 어느 해는 성묘하러 가는 길에 이어폰으로 듣고 어느 해는 이렇게 찻집에서 들었다.

"……좋은 곡이네."

고토도 귀 기울이고 있는 듯했다.

곡이 끝나고 현악기의 여운이 사라져간다. 정적이 찾아오자 누가 먼저랄 것도 없이 자리에서 일어섰다.

두 사람은 대로에 면한 세키요하우스 사무실에 도착해 접수 로비에서 AKUNI홀딩스의 소네자키와 만났다.

"갑시다."

소네자키의 표정에 흥분한 기색이 보인다.

중간업자 역을 맡은 소네자키에게는 이 건이 잘 마무리되면 사취한 돈의 1할을 보수로 주기로 약속되어 있다. 소네자키로서도 전력을 기울이는 교섭인 듯했다.

실내에 들어서자 나란히 앉아 있던 세키요하우스 관계자들이 일제히 일어섰다.

"오래 기다리게 했군요. 늦어서 죄송합니다."

말뿐인 사과를 늘어놓으며 덜레스백에서 명함지갑을 꺼내 준비해간 명함을 고토와 함께 한 사람씩 교환해 나갔다.

"안녕하십니까. 법무사 업무와 가와이 씨의 상담역을 맡고 있습니다."

고토가 옆에서 의례적인 미소를 지으며 세키요하우스의 젊은 담당자에게 명함을 건넸다. 미리 정해둔 대로 자기 역할을 수행하고 있다.

다섯 명이나 되는 인원이 참석한 세키요하우스 측은 약속시간을 어긴 이쪽에게 누구 하나 불평하지 않았다. 내려다보기는커녕 성의가 담긴 정중한 태도를 보여주었다. 소네자키가 말한 대로 이 사안을 대하는 세키요하우스의 진지함이 느껴졌다.

세키요하우스의 부장과 인사를 마치자 마지막으로 명함 교환을 위해 다가선 최연장자로 보이는 남자에게 시선을 향했다. 함께 가와이를 감시했던 오로치만큼은 아니지만 주위 사람보다 머리 하나는 더 크고 근육질 체구에 선이 굵직하다. 눈에는 사나운 빛이 서려 있고 행동거지는 의연한 인상을 풍겼다. 부장을 비롯한 다른 부하들도 노골적으로 그의 안색을 살피는 것을 느낄 수 있었다.

"개발부문 책임자인 아오야기입니다. 모쪼록 잘 부탁드립니다."

아오야기가 인사하고 명함을 내민다. 어쨌거나 이 사람을 설득하기 전에는 아무 일도 안 된다. 다쿠미는 주눅 들지 않으려 애쓰며 태연한 척 고개 숙여 응했다.

"며칠 전 현지에 가보니 새삼 훌륭한 땅이구나 싶더군요."

정면에 마주앉은 부장이 온화한 표정으로 대화를 이끈다. 좌석 끝에서 조용히 쳐다보는 아오야기의 차가운 시선이 내내 느껴졌다.

"저희 회사로서는 꼭 구입했으면 합니다. 그래서 말입니다만, 이번에 가와이 씨께서 어떤 경위로 매각키로 하셨는지, 괜찮다면 그 점부터 간단히 말씀해주셨으면 합니다만."

목이 빳빳하고 다른 사람과 어울리기 싫어하는 땅 주인을 어디서 굴러먹던 말 뼈다귀인지 모를 너희들이 어떻게 구워삶았느냐는 뜻이 함축된 부탁이다.

"뭐 그리 대단한 이야기는 아닙니다."

옆에서 고토가 입을 열었다.

"사생활을 자세히 말씀드리는 건 뭣합니다만. 가와이 씨는 문화 활동이랄까, 연극이죠, 요즘 거기에 열의를 쏟고 계셔서, 사재를 털어서라도 응원하는 게 좋지 않을까 하고. 해서 저희와 상담하러 오셨던 겁니다."

조금 전 찻집에서 보이던 소심함이 거짓말인 것처럼 고토의 언변은 심오한 경지에 다다랐다. 자신이 늘 상담해주고 있다는 말을 하고 싶은 듯이 가와이가 실제로 출자하고 구보야마가 제작하는 공연 팸플릿 몇 점을 세키요하우스 측에 보여주었다.

"원래 주차장과 그 옆에 있는 시설을 물려주신 선대께서도 널리 세상을 위해 사람들에게 보탬이 되도록 쓰라고 말씀하셨다고 하니까요. 다만, 그게, 시설 쪽에 이런저런 사정이 생기고, 가와이 씨도 한동안 건강이 좋지 않았고요."

문득 내용이 아리송해지는 고토의 이야기였지만 세키요하우스 측은 이해한다는 듯이 고개를 끄덕였다. 이미 가와이의 남편이 시설 입소자와 눈이 맞아 가출해버렸다는 사실을 파악하고 있으리라.

"그러던 차에 연극이 자연스럽게 눈에 들어온 거죠. 아시는지 모르겠습니다만, 연극이라는 게 제대로 하자면 돈이 엄청 듭니다. 유명한 배우를 부르기만 해도 예산이 껑충 뛰어버리지요. 뭐 그래 봐야 가와이 씨 재력에 비추어보면 대단한 돈은 아닙니다만. 후원하는 극단에 돈을 대주는 것뿐만 아니라 세상을 위해 지속적인 방식으로 공헌해야 하지 않겠는가 하고 생각하시게 된 겁니다."

"호오……."

부장이 흥미로운 듯 맞장구친다. 고토는 해리슨 야마나카가 만든 시나리오대로 계속 말했다.

"이건 여기서만 하는 이야기로 지켜주셨으면 합니다만, 실은 공연장을 지으려고 계획하는 중입니다."

고토가 가방에서 태블릿을 꺼내 몇 번 터치하고 테이블 중앙에 놓자, 상대방이 몸을 기울이며 화면을 들여다보았다.

단말기에는 카메라로 찍은 러프스케치가 띄워져 있었다. 수채 물감으로 채색된 참신한 디자인의 극장 이미지이며, 외관도, 평면도, 단면도 등이 힘 있는 터치로 그려져 있다.

러프스케치는 무단표절 혐의로 은둔 중인 신예 건축가와 접촉하여 상응하는 사례금을 건네고 의뢰한 것이었다. 그때 내건 조건은 첫째, 객석은 1천 석 전후, 둘째, 예산은 무제한, 셋째, 음향 설비는 무시해도 좋음, 그리고 넷째, '만약 이런 극장이 있었으면' 하는 마음으로 재능을 아낌없이 발휘해 달라고 했다. 의뢰받은 건축가는 남아도는 시간과 재능을 아낌없이 쏟아서 기일까지 완성해 주었고, 그 결과물은 이쪽 기대를 크게 뛰어넘는 것이었다.

"지상 6층, 지하 2층. 발코니석과 휠체어석을 모두 합치면 객석 수 1천 석. 레스토랑과 라운지 같은 시설도 포함하고, 연극 전용 홀로서 많은 분들이 길이길이 이용할 수 있도록 하자는 가와이 씨의 바람이 담겨 있습니다."

고토가 러프스케치를 손가락으로 가리키며 설명을 곁들인다. 목소리에 열의가 담겨 있다.

"이건 어디에 지을 계획이십니까?"

부장 옆에 있던 과장이 끼어들었다.

"아직 결정된 곳은 없습니다만, 가와이 씨는 가능하면 시모기타자와가 어떨까 하십니다. 마침 그곳은 재개발도 진행되고 있고 무엇보다 연극의 도시니까요."

"……과연, 시모기타자와로군요."

과장은 어딘지 선뜻 납득이 가지 않는다는 표정으로 고개를 끄덕였다. 어째서 지금 소유한 땅에 짓지 않느냐고 의아해하는 듯하다. 야마노테선의 신역사 앞에 가지고 있는 땅을 담보로 넣으면 금융기관에서 얼마든지 융자를 받을 수 있을 텐데. 시내 한복판이고 교통도 편리하니 극장을 운영하는 데도 유리하지 않겠는가.

고토가 세키요하우스 측의 의아함을 들여다본 것처럼 설명을 곁들이기 시작했다.

"실은 말이죠, 가와이 씨도 그렇게 번거롭게 움직일 게 아니라

지금 그 땅에 짓고 싶어 하십니다. 이번에 생기는 다카나와 뭐시기라는 신역사 바로 앞이니 교통이 아주 편하잖아요. 다만 이런저런 사정이 있습니다. 그 땅이랄까 그 시설에. 아시죠? 이제 그만 손 떼고 싶으신 겁니다. 마음의 문제죠."

말투가 격한 만큼 절실하게 들린다. 세키요하우스 측이 시설의 사정을 잘 파악하고 있는 듯하다는 것을 고토도 눈치챘으리라.

"아, 죄송합니다. 괜한 걸 묻고 말았군요. 아주 잘 알겠습니다. 극장 이야기는 정말 대단하네요, 저희 회사도 협력할 수 있다면—"

"제 입으로는 말 못합니다만, 그래도 아직 마음에 걸리시는 게 있다면, 시설 상황에 대해 그쪽에서 조사해보십시오. 왜 폐쇄하게 되었는지."

고토의 언짢은 표정에 세키요하우스 측이 당황했다. 과장이 달래듯이 말하며 기분을 맞춰준다.

"뭐, 그런 연유로 땅을 팔았으면 좋겠다고 가와이 씨가 저희에게 상담을 청하시는 바람에 전부터 가와이 씨하고도 인연이 있던 저희 재단 어드바이저의 힘을 빌리기로 한 겁니다."

고토의 소개에 세키요하우스 측의 시선이 다쿠미 쪽으로 쏠린다. 다쿠미는 고개를 살짝 숙여 인사하고 덜레스백에서 서류를 꺼냈다.

"소네자키 씨에게 말씀을 들으셨을 줄 압니다만, AKUNI홀딩스는 이미 가와이 씨와 본 물건에 대하여 계약금 3천만 엔에 매매계약을 맺었습니다."

위조 인감이 날인된 매매 계약서를 세키요하우스의 부장에게 건네준다.

"그리고 이것은 가와이 씨의 신분증명서, 인감증명서, 중요사항설명서, 위임장입니다."

신분증명서는 여권 권면을 복사한 것이다. '배우' 다니구치의 삭발 사진이 실려 있는데 복사할 때 눈코입의 해상도를 떨어뜨려 살짝 흐릿해 보인다. 그 여백에는 '법무사인 본인이 여권을 통해 매도인 본인을 확인했습니다'라는 글과 함께 고토의 가명이 서명 날인되어 있었다.

제출한 서류가 세키요하우스 부장 손에서 말단에 있는 젊은 담당자로 넘어가 두 사람이 함께 확인했다.

호흡이 얕아지고 심박수가 올라가는 게 느껴진다. 너무 빤히 쳐다보면 안 된다는 건 알지만 저도 모르게 신경이 그쪽으로 쏠리고 만다. 고토도 불안한지 그쪽으로 시선을 던지고 있었다.

정규 인감증명서는 물론이고 사문서인 위조계약서 등에 의심을 품는 일은 없을 텐데. 혹시 의심을 품는다면 여권 사진 때문일 것이다.

다니구치 얼굴의 경우, 사찰의 가짜 웹사이트를 몰래 제작하면서 주지 소개 페이지에도 따로 촬영한 사진을 올려두었다. 세키요하우스 측에 그 사이트를 알려두긴 했지만, 가령 담당자가 가와이의 실제 얼굴을 알고 있어서 수상하게 여긴다면 힘들게 끌고 온 이 상담도 허무하게 무너져버린다.

여권 복사본이 첫 번째 담당자의 손을 거쳐 이윽고 두 번째 젊은 담당자에게 넘어갔다. 두 번째 담당자가 지면을 빤히 들여다보고 있다. 그 시간이 너무나 길게 느껴졌다.

"해서…… 금액 말씀인데, 어느 정도나 생각하고 계십니까."

부장은 신중한 말투로 입을 열더니 이쪽 표정을 살폈다.

여권 복사본을 확인하던 두 번째 담당자가 문제없다는 듯이 인감증명으로 손을 뻗는다. 커다란 관문 하나를 통과하니 어깨에서 힘이 쑥 빠졌지만 마음이 편해진 만큼 말이 막힘없이 나왔다.

"그 전에 짚어둘 점은, 물건이 야마노테선에서는 보기 드문 큰 규모이고 센가쿠지 지하철역에서도 가깝다는 겁니다. 또 아시다시피 거기서 엎어지면 코 닿을 데 있는 야마노테선의 신역사가 몇 년 후 개통될 예정이니 향후 주변 환경도 크게 발전하겠지요."

거드름을 피우는 듯한 말투에 세키요하우스 측의 눈에 초조한 기색이 어른거린다.

"본래대로라면 그런 기대치를 가격에 반영해야겠지만, 아까 설명 드린 대로 매도인에게 나름 사정이 있어서 상식적인 범위에서 결정하라고 저희에게 일임하셨습니다."

"……구체적으로?"

부장이 참지 못하고 말했다.

현재 주변 실거래가는 평당 1,200만 엔 전후까지 뛰었고, 경우에 따라서는 그 이상의 가격으로 거래되고 있다. 가령 평당 1,200만 엔이라면 두 필지를 합쳐서 810평에 이르는 그 땅은 대략 97

억 엔이 된다.

"140억."

입 밖에 낸 순간 부장의 표정이 어두워졌다. 상정하던 가격 상한을 크게 뛰어넘었는지 모른다. 교섭이 난항을 겪게 될 것을 예상하는지 다른 사람들도 표정이 굳어 있다.

부장이 뭐라고 말하려는 것을 보고 다쿠미가 먼저 입을 열었다.

"땅이 땅이니만큼 어쩌면 그 가격에라도 사겠다고 나서는 곳이 있을지 모릅니다. 하지만 이번에는 가와이 씨의 후의도 있고 하니 110억 엔이 어떻겠습니까."

그렇게 제안하자 회의실 공기가 누그러지는 것을 느낄 수 있었다.

해리슨 야마나카하고는 백억 엔을 기준으로 교섭하기로 사전에 정해두었다. 세키요하우스가 모종의 사정으로 대규모 용지를 급하게 찾고 있다는 점은 조사를 통해 파악했으니 섣불리 싸게 부를 필요가 없다는 판단이었다.

과장이 재빨리 계산기를 두드려 액정화면에 표시된 숫자를 부장과 아오야기에게 보여주었다. 부장은 지참한 자료를 볼펜으로 가리키며 말없이 아오야기에게 허락을 구하더니 이내 옆으로 향하던 얼굴을 이쪽으로 돌렸다.

"어떻게 좀 98억 엔으로 부탁드릴 수 없겠습니까?"

정중하게 말을 꺼낸 부장 목소리에는 허다한 교섭으로 배양되었을 단단한 울림이 깃들어 있었다.

세키요하우스 측에서 구체적 숫자를 제시하자 대번에 현실감이 커져간다. 98억 엔이라는 엄청난 돈을 내놓을 생각이다. 가슴이 쿵쾅거렸다. 여기까지 왔으니 몇 억 차이야 오차 범위일 테고, 그럴듯하게 흥정을 연출해서 이야기를 마무리하면 된다.

"모처럼 가와이 씨가 양해해주신다고 하는데 너무 욕심을 부리지 않는 게 좋지 않겠습니까. 다음에는 미쓰이나 노무라하고도 교섭하게 될 텐데."

팔짱끼고 지켜보던 고토가 허세를 부린다.

경합 회사 이름이 튀어나오자 세키요하우스 측에 동요하는 기색이 보인다. 다시 무언의 협의가 이루어진 뒤 부장이 무겁게 입을 열었다.

"그럼…… 102억이 어떻겠습니까."

방금 전 제시한 금액에서 4억 엔이나 뛰었다. 지금까지 고생하며 해왔던 다른 프로젝트들이 하찮게만 보인다. 이 정도가 세키요하우스가 허용할 수 있는 한계선일까?

"108억."

여세를 몰아 내지른다. 몸이 뜨거워지고 저도 모르는 사이에 신경이 날뛴다.

"108억입니까, 으음……."

부장이 얼굴을 찡그리고 있다. 본심 같기도 하고 연기 같기도 하다.

그래도 그 이상을 부르다가는 상담 자체가 깨지고 말 것 같다.

"알겠습니다. 그렇다면 서로 부담을 나누기로 하고 103억. 103억으로 갑시다. 어떻습니까."

세키요하우스 측 반응을 살폈다. 이의를 제기하는 소리는 없었다.

매도인 가와이와 중개업자 AKUNI홀딩스 사이에 매매계약을 체결하는 동시에 AKUNI홀딩스와 매수인 세키요하우스도 계약을 체결한다는 계획에 합의했다.

"단, 한 가지 조건이 있습니다. 가와이 씨가 여러 사정 때문에 매각을 서두르고 계십니다. 계약을 다음 주에 하고 결제를 다다음 주에 부탁드리고 싶습니다. 가능할까요?"

보통은 생각하기 힘든 스케줄일 것이다. 그래도 서둘러야 했다. 시간을 넉넉하게 둘수록 이쪽에 불리한 정보가 외부에서 날아들 수 있고, 그러면 일단 합의한 결정이라도 흔들릴 테니까.

"아니, 아무리 그래도 그건 좀…… 아무래도 금액이 금액인지라 간부회의에 올려 결재를 받아야 하는데."

부장이 노골적으로 당혹스러워했다.

"그건 이해합니다만, 그래도 서둘러 결정하지 않으면 다른 곳에서 가로챕니다. 가와이 씨는 당장이라도 돈을 만들고 싶어 하시니까."

고토가 상대방을 걱정해주는 말투로 채근했다.

과장이 초조한 얼굴로 부장에게 뭐라고 귀엣말을 하고 있다.

어떻게 판단해야 할지 정하지 못하는 것처럼 보인다.

다쿠미는 테이블 건너편 모습을 말없이 쳐다보고 있었다.

"알겠습니다."

대답을 한 것은 아오야기였다.

이쪽으로 차가운 시선을 던지며 말을 이었다.

"결제는 조금 더 늦춰주셔야 할지 모릅니다만, 최대한 희망하시는 대로 따르도록 노력하겠습니다."

지금까지 보아온 여느 상담 상대와도 다른 냉담하고 동물적인 눈빛이었다. 심장이 마구 뛰고 어느새 팔다리도 굳어 있다. 아오야기의 얼굴에서 시선을 거둘 수 없었다.

"그럼, 저희도 조건이 있습니다. 저도 개발부문 책임자인 만큼 이 자리만으로 계약에 오케이 사인을 내기는 어렵습니다."

아오야기는 그 대목에서 잠깐 말을 멈추더니 도전하는 듯한 말투로 덧붙였다.

"매도인 가와이 씨를 만나게 해주십시오."

왼쪽에 앉은 고토가 큰 입을 벌리고 손가락으로 집어 올린 랍스터를 베어 먹는다.

"오호, 살이 탱탱하구나. 레이코 짱이 언제 올지 모르니까 먼저 먹읍시다."

초조감이 밴 목소리였다. 평소처럼 행동하는 듯 보이지만 실은 신경이 곤두서 있는지 모른다.

세키요하우스 측과의 두 번째 상담이 사흘 뒤로 다가왔다. 물건 소유자 가와이를 사칭하는 다니구치를 저쪽과 대면시키기로 되어 있다. 거기서 상대를 매끄럽게 속여 넘길 수 있다면 103억엔은 즉각 현실성을 띠게 된다. 최대 고비였다.

오른쪽에 앉은 해리슨 야마나카가 소매를 올리며 손목시계를 내려다보았다.

"그럴까요. 가능하면 갓 구워낸 걸 드시게 하려고 했는데."

원탁에는 순백색 테이블크로스가 깔리고 다운라이트가 빛의 고리를 펼치고 있다. 큰 접시에 담긴 랍스터가 붉은빛으로 빛나고 각자의 글라스에 채워진 샴페인이 화려하다. 전화 연락도 안 되고 약속 시간이 지나도 나타날 줄 모르는 레이코의 자리만 접시 위에 냅킨이 접힌 채 남아 있다.

다쿠미는 무릎에 깔아 두었던 냅킨으로 입을 닦고 고개를 들어

주위를 둘러보았다.

은은한 조도로 유지되는 대형 식당 내부는 시야에 들어오는 어느 테이블이나 손님으로 가득 차 있다. 디너를 즐기는 사람들의 쾌활한 말소리가 적당한 웅성거림이 되어 아르데코풍 천장에 반향하고 있었다.

지나가던 점원을 불러 사이드디시 시금치와 시그니처 메뉴인 티본스테이크를 주문했다.

"삼삼한 여자애들만 뽑아놨네. 레이코 짱이 보면 샘내겠다. 그래서 안 오나?"

고토가 글라스를 기울이며 끈적한 눈초리로 점원의 뒷모습을 쳐다보며 말했다.

"무슨 일이 있는 걸까요."

여느 때라면 얌전히 앉아 있었겠지만 오늘 저녁만은 그럴 수 없다. 이번 상담에서 배우로 일할 다니구치를 관리하면서 창구 역할을 맡은 사람이 레이코였다.

"늘 늦잖아. 보나마나 또 쇼핑이 길어졌다느니 남자랑 다퉜다느니 투덜거리며 나타나겠지."

샴페인 병목을 잡은 고토가 거친 손놀림으로 글라스에 술을 따르더니 병을 쿨러에 돌려 넣고 해리슨 야마나카에게 탐색하는 듯한 눈길을 향했다.

"그보다, 다케시타 씨는 어떻게 됐습니까?"

지난 번 회의 때 만난 뒤로 다쿠미도 다케시타를 보지 못했다.

오늘 저녁도 불참이다. 돈 내놓으라며 해리슨 야마나카의 멱살을 잡을 때 다케시타가 지었던 표정이 뇌리를 스친다. 약물 탓인지 초점이 풀려버린 눈은 광기 그 자체였고 도저히 제정신처럼 보이지 않았다.

"컨디션이 조금 나쁜 모양입니다. 다만 다케시타 씨 부하들은 원래 다쿠미 씨가 핸들링하고 있었으니까 아무 문제 없습니다."

해리슨 야마나카가 나이프를 놀리며 담담하게 대답했다.

여기 오기 전에도 며칠간 잠복 조사를 함께했던 오로치와 상의했다. 오로치도 요즘은 보스 다케시타를 통 만나지 않고 있다고 한다. 행방을 물어도 늘 그랬듯이 여자한테 빠져 있을 거라며 그다지 신경 쓰지도 않았다.

"그리고 다쿠미 씨, 열쇠 건은 어떻게 되고 있습니까?"

"내일 저녁으로 수배해 두었습니다. 낮에는 이목이 있으니까요. 그리고 오키나와 팀에서 연락이 왔습니다. 가와이와 구보야마가 무사히 호텔에 체크인했다고 합니다."

안도한 해리슨 야마나카가 고개를 끄덕이며 잔으로 손을 뻗었다.

진척 상황을 확인하는 동안 샴페인 병이 비어서 오퍼스원의 마개를 따자 기다렸다는 듯이 스테이크가 나왔다.

"여기 고기는 정말 맛있단 말이야. 진짜 고기 맛이야."

고토가 씹으며 스테이크에 쉴 새 없이 칼질을 했다. 해리슨 야마나카가 그 말을 듣고 만족스럽게 고개를 끄덕인다. 와인을 입에 머금고 미디움 레어로 구운 고기와의 조화를 음미하고 있다.

"이렇게 먹어야 버티지. 다쿠미 씨도 더 드셔야 해."

나이프로 이쪽 접시를 가리키던 고토가 뭔가를 알아채고 뒤쪽으로 시선을 향했다.

돌아다보니 입구 쪽에서 한 여성이 점원의 안내를 받으며 다가왔다. 무릎까지 내려오는 감청색 레이스로 만든 타이트드레스를 입은 레이코였다.

다쿠미의 정면에 앉았지만 냅킨을 펴려고 하지 않는다.

"……통 말을 들어먹질 않아요."

양손으로 앞머리를 누른 채 큰 접시 위의 랍스터를 응시하고 있다. 아이스그레이로 비쳐 보이는 긴 손톱이 다운라이트 조명을 반사하여 눈이 부시다.

"레이코 짱, 또 사내가 말썽이구나. 사내란 건 말이야, 다 어린 애라고 생각해야 해. 괜찮아, 금방 화해할 수 있어. 일단 건배합시다."

고토가 레이코의 잔에 와인을 따른다.

"나도 열심히 설득해보았지만, 역시 안 되네요."

누구하고도 눈을 맞추지 않고 중얼거린다. 이토록 절박한 표정을 짓는 레이코는 처음이다.

"무슨 일 있습니까?"

다쿠미가 묻자 테이블을 응시하던 레이코가 고개를 들었다.

"안 되겠대요…… 못 하겠대요."

"못하다니, 뭐를?"

고토의 표정에서 어느새 여유로운 기운이 가셨다.

"다니구치 씨가, 협조할 수 없답니다."

테이블이 답답한 침묵에 싸인다.

"협조할 수 없다니…… 이미 선금도 받고, 머리도 밀어버렸지 않습니까. 왜 이제 와서?"

저도 모르게 힐문하는 말투가 되고 만다. 예상도 못한 일이었다. 최근의 보고에서는 본인의 의욕이 높고 대역의 대상인 가와이의 개인정보를 암기하느라 여념이 없다고 들었다.

"빚이 많다고 했잖아요. 그게, 뽀록났대요."

미간을 찡그린 레이코가 연방 머리카락을 그러쥐어 올리고 있다.

구체적으로 물으니, 다니구치 자택으로 날아든 업자의 독촉장이 가족들 눈에 띄었고, 추궁당한 끝에 빚을 많이 졌다고 털어놓고 말았다고 한다. 사정을 전해들은 다니구치의 부모가 대신 갚아주기로 해서 이번 프로젝트에 참가할 동기가 사라졌다는 것이다.

"다쿠미 씨, 미안하지만 다른 사람을 찾아볼 테니까 일단 일정을 재조정해도 되겠어?"

"찾아보다니, 지금부터 말입니까?"

다니구치를 채용하기까지 치러야 했던 수고를 생각했다. 설사 적임자가 바로 나타난다고 해도 연기와 도구를 비롯해서 다 처음부터 준비해야 한다. 이미 오키나와로 건너간 가와이나 구보야마를 감안하면 근본적인 재검토까지 필요한 사태였다.

"그건 좀 곤란한데. 상대방이 서두르고 있어서 그렇게 오래 기다릴 수도 없고, 그랬다간 아예 취소되고 말아."

고토가 씁쓸한 표정으로 고기조각에 생크림으로 버무린 시금치를 듬뿍 얹어 입에 넣는다.

"다니구치 씨가 경찰에 찌를 가능성까지 고려하면 한가하게 앉아 있을 수 없는지도 모르겠군요……."

그렇게 말하고 해리슨 야마나카는 궁리에 빠진 눈빛으로 술잔을 입에 댔다.

"……면접 때 삭발을 거부했던 사람한테 다시 부탁해도 힘들겠지?"

다소 책임을 느끼는지 레이코가 그렇게 중얼거렸지만 그 말에 반응하는 사람은 없었다. 모두 입을 꾹 다물고 있다.

다쿠미는 글라스를 잡고 와인을 입에 머금었다.

깊은 허탈감이 몰려온다. 오랜 시간을 들여서 신중하게 쌓아온 탑을 눈앞에서 발길질당하는 심정이었다.

옆에서 환성이 올랐다.

그쪽을 보니 점원 하나가 불꽃과 촛불로 장식한 케이크를 이웃 테이블로 가져가고 있었다. 점원들이 불꽃으로 환해진 케이크를 앞에 둔 채 활짝 웃는 남녀를 둘러싸고 생일축하 노래를 합창하기 시작했다. 주위 테이블의 손님들도 박수치며 함께 축하해준다. 대화가 끊긴 다쿠미 일행의 테이블만 소외되는 기분이었다.

손에 든 글라스를 초점이 흐릿한 눈으로 바라보는데 박수소리가 그쳤다.

테이블 너머에서 팔꿈치를 괴고 있는 레이코와 눈길이 마주쳤다. 눈길을 비키려다가 어, 하며 그대로 쳐다보았다. 희미한 잔상이 뇌리에 왔다 갔다 하며 망막에 겹쳐지는 것 같았다.

"……잠깐만요."

레이코에게 시선을 고정한 채 다쿠미가 중얼거렸다.

"어딘지…… 닮지 않았습니까?"

"닮다니, 뭐가."

다쿠미의 시선에 재촉을 받은 것처럼 고토가 고개를 돌렸다.

"나도, 그렇게 보입니다."

어느새 해리슨 야마나카도 레이코에게 시선을 던지고 있다. 그제야 고토도 알아챈 듯하다.

"……듣고 보니. 영 아니올시다는 아닌 것도 같은걸. 화장이나 머리모양 때문에 묻혀 있을 뿐이지. 나이도 엇비슷하잖아."

"예? 지금 무슨 소리예요?"

레이코가 싸늘한 목소리로 말했다.

"레이코 씨라면 상황도 다 파악하고 있고 암기도 함께해 왔으니 어려울 게 없을 겁니다. 예정대로 진행할 수 있어요."

세키요하우스에 넘긴 여권 복사본은 눈코입 부분만 해상도를 낮춰 놓았다. 가와이와 다니구치, 그리고 레이코의 얼굴사진 세개를 합쳐서 디지털로 처리하면 그럭저럭 쓸 만한 얼굴사진이 나올 듯하다. 지금부터 움직인다면 여권 발급은 무리라도 면허증 위조 정도는 시간적으로 충분하다.

해리슨 야마나카가 레이코의 머리로 시선을 향했다. 조명을 받는 부분이 갈색으로 비쳐 보이는 레이코의 머리가 완만한 곡선을 그리며 가슴까지 내려와 있다.

"무리라니까. 난 절대로 안 해."

"내가 대신할 수 있다면 대신해주고 싶지만. 아무래도 이게 말이지."

고토가 자신의 성긴 머리카락을 사랑스럽게 쓰다듬는다.

"레이코 씨, 어떻게 좀 부탁할 수 없겠습니까?"

이제 달리 방법이 없었다.

"잘 된 거잖아. 머리카락이야 또 자랄 테고. 또 자라주는 게 어디야."

"뭐라고 떠드는 거예요, 갈대밭 같은 머리를 하고 있는 주제에. 무리예요, 무리. 그런 자리에 어슬렁어슬렁 나갔다간 제일 먼저 체포될 텐데."

배우가 감당해야 할 리스크를 가장 잘 이해하는 사람이 레이코인지도 모른다.

"수락해주시면, 성공했을 때 보너스 1억을 얹어드리죠. 어떻습니까."

해리슨 야마나카가 달래듯이 차분한 목소리로 말했다.

이번 건의 분배액은 가령 103억 엔이 전부 들어올 경우, 대략 33억 엔이 해리슨 야마나카에게, 30억 엔이 다케시타에게, 다쿠미와 고토가 각각 12억 엔씩, 소네자키가 10억 엔, 레이코가 6억 엔으로 되어 있다. 해리슨 야마나카는 자기 몫에서 1억 엔을 떼어 줄 심산인 듯하다. 다니구치에게 약속했던 300만 엔을 생각하면 파격이었다.

"안 돼요."

레이코는 단호하게 말했다.

"한다면 선금으로 1억, 성공하면 5억. 애초의 6억과는 별도로. 그게 아니면 못 해요."

누구하고도 눈을 맞추지 않고 혼잣말처럼 중얼거렸다.

황당한 요구였다. 103억 엔의 현금은 고사하고 계약금을 받아 낼 수 있을지도 지금 단계에서는 알 수 없다.

답답한 공기가 흘렀다.

의자 등받이에 몸을 완전히 던진 고토가 쓴웃음을 지으며 뒤통수를 긁적인다. 해리슨 야마나카로서도 예상하지 못한 요구인지, 조용히 와인을 마시고 있다.

"알겠습니다. 선금과 성공 보수는 제가 드리겠습니다."

다쿠미가 그렇게 말하자 고토와 해리슨 야마나카가 이쪽으로 눈길을 향했다.

지난 건으로 받은 몫이 계좌에 그대로 남아 있다. 이번에 레이코에게 절반쯤 양보해도 무엇 하나 변할 것이 없다.

"다쿠미 씨, 진심이야?"

고토가 상체를 내민다.

그 말에는 대답하지 않고 레이코를 쳐다보았다.

"그 돈을 드리면 틀림없이 해주시는 거죠?"

대답이 없다. 팔짱을 낀 채 험악한 표정으로 엉뚱한 쪽만 바라보고 있다. 그 눈에는 환희인지 걱정인지 알 수 없는 망설임의 빛이 꿈실거리고 있었다.

비탈에 자리 잡은 동네였다.

역을 나서자 바로 눈앞에 밀집된 주택가가 나타나고, 시선을 멀리 던지니 병풍을 펴놓은 것처럼 층층이 가파르게 자리잡은 주택들이 보인다. 주택 사이의 틈새나 벼랑 위로 솟은 푸릇푸릇한 초목 덕분에 이 지역이 야산이었음을 알 수 있었다.

다쓰는 인쇄된 지도를 들고 언덕길을 올라갔다.

차 한 대가 간신히 지나갈 만한 도로가 주택 사이를 꼬불꼬불 누빈다. 주택에 둘러싸인 작은 공원에 늙은 벚나무 한 그루가 눈에 띄었다. 벚나무 잎들이 눈부신 햇빛을 받으며 서 있고, 그 밑에서 아이들을 데리고 나온 젊은 엄마들이 점심을 먹으며 담소를 나누고 있다.

꾸깃꾸깃한 재킷 안주머니가 부르르 떨었다.

아내의 전화였다.

"양로원에서 지금 출발하는데 전차가 조금 연착된다고 하니까 어디 적당한 찻집에라도 들어가서 기다리세요."

역 구내로 짐작되는 시끌시끌한 잡음과 함께 아내의 숨찬 목소리가 들려온다.

오늘 아내와 시내 백화점에서 옷을 살 예정이다. 크루즈여행이 다음 주로 다가왔는데, 선상 만찬에 참가하려면 옷장 속에 있는 옷으로는 매너 위반이 될 거라고 한다. 아내는 오전부터 시어머니가 있는 교외 양로원에 얼굴을 비치고, 나중에 집에서 출발하는 자신과 백화점 앞에서 만나기로 했다.

"오늘 약속 말인데, 미안해, 백화점에 같이 가기 힘들겠어. 당신이 적당히 알아서 사줘."

그렇게 대답하며 벚나무를 올려다보았다.

아직 다 지지 않은 하얀 꽃이 초록 잎 사이에서 미풍에 흔들리고 있다. 아기 우는 소리가 옆에서 들려온다.

"무슨 일인데 그래요?"

"뭐…… 그냥."

시선을 발밑으로 떨어뜨렸다.

바지 끝에 튀어나온 구두가 메마른 아스팔트 위에 드리운 그늘에 가라앉아 있다. 일할 때면 늘 신는 구두였다. 합성피혁 구두는 제 모양을 잃었고 굽도 다 닳았다. 아내가 빨리 내다버리라고 했다. 이것도 이번 크루즈여행 전에 새 것으로 바뀌어 있을지 모른다.

"또 그 적중하지도 않는 감이에요?"

아내가 단정적으로 지적하자 실소가 흘러나온다.

"나도 아니기를 바라지만."

"대체 언제까지 형사 기분 낼 거예요?"

아내가 질렸다는 투로 말했다. 전화 너머에서 하얀 이를 보이며 웃고 있을 아내 얼굴이 눈에 선하다.

"저녁 시간은 문제없으니까."

세 딸이 아빠의 퇴직을 축하하며 식사하는 자리를 준비해 주었다.

그 아이들이 막 철들 무렵에는 이미 휴일까지 수사로 바쁜 날들이어서, 아빠다운 일은 뭐 하나 해주지 못했다. 아이들이 어떤 일상을 보내고 어떤 청춘의 갈등을 겪으며 성장했는지도 아내에게 다 맡겨놓은 터라 아는 것이 없었다. 그 아이들이 지금은 셋 모두 직업을 갖고 각자의 인생을 살고 있다. 직장 동료와 결혼한 둘째는 최근 임신했다는 기쁜 소식도 전해주었다.

"늦지 말아요. 딸들이 기대하고 있으니까."

사실 기대하는 것은 아내 자신인 것처럼 들리기도 한다.

스마트폰을 안주머니에 넣고 지도로 시선을 떨어뜨렸다.

완만한 비탈이 이어진다. 번번이 길을 잘못 접어들며 헤매다 보니 마침내 초록이 울창한 벼랑이 오른쪽에 나타났다. 나무들이 만드는 터널을 관통하듯 급한 돌계단이 벼랑 위로 뻗어 오르고, 그 끝에 기와를 얹은 대문이 작게 보인다.

다쓰는 숨을 헐떡이며 돌계단을 올라가 낡은 대문을 지났다.

아담한 경내는 다양한 식물이 자라고 돌바닥 길은 곧장 본당으로 향하고 있다. 돌바닥을 밟으며 본당 옆 요사채의 초인종을 울렸다.

잠시 후 주지로 보이는 동년배 남성이 문밖으로 얼굴을 내밀었다.

"처음 뵙습니다만, 성묘를 하고 싶어서요."

그렇게 말하고서야 맨손으로 왔다는 것을 깨달았다. 예정에 없던 행보라지만 어디서 꽃 정도는 사와야 했는지 모른다.

"예, 어서 오세요. 위치는 아십니까?"

주지가 너그러운 목소리로 말했다.

"아뇨, 쓰지모토 집안의 묘입니다만."

"아…… 쓰지모토 씨 묘소 말씀이군요."

그렇게 봐서 그런지 주지의 얼굴이 문득 어두워진 것 같다.

향을 구입하자 주지가 요사채 뒤쪽으로 안내해주었다.

묘지는 나지막한 언덕 위에 조성되어 있었다. 산비탈을 그대로 살리듯 계단 형태로 구획되어 있고 통로는 청소가 잘 되어 있다. 다른 사람은 보이지 않고, 조용하지만 볕이 잘 들어서인지 어두운 기운은 느껴지지 않았다.

쓰지모토 집안의 묘는 가장 높은 구획에 있었다. 묘석 앞에 서니 눈 아래로 절구처럼 생긴 동네가 내려다보이고 그 너머로 공단에 둘러싸인 만까지 보였다.

"이 묘를 찾는 분은 있습니까?"

옆에 있는 주지에게 자연스러운 말투로 물었다.

"네, 매년 오십니다. 친척 분들이. 늘 이맘때인 것 같습니다. 항상 반갑게 만나 뵙고 있지요."

주지가 내려가고 혼자 남자 묘 앞에 앉아 향을 공양했다. 묘석에 설치된 화병은 비어 있었다. 향로에 남은 재를 봐도 누군가 어제오늘 찾아왔던 것 같지는 않다.

주변을 둘러보니 묘지에서 조금 내려간 부지에 참배객용 주차장이 있고 한쪽 구석에 벤치가 있었다. 그곳에 앉으면 묘지에 드나드는 사람을 한눈에 볼 수 있을 것 같았다.

묘를 떠나 벤치에 앉아서 자판기 캔 커피를 마시며 펜스 너머로 시선을 던졌다.

공단 굴뚝에서 흰 연기가 오르고 만을 채운 바닷물이 태양빛에 빛나고 있다. 희미하게 물든 하늘은 한없이 드높고 메마른 산들바람이 경내의 녹나무 거목을 변덕스럽게 흔든다. 휘파람새의 한가로운 소리가 이따금 골짜기에 울려 퍼졌다.

재킷 속에 손을 넣어 봉투를 꺼냈다. 마가린에 일부 변색되어 있다. 퇴직할 때 허락도 없이 가지고 나온 것이다.

과연 올까? 아마 올 것이다. 아니, 틀림없이 온다. 그렇게 속으로 중얼거리며 계속 오른쪽 통로 쪽을 의식하고 있었다.

1시간이 지나고 2시간이 지났다.

그동안 묘를 찾는 이는 없었다. 주지의 부인으로 보이는 여성이 장을 보러 나갔다가 얼마 뒤에 돌아왔을 뿐이다. 온다고 해도 오늘은 아닌 걸까. 이 벤치에 앉을 때까지는 그가 와주기를 바라고 있었지만, 어느샌가 가슴속에 낙담하는 기미가 어른거린다. 그 오락가락하는 마음에 부아가 치밀었다.

"……저어."

돌아보니 아까 보았던 주지가 얼굴을 들여다보고 있다.

"성묘는 잘 마치셨습니까?"

의심이 가득한 표정이다. 의심을 풀어줄 경찰수첩은 반납한 상태라 품 안에 없다.

"아, 풍경이 너무 좋아서……그만. 가능하면 이런 데서 아내와 영면할 수 있었으면 해서 말이죠. 저어, 결코 폐를 끼치거나 하진 않을 겁니다."

주지가 전혀 납득하지 못한 표정으로 떠나간다. 어쩌면 경찰에 신고할지도 모르겠다고 생각하지만 이 자리를 뜨고픈 마음은 들지 않았다. 신고할 테면 해, 하고 배짱부리는 심정이었다.

어느새 발밑의 그림자가 길어지고 하늘이 빛을 잃기 시작했다. 기온은 떨어지고 벤치의 냉기가 바지 천 너머로 느껴진다. 온몸의 근육이 굳고 엉덩이가 아팠다.

시계를 보니 여기 앉은 지 벌써 4시간 가까이 지났다.

딸들이 준비한 저녁모임이 머리에 떠오른다. 지금 출발하면 간신히 시간에 댈 것 같다.

만이 붉은색으로 물들고 어둠에 덮여간다. 눈 아래 마을에 띄엄띄엄 불이 켜지는 풍경을 바라보며 공연히 시간만 흘러간다는 초조감에 사로잡혔다.

오지 않을지도 모른다.

약속을 해둔 것도 아니면서 독선적인 망상을 질질 끌고 있는 자신이 원망스러웠다. 이게 뭐라고 계속 집착하고 있을까. 이제 물러설 때도 됐다.

옆에 있던 빈 캔을 집어 들고 일어서려고 할 때 희미한 소리가 들렸다. 멀리서 들리는 차량 주행음도 벼랑에 뿌리박은 녹나무 잎 스치는 소리도 아니다. 오른쪽으로 고개를 돌리니 사람 그림자가 묘지 쪽으로 움직이고 있었다.

다쓰는 시선으로 그를 좇다가 조금 사이를 두고 벤치에서 가만히 일어섰다.

다시 묘지로 올라가보니 쓰지모토 집안의 묘지 앞에 한 남자가 서 있었다. 어두운 컬러의 슈트와는 대조적으로 외등 아래 떠오른 머리카락은 새하얗다. 눈을 감고 합장하고 있다.

발소리에 남자가 눈을 떴다.

백발에서 연상되는 모습과는 딴판으로 삼십대 중반쯤인 듯한 얼굴이 이쪽을 쳐다본다. 얼마 전 형무소에서 면회한 쓰지모토 마사미의 용모와 분위기가 눈 주위나 코에 어렴풋이 감돌고 있다. 각도가 불량하고 선명하지 못하지만 몇몇 방범카메라에 남아 있던 이노우에 히데오의 화상하고도 닮았다.

"쓰지모토, 다쿠미 씨?"

다쓰는 낮은 목소리로 말했다.

"누구시죠?"

"……경찰입니다."

'경찰'이라고 말하는 순간 켕기는 감정이 목구멍으로 치받았지만 그 감정을 애써 삼켜버렸다.

"무슨 일입니까."

이쪽의 존재 따위에 눈곱만큼도 개의치 않는 듯한 차분한 모습이었다. 사건과 무관한 걸까?

"작년에 에비스 땅을 7억 엔에 사기당한 사건이 있었습니다. 뭐 아시는 거 없습니까?"

다쿠미는 시선을 거두고 잠시 생각하는 시늉을 하더니,

"아뇨, 전혀."

라고 대답했다.

말없이 다쿠미의 눈을 응시하고 있자니 깊은 어둠으로 빨려 들어갈 것 같다. 언제였던가, 기분 나쁜 웃음을 지으며 묵비권을 행사하던 해리슨 야마나카가 한밤의 조사실에서 문득 드러냈던 눈빛과 비슷했다.

"……거짓말."

다쓰는 상대방을 노려보며 중얼거렸다.

"너는 알고 있어. 사건 내용도, 해리슨 야마나카에 대해서도 다 알아. 그날 이노우에 히데오라는 가공의 컨설턴트를 사칭하며 가짜 소유자를 데리고 나와 부동산회사를 상대로 돈을 우려냈잖아."

"전혀 모를 말씀을 하시는데…… 무슨 근거로 그런 말을 하는 겁니까."

다쿠미의 무표정에 동요는 비치지 않는다.

"근거 같은 거 필요 없어. 난 알아. 내기를 해도 좋아. 네 그 얼굴이 거짓말을 하고 있는 얼굴이니까."

강력하게 몰아붙이고 있는데도 어찌된 영문인지 어깨에서 힘이 빠져나간다.

"……너는 지면사야."

자신에게 들려주듯 속삭이고 있다.

언덕 아래를 지나가는 전차 소리가 골짜기에 울려 퍼지며 멀어져간다. 잠시 후 다시 정적이 찾아왔다.

"임의수사군요. 이제 됐습니까?"

다쿠미가 발치에서 국자가 꽂힌 물통을 집어 들었다.

"네 가족이 운영하던 의료기기 회사 말인데, 왜 도산했는지 조사해봤더니."

그렇게 말하자 다쿠미는 물통을 든 채 그 자리에 멈추었다.

"의사를 사칭하던 브로커가 있더군. 네가 전무인 친척에게 소개한 놈. 부친에게 허위 거래로 큰 손실을 안긴 놈."

다쿠미는 입을 다문 채 우두커니 서서 묘지 아래쪽에 펼쳐진 동네 한쪽에 시선을 고정하고 있었다.

"그놈, 예전에 해리슨 야마나카의 공범이었다. 마약을 팔기도 하고 사기도 치고. 그거 알고 있었나?"

한순간 야외등의 하얀 빛을 받던 옆얼굴에 변화가 일어난 것처럼 느껴졌다.

"아마 그놈이 먼저 접근했겠지? 요코하마 호텔 뉴그랜드의 바에서. 오랫동안 너를 표적으로 찍고 따라다녔던 거다."

수사에 협조해준 오랜 지인 저널리스트에 따르면 그 브로커는 현재 필리핀에서 일본인을 상대로 야바위꾼 같은 짓을 하고 있다.

저널리스트가 접촉해서 질문하자 해리슨 야마나카와 협력하여 다쿠미가 일하던 회사를 상대로 사기 친 사실을 인정했다. 분배를 놓고 갈등이 있었는지 해리슨 야마나카에 대한 원한을 내비쳤다고 한다.

다쿠미는 여전히 침묵으로 일관하고 있다. 개의치 않고 계속 말했다.

"무슨 생각으로 네가 해리슨 야마나카 같은 자와 엮였는지는 모르지만 기억해둬. 네 가족을 망가뜨린 건 바로 그놈이라는 걸."

그토록 생기 없던 눈에 잠깐 동안 어지러운 빛이 잇달아 뒤섞이다 흔적도 없이 사라졌다.

한 마디 대답도 없지만 뺨이 바르르 떨린다.

"부친을 만나고 왔다. 편지 한 통 정도는 보내드려."

재킷 안주머니에서 봉투를 꺼냈다. 앞면에 마사미의 꼼꼼한 글씨로 아들 이름이 적혀 있다.

"내 연락처도 들어 있으니 얘기할 마음이 생기면 연락해라."

뺨을 떨며 어둠을 응시하는 백발 사내에게 봉투를 건네주고 그 자리를 떠났다. 신경이 온통 등 뒤로 쏠렸지만 들려오는 목소리는 없었다.

폐에 원하는 만큼 공기를 채우지 못한 기분이다. 표현할 길 없는 허탈감이 몰려왔다.

다쓰는 벤치에 놔두었던 빈 캔을 주워 들고 잰걸음으로 언덕길을 내려갔다.

배계拜啓

형무소 운동장에서 바라보는 노각나무도 선명한 붉은빛으로 물드니 완연한 가을이 되었습니다. 세월의 빠름을 통감하는 요즘입니다. 어떻게 지내고 있습니까.

세월은 빨라서 이 몸이 돌이킬 수 없는 과오를 범한 그 사건도 벌써 6년 남짓 지났습니다. 누구보다 소중히 보호해야 할 가족을 나 혼자만의 생각으로 해치고 나와 가족을 위해 온 힘을 쏟고 있던 당신의 인생마저 파괴했다는 사실은 세월이 아무리 흘러도 결코 지워지지 않을 것이고 다시 그런 일이 있어서는 안 된다고 생각합니다.

내가 저지른 한없이 어리석은 짓을 떠올리면 지금 이렇게 살아있다는 것이 수치스러워 견딜 수 없습니다. 그렇다면 스스로 죽음을 택하여 사죄해야 마땅한지 모르지만, 그 역시 나 혼자만의 임시방편적 행위가 아닌가 생각합니다. 사죄하는 말과 참회하는 심정을 아무리 높이 쌓아올려 본들 이제는 아무 의미 없고 속이 빤한 잡음에 지나지 않겠지만, 지금 나에게는 부끄러움을 무릅쓰고라도 오로지 사죄하는 말을 되뇌며 하루하루 살아가는 것 말고는 달리 길은 남아 있지 않은 것 같습니다. 당연합니다. 변명의 여지가 없습니다.

다만 마음에 걸리는 것은 당신입니다. 그 사건 이후 어떻게 지내고 있습니까. 내가 뭔가를 바랄 처지는 전혀 아닙니다만, 그러나 혹시라도 마음이 내키면 한 마디라도 좋으니, 아니, 말은 필요 없습니다. 백지라도 괜찮습니다. 그저 편지 한 통 받을 수 있다면 더 바랄 것이 없습니다.

자꾸 편지 보내서 참으로 미안합니다. 추위가 시작되는 요즘, 부디 건강에 유의하십시오.

경구敬具

헤이세이○○년 ○○월 ○○일
쓰지모토 마사미 배拜

쓰지모토 다쿠미 씨

"그런데 이거 숨이 좀 답답하네. 너무 꽉 감았나봐."

레이코의 안달난 목소리가 차내에 울려 퍼졌다.

"하지만 무명천인걸. 꽉 당겨서 감지 않으면 소용없잖아."

뒤에서 들려오는 고토의 목소리에 희미하나마 비웃음의 울림이 섞여 있다.

택시는 국도 15호를 따라 남하하는 중이다.

오후의 부드러운 해가 조수석으로 비껴든다. 가늘게 뜬 눈으로 앞 유리 너머 풍경을 바라보았다.

이 도로를 오로치가 운전하는 차로 달려서 가와이가 탄 택시를 호텔까지 미행한 것이 작년 말이었다. 아주 오래전 일처럼 느껴진다.

"괜찮습니까? 거의 다 도착했어요."

고개를 틀어 뒤를 보니 뒷좌석의 레이코가 연방 가슴을 신경 쓰고 있었다. 그 변한 모습을 보니 새삼 이 사람이 누구인지 한순간 헷갈린다.

길었던 머리를 무지막지하게 삭발하여 모양 좋은 두상이 그대로 드러났다. 늘 짙었던 화장은 아주 연하게 하고, 아이라인이나 아이섀도는 물론 루즈도 바르지 않았다. 눈썹은 연하게 그리고, 다이아몬드를 몇 개 펜 까르띠에 귀걸이나 눈동자가 커 보이는 컬러 콘택트렌즈, 속눈썹 익스텐션 같은 것은 일체 하지 않았다. 가와이의 평상복을 참고로 서둘러 준비한 기모노는 느슨해서 바디라인을 파악하기 힘들다. 무명천을 감아서 눌러 놓은 가슴의 융기도 목에 두른 스카프로 감추었다.

"큰일이네. 이러다가 비즈니스 상담 중에 웃고 말겠어. 진짜 여승보다 더 진짜 같아."

고토가 옆으로 시선을 돌리며 입술을 깨물었다.

"웃으면 죽여 버린다."

끙끙거리는 표정으로 레이코가 무명천을 매만지고 있다.

"레이코 씨, 저쪽에는 건강이 좋지 않다고 전해 두었으니까 너무 힘들다 싶으면 망설이지 말고 말해주세요. 알아서 대응할 테니까."

세키요하우스 측과 호텔 라운지에서 만나기로 약속되어 있었다. 그곳에서 가와이로 분장한 레이코를 대면시키고 본인이 틀림없다고 믿게 할 수만 있다면 그 밖의 자잘한 문제들은 어떻게든 될 것이다.

오키나와에 있는 팀으로부터 다쿠미에게 전화가 걸려왔다.

상대방 목소리는 몹시 낭패해 있었다.

"큰일 났어요. 여자가 오늘 혼자서만 그쪽으로 돌아갑니다."

"오늘?"

오키나와에 머물고 있는 가와이와 구보야마는 모레 귀경할 예정이었다.

"무슨 일 있었나요?"

"자세한 사정은 몰라요. 하지만 벌써 공항에 나와 있습니다."

가와이는 이미 나하공항 보안검사장을 통과하여 제한구역으로 들어가고 있다고 한다. 아마 갈 때 이용한 항공사의 14시 25분발 ANA편을 타고 도쿄로 향할 거라는 추측이었다.

"그러면 몇 시쯤 도착하게 됩니까?"

"정각대로라면 16시 55분에 하네다에 도착합니다."

하네다공항에서 센가쿠지역까지 차량으로 30분쯤 걸리니까 빠르면 17시 반 지나서 자택에 도착하게 된다.

전화를 끊고 가민 손목시계를 들여다보았다. 액정화면은 심박수 95회와 함께 현재시각 14시 6분을 표시하고 있다.

"왜요?"

뒷좌석에서 레이코의 불안한 목소리가 날아온다.

"가와이가 예정을 변경해서 오늘 혼자서만 여기로 돌아온다고 합니다."

"골치 아프게 됐네. 어떡하나."

고토도 사태의 급변에 놀라움을 감추지 못했다.

"……세키요하우스 측과 만나는 시간이 14시 반이니까 다소 시간이 길어진다고 해도 특별히 문제가 되지는 않을 겁니다. 예정대로 갑니다. 다만, 본당 건은 생략합시다."

만일을 위해 가와이가 도착하면 연락을 받을 수 있도록 하네다공항에 사람을 보내 놓기로 했다. 어느새 차량 안에 음울한 공기가 감돌기 시작했다.

"저기야."

고토가 몸을 숙이며 전방을 가리켰다. 그 목소리에 방금 전 여유로운 울림은 없었다.

왼쪽으로 나란히 서 있는 빌딩이 사라지고 커다란 주차장과 낡은 3층 건물이 시야에 들어온다. 가와이가 소유한 물건이고 세키요하우스가 갈망하는 물건이다. 마침 주차장 너머로 전차가 통과하고 그 끝에 건설 중인 다카나와 게이트웨이역이 작게 보였다.

이 용지를 두고 세키요하우스는 어떤 환상의 누각을 그리고 있을까. 차분히 바라볼 틈도 없이 시야 밖으로 흘러지나갔다.

"그러고 보니 다쿠미 씨 어제 괜찮았어?"

레이코의 목소리였다.

"뭔 일 있었어?"

"어제 만나서 회의했어. 복장도 확인할 겸해서. 그런데 시간이 조금 길어져서. 다쿠미 짱이 급하게 돌아간 것 같던데."

간밤의 성묘가 떠올랐다. 그 노형사가 한 말이 머리에 단속적으로 재생되고 있었다.

"문제없습니다, 전혀."

전방에 시선을 고정한 채 대답하고 입을 다물었다. 지금은 눈앞에 닥친 일에 집중해야 한다.

택시는 교차로를 우회전한 뒤 완만하게 구불거리는 언덕길을 올라가 마침내 호텔 포치에 멈추었다.

14시 22분

약속시간은 아직 많이 남았다. 세키요하우스 측은 아직 라운지에 도착하지 않은 듯했다.

세 사람은 안쪽 소파를 안내받고 나란히 앉았다.

널찍한 라운지는 통층 구조이고 천장까지 유리로 마감되어 봄날의 햇빛에 싸여 있다. 옆으로 눈길을 돌리니 잔디밭 정원이 내다보인다.

"먼저 음료라도 주문할까나."

고토 옆에서 메뉴를 살펴보며 말하는 레이코의 손에 우연히 눈길이 갔다.

"……레이코 씨."

그녀의 손가락을 쳐다보는 다쿠미의 얼굴에서 핏기가 싹 가셨다.

"왜?"

레이코는 딸기를 메인으로 한 계절 디저트에 정신이 팔려 메뉴에서 고개를 들려고 하지 않는다.

"설마."

고토도 레이코의 손을 보고 있다.

어느 손가락에서나 손톱이 상당한 길이로 튀어나와 있고 아이스그레이 매니큐어가 칠해져 있었다. 급하게 준비한 데다 레이코의 머리모양이나 얼굴에만 신경을 쓰느라 그 당연한 위화감을 아무도 알아채지 못했다.

"어머, 어떡해."

눈이 휘둥그레진 레이코가 양손 손가락을 편 채 이쪽을 쳐다보고 있다.

손목시계로 눈길을 돌렸다.

14시 25분

시간이 없다. 지금이라도 약속 시간을 변경할 수 있는지 타진해야 하나?

"일단 그 길이만이라도 어떻게 해봅시다. 프런트에 부탁하면 손톱깎이 정도는 빌려줄 테니까."

레이코가 고개를 끄덕이고 자리에서 일어섰다.

"어, 잠깐 잠깐!"

거의 노성에 가까웠다. 고토에게 우악스럽게 팔뚝을 잡혀 다시 소파에 앉혀졌다.

"안 돼. 왔어."

돌아보니 라운지 프런트에 검은 슈트를 입은 무리가 보였다. 세키요하우스의 부장도 보인다. 유난히 키가 큰 사람은 아오야기가 분명했다.

"……최대한 손이 드러나지 않게 합시다."

그렇게만 말하고 저쪽에서 다가오기를 숨죽이고 기다렸다.

14시 27분

부장이 이쪽을 알아보고 일행을 거느리고 잰걸음으로 다가온다.

"기다리시게 해서 죄송합니다."

싹싹하게 인사하는 부장에 이어서 다른 사람들도 허리를 굽실거리며 나타났다.

세키요하우스 측은 전속 법무사를 제외하면 과장, 부장, 그리고 이 거래의 전권을 쥔 아오야기 세 명이다. 온화한 표정을 지으면서도 아오야기의 차분하지 못한 시선은 내내 레이코에게 향했다.

그들은 자리에 앉지 않은 채 간결한 동작으로 가방에서 명함지갑을 꺼냈다. 레이코가 명함을 받아야 하는 상황은 피해야 했다.

"장소도 장소이고 인원도 이렇게 적지 않으니 명함 교환은 생략하도록 합시다. 필요하면 나중에 저희 쪽에서 담당하시는 분 명함을 가와이 씨에게 전해드릴 테니까."

그렇게 견제하자 세키요하우스 측은 허를 찔린 것처럼 그 자리에서 동작을 멈췄다.

"가와이 씨 컨디션이 그리 좋질 못합니다."

고토가 옆자리 레이코를 걱정하는 얼굴로 덧붙였다. 그들은 어색한 표정으로 테이블 맞은편에 앉았다.

과장에게 음료 주문을 일임한 부장이 말문을 열었다.

"오늘 바쁘실 텐데 이렇게 귀중한 시간을 내주셔서 참으로 고맙습니다."

세키요하우스 사람들의 정중한 절을 동반한 외교적 언사는 거의 레이코 한 사람에게만 바쳐지는 것처럼 느껴졌다. 삭발머리가 나름 위력을 발휘하는지 의심하는 기미는 없다.

"바로 본론으로 들어가는 것을 양해해주신다면, 시간도 제한되어 있으니 간단히 본인 확인 절차를 밟아도 괜찮겠습니까."

자신과 고토를 쳐다보던 부장이 미소 띤 얼굴로 말하고 '본인' 쪽을 바라보았다.

레이코가 눈길을 조금 내린 상태로 고개를 끄덕이고 어색한 동작으로 무릎 위 핸드백에 손을 넣었다. 손톱을 의식하는지 위조 면허증을 찾는 레이코의 눈에 당황한 빛이 떠올라 있다.

테이블에서 대화가 끊기고 모두의 시선이 레이코의 손 쪽으로 쏠리고 있었다.

기분 나쁜 땀이 솟아난다. 옆자리 고토도 여유를 잃었는지 테이블 밑 핸드백을 주시하고 있다.

"매년 이 호텔에서 벚꽃축제가 열리는 걸 아십니까?"

다쿠미가 불쑥 그렇게 말하며 창밖으로 시선을 돌렸다. 정원 잔디에 딱 한 그루만 서 있는 벚나무가 가지를 펼치고 그 밑에서 중년 부인 세 명이 사진을 찍고 있다.

"바로 저기 보이는 벚나무가 호텔 전체의 개화 기준목이라고 하더군요. 이젠 꽃잎이 다 지고 말았습니다만."

이 라운지를 사전답사할 때 주워들은 정보였다. 묻지도 않았는데 가르쳐준 호텔 여성 스태프에게 새삼 고마움이 솟구친다.

일행의 눈길이 정원으로 비켜나자 그 틈에 레이코가 핸드백에서 위조 면허증을 꺼내 슬며시 바닥에 떨어뜨렸다. 고토가 대신 주워서 아무렇지도 않게 법무사에게 건네주었다.

법무사가 넌지시 면허증의 워터마크를 확인하고 있다. 급히 준비한 것이기는 해도 육안으로 봐서는 일단 흠잡을 데가 없다. 이어서 면허증 사진과 본인을 견줘보기 시작했다. 그에 편승하듯 아오야기의 거침없는 시선이 레이코에게 향했다.

다쿠미는 온몸이 긴장으로 굳었다. 간파당하면 그것으로 끝이다. 아무리 가와이와 닮도록 그럴듯하게 그래픽 작업을 해도 역시 진짜하고는 차이가 있다. 그나마 의지가 되는 것은 삭발머리 정도였다.

레이코는 핸드백 손잡이를 꽉 쥐고 정원 쪽으로 무뚝뚝한 얼굴을 향하고 있었다.

"가와이 나쓰미 씨 본인이 틀림없군요."

법무사가 사무적인 말투로 말했다. 거기에 의심의 울림은 없었다.

"……예."

레이코가 더듬거리듯 대답했다. 평소 드세게 보여도 의외로 소심한지 모른다.

"그럼 생년월일을 부탁드립니다."

법무사가 손에 든 서류와 함께 면허증을 내려다보고 있다.

"쇼와 38년, 7월······."

거기까지 말하고 레이코가 몸을 웅크리며 기침을 연발했다. 암기한 것을 까먹은 것 같다. 고토가 재빨리 테이블 맞은편에서는 보이지 않도록 자기 무릎 위에서 손가락 세 개를 펴 보였다.

"미안합니다, 3일입니다."

헤매는 것은 딱 거기까지였다. 간지나 현주소는 어렵지 않게 대답했다. 레이코에게 계속 질문하려는 것을 보고 고토가 가로막았다.

"이보세요, 선생. 아까도 말했지만 가와이 씨 컨디션이 썩 좋질 못합니다. 아시겠죠, 짧게 좀 부탁합니다."

말문이 막혀 표정이 굳어버린 법무사가 세키요하우스 측에 말 없이 양해를 구하자 그제야 본인 확인이 끝났다.

이것으로 상대방의 의심을 얼마나 씻어낼 수 있었을까. '가와이'가 불쾌해하지 않도록 세심하게 주의를 기울이고 있는 듯 보이지만, 사실 속으로 무슨 생각을 하고 있는지 읽을 수 없다는 것은 오늘 이곳에 온 뒤로 내내 마찬가지였다. 특히 아오야기가 미소를 지으면서도 종종 레이코에게 던지는 날카로운 눈빛은 이쪽을 안절부절못하게 만들고 있었다.

"아, 그렇지. 가와이 씨, 그 얘기 해도 괜찮겠죠?"

고토가 레이코의 양해를 얻어 가방에서 서류 몇 장을 꺼내 테이블에 놓았다. 모두 세키요하우스가 교외에 개발하여 분양하는 아파트 광고였다. 생각만큼 분양 실적이 좋지 않아 재고를 많이 안고 있다고 한다.

"이번에 세키요 측에서 계약을 서둘러주시는 등 여러 가지 어려운 청을 들어주신 데 대한 보답이라고 하면 뭣합니다만, 가와이 씨께서 여기 있는 아파트를 몇 채 구입하고 싶다고 하십니다."

"몇 채라고 하시면……?"

듣고 있던 부장이 뜻밖이라는 듯이 끼어들었다.

"10억 내에서라면 몇 채라도요. 연극 홀 건립 자금 외에 우수리를 남길 수 없으니까."

고토가 대답하자 이제껏 그다지 감정을 드러내지 않던 세키요하우스 측 사람들 표정이 금방 밝아졌다.

해리슨 야마나카가 예상한 대로 아오야기의 개발부문에서 보자면 사내 영업부문에 막대한 은혜를 베푸는 일이 될지 모른다. 부장이 교섭을 서둘러 결론짓고 싶다고 흥분한 투로 말하고 있다. 테이블에 짙게 감돌던 긴장이 문득 풀어지기 시작했다.

"연극 홀 스케치, 저희도 보았습니다. 아주 훌륭하더군요."

그렇게 입을 연 것은 아오야기였다. 눈에서 날카로운 안광이 사라지고 어느새 표정이 풀어져 있다.

"그 스케치는 어느 건축가의 작품입니까?"

"그게…….'

레이코가 말문이 막혀 시선을 손으로 떨어뜨렸다. 레이코는 스케치는커녕 건축에 대한 이야기를 알 리 없으니 누가 물어도 대답할 수가 없다. 뜻밖의 흐름이었다.

"가와이 씨."

불쑥 목소리가 날아들었다.

테이블이 조용해지고 일동의 시선이 목소리가 들리는 쪽으로 향한다.

돌아보니 옆을 지나가던 두 남성이 걸음을 멈추고 있었다. 모두 삭발머리에 검은 승복을 입고 있다. 다쿠미가 준비해둔 별동대였다.

"오늘은 지인 분들과 차회라도 하십니까."

승려로 분장한 육십대 남성이 레이코에게 친근한 미소를 보낸다. 자못 오랜 지기처럼.

"네…… 잠깐."

고개를 조금 숙이고 있던 레이코가 목례를 했다.

"이번에 야마나카 씨네 사람들과 노다이와에 장어를 먹으러 갈 겁니다. 가와이 씨도 가끔은 얼굴을 비춰주세요. 날짜가 정해지면 제가 연락드릴 테니까요."

그렇게 말하고 남자들이 멀어져갔다.

세키요하우스 측은 일련의 대화를 특별히 의심하는 모습도 없이 지켜보는 것처럼 보였다. 레이코에게 던진 질문도 어느새 유야무야되었다. 상대방의 의심을 무사히 씻어낸 것인지도 모른다. 공연히 시간을 끌 때가 아니었다.

"그러면—,"

쾌활한 목소리로 마무리 지으려고 하는 순간 누군가의 목소리가 가로막고 나섰다.

"죄송합니다."

아오야기였다. 조심스러워하는 것처럼 보이면서도 어딘지 강렬하게 느껴지는 시선을 레이코에게 던지고 있다.

"실은 이런 문서가 잇달아 우리 쪽에 날아들고 있어서요……."

가방에서 A4용지 몇 장을 꺼내 테이블에 늘어놓았다. '통지서'라는 제목의 내용증명처럼 보이고 통지인은 지주 '가와이 나쓰미'라고 되어 있었다.

"요지는 어느 것이나 동일합니다. 간단히 말해서, 이 거래는 전부 사실무근의 허위이며 우리가 사기를 당하고 있는 거라고."

뜻밖의 말이었다.

"그냥 괴문서 아닙니까. 그런 거 일일이 상대해주면 안 됩니다."

고토가 간신히 부정했지만 가와이가 이쪽 동향을 알아챘는지도 모른다.

"이런 거래에 방해공작이야 전혀 드문 일도 아니죠. 누구나 확보하고 싶어 애를 태우고 있으니까 체면이고 뭐고 없이 덤벼든다고요."

고토가 웃어 넘겨도 아오야기 눈에서 의심의 빛은 가시지 않는다. 심박수가 갑자기 뛰어오르기 시작했다.

"가와이 씨, 이런 거 보낸 적 없잖아요?"

고토가 가리킨 내용증명을 보고 레이코가, 난 모릅니다, 라며 고개를 저었다.

"이거 보세요, 본인이 아니라고 하시잖아요. 결례도 이만저만 해야지 원."

"하지만…… 저희로서는, 이런 것이 날아드는 이상 신중해지지 않을 수 없다는 것이 솔직한 마음입니다."

고토가 고압적인 태도를 보일수록 아오야기의 마음은 오히려 차갑게 식어가는 듯했다.

다쿠미가 보다 못해 끼어들었다.

"사찰 본당에 아주 훌륭한 본존을 모시고 있다고 알고 있습니다. 듣기로는 아즈치모모야마 시대 것이라고 하더군요."

레이코에게 얼굴을 돌리며 계속했다.

"무례한 부탁이라 참으로 죄송합니다만, 참배하게 해주실 수 없을까요?"

"……지금 말인가요?"

동요한 레이코가 이쪽으로 시선을 향한다. 고토도 뜻밖이라는 표정을 하고 있다. 가와이의 귀경이 앞당겨진 만큼 가능하면 이 방법은 쓰고 싶지 않았다. 레이코의 등을 떠미는 듯이 고개를 끄덕여 보였다.

"잠깐이라면."

"감사합니다. 혹시 괜찮으시다면 여러분도 같이 가시지 않겠습니까? 주지가 아니라 엉뚱한 사람이라면 본당 내부는 절대 안내해드릴 수 없을 테니까요."

그렇게 제안하자 아오야기는 흥미로운 듯 동의하고 문서를 가방에 넣었다.

15시 12분

택시 두 대에 나눠 타고 가와이 자택 옆 본당을 향해 출발했다. 그때 다쿠미의 휴대전화가 울렸다. 오키나와 팀이었다.

수화구에서 나오는 목소리는 조금 전보다 더 낭패한 느낌이 짙었다. 듣고 보니 가와이가 탄 것으로 짐작되던 14시 25분발 ANA가 기체 이상으로 결항이라고 한다.

"그럼 가와이는?"

침착하게 있을 수 없었다. 이쪽의 당황한 목소리에 뒷좌석에서 이야기를 나누던 고토와 레이코가 입을 다물었다.

통화 상대는 가와이가 보이지 않는다고 대답했다. 나하 공항 제한구역에서 결항편 승객이 속속 나오고 있는데 가와이는 보이지 않는다는 것이다.

"어떻게 된 겁니까, 그건."

상대는 주눅 든 목소리로, 어쩌면 13시 15분발 JAL편으로 이미 출발했는지도 모른다고 말했다. 만약 그게 사실이라면 하네다공항 도착 예정 시각은 15시 40분이다.

시계로 시선을 돌렸다.

15시 26분

이제 와서 물릴 수는 없었다.

"어떻게 된 거야."

전화를 끊기 무섭게 고토가 안달난 목소리로 물었다.

"아직 확인되지는 않았지만, 가와이가 자택에 도착하는 시간이 예상보다 빨라질 가능성이 있다고 합니다."

"빨라진다면, 어느 정도나?"

레이코의 목소리에도 초조감이 뚜렷했다. 돌아보니 택시기사에게 빌린 하얀 장갑을 방금 낀 채 눈을 동그랗게 뜨고 있다.

"빠르면, 16시…… 30, 아니 20분경입니다. 짐을 픽업해야 할 테니까 실제로는 더 늦어질 겁니다. 여하튼 서두릅시다."

택시 안 공기가 팽팽해지고 대화가 끊겼다.

15시 32분

사찰 앞에 도착한 레이코는 택시 두 대를 그대로 대기시켜 두고 굳어버린 얼굴로 문을 지나 그리 넓지 않은 경내로 일행을 안내해 들어갔다. 긴 소매와 함께 장갑도 자외선을 피하기 위해 낀 것처럼 보였다.

"안녕하세요."

경내에 자라는 나무에 물을 주고 있는 작업복 차림의 덩치 커다란 삭발 남성이 이쪽을 향해 고개를 숙인다. 사찰 관계자로 분장한 오로치였다. 아오야기 일행은 오로치에게 자연스럽게 인사했다.

15시 36분

본당 앞에는 새전함도 없다. 다분히 보물전 같은 외관이었다. 레이코가 평소 닫아 두는 정문 앞에 서서 사전에 준비해둔 보조 열쇠로 자물쇠를 열었다.

신발을 벗고 아오야기 일행을 따라 다다미를 깐 당 안에 발을 들여놓았다. 골풀 냄새와 향이 섞인 듯한 냄새가 코를 찌른다. 어둑한 내부는 구조가 간소하고 25평쯤 되는 공간이 펼쳐져 있다. 안으로 들어가 보는 것은 다쿠미 측도 처음이었다.

안쪽 수미단에 여래입상 한 기가 모셔져 있었다. 높이는 1미터나 될까, 입구로 비껴드는 자연광이 불상의 온화한 표정을 부드럽게 비추고 있다. 일행은 각자 선 자리에서 말없이 불상을 쳐다보고 있었다. 조용한 기운이 감돌아 모두들 거래 따위는 망각해버린 듯했다.

15시 45분

뒤에서 불상을 바라보는데 밖에 나갔던 고토가 다가와 다쿠미의 어깨를 두드렸다.

긴박한 표정이다.

"하네다에서 전화 왔어. 긴급사태야. 가와이 여승, 방금 하네다에서 택시를 탔대. 이쪽으로 오고 있어."

"왜…… 너무 빠르지 않습니까."

"정각보다 빨리 도착했대. 아무튼 여길 당장 나가야 해."

15시 48분

수미단 옆에서 불구의 위치를 조정하고 있는 레이코에게 다가가 짐짓 자연스럽게 귀엣말을 했다.

"가와이가 이리로 오고 있어요. 지금 바로 마무리 지어주세요."

"지금?"

당황한 레이코가 몸을 돌려 불상을 바라보고 있는 슈트 입은 남자들을 쳐다보았다. 하지만 먼저 입을 연 것은 아오야기였다.

"감동했습니다. 뭐라고 해야 할까, 이렇게 부처님 표정을 보는 것만으로도 마음이 자연스럽게 풀어집니다."

언제부터인지 그의 눈에 순한 빛이 깃들어 있다.

"일전에, 실은 도서관에 가서, 거기 있는 문헌을 보고 저도 알게 되었습니다만, 여기 불상은 예전에 도난당한 적이 있다고 하더군요. 막부 말기였나요?"

처음 듣는 이야기였다. 다쿠미 측도 파악하지 못한 정보를 배우 레이코가 알고 있을 리 없다. 이 자리를 마무리 짓지도 못한 채 굳은 얼굴로 서 있다.

"저 불상에 매혹된 외국인이 자기 나라로 반출하려고 평소 단골로 드나들던 젊은 유녀를 속여서 꼬드겼다고 합니다."

그 외국인에게 내심 호감을 품고 있던 유녀는 망설인 끝에 초승달 뜬 밤에 실행에 옮기고 만다. 불상은 나중에 무사히 이곳으로 반환되고 체포된 유녀도 관대한 주지스님의 후의 덕분에 처벌을 면할 수 있었다.

아오야기는 거기서 이야기를 멈추었다가 우쭐한 표정으로 계속했다.

"널리 세상을 위해 인간을 위해, 라는 귀 사찰의 이념은 당시부터 오늘날까지 면면히 계승되어 온 거군요."

"……네."

왠지 흥분해서 이야기하는 아오야기의 기세에 레이코는 주눅이 들고 말았다.

다쿠미는 재빨리 손목시계를 확인했다.

15시 54분

한시라도 빨리 철수해야 한다. 레이코를 대신하여 퇴장을 재촉하려고 하는데 아오야기가 다시 입을 열었다.

"유감이지만 유녀의 짝사랑은 결실을 맺지 못하고 비탄 속에서 스스로 목숨을 끊고 말았다고 합니다만, 으음, 이름이 뭐였죠? 이곳에 유녀 이름이 기록된 석비가 남아 있다는 글을 보았습니다만. 오타키는 아니고, 오……."

아오야기가 온화한 표정으로 레이코에게 도움을 청한다. 방금 존재를 알게 된 유녀의 이름을 가르쳐줄 수 있을 리가 없어, 당내는 쥐죽은 듯 조용해졌다.

준비해 둔 책략은 다 떨어지고 시간에 신경 쓰느라 새로운 비책도 떠오르지 않는다. 고토도 혼란에 빠졌는지 넋 놓고 방관하고 있었다.

"……하지만, 어쩔 수 없지요."

난데없는 말이었다. 레이코가 생각에 잠긴 듯 시선을 발밑으로 내리고 있다. 무엇이 어쩔 수 없다는 걸까. 당내에 당혹스러운 공기가 흐르고 있다.

"그 유녀는 사랑에 빠졌으니까요. 어느 누구도 자기 마음을 속일 수는 없습니다."

눈에 희미하게 반짝이는 빛이 맺혀 있다.

"누군가를 좋아하게 되면 상대가 외국인이든 가정이 있는 사람이든, 그 사랑이 맺어지지 못한다는 걸 알아도, 그런 건 상관없는 거 아닌가요?"

그 말은 남편에게 버림받고 극작가와 불륜에 빠진 가와이의 목소리 같기도 하고 독신으로 지내온 레이코 자신의 진심처럼 들리기도 했다.

"자…… 그만 나가실까요."

레이코가 출구로 향하자 모두 말없이 뒤를 따랐다.

16시 2분

"오늘은 정말 감사했습니다."

아오야기 일행은 흡족한 얼굴로 사찰 밖에 대기시켜 둔 택시에 올라탔다.

"아, 깜박했군요."

택시 도어를 닫았던 세키요하우스의 과장이 당황하며 조수석에서 내렸다. 공손히 허리를 굽히고 도라야400년 역사를 가진 교토의 전통 과자점 종이봉지를 레이코에게 건네주었다. 다쿠미의 속이 까맣게 타들어간다. 꽉 깨문 어금니에 힘이 들어가고 이대로 있다가는 금방이라도 얼굴에 노기가 배어나올 것 같았다.

세키요하우스 일행을 태운 택시가 마침내 출발했다.

택시가 보이지 않게 된 것을 확인하자 다쿠미는 자물쇠를 채우기 위해 재빨리 문으로 돌아갔다.

16시 6분

열쇠가 정확하게 맞지 않는지 자물쇠가 좀처럼 잠기지 않는다. 마음은 급하기만 했다. 손가락이 말을 듣지 않아 꼭 빌려온 물건 같다. 다시 꽂아 넣으려다가 그만 열쇠를 바닥에 떨어뜨렸다.

"지금 뭐 하는 거야!"

고토의 호령이 더욱 마음의 여유를 앗아간다. 후들거리는 손으로 다시 열쇠를 꽂아 넣자 그제야 자물쇠가 잠겼다. 대기시켜 둔 다른 한 대의 택시에 부리나케 몸을 던져 넣었다.

16시 9분

"일단 출발합시다."

느긋하게 행선지를 묻는 중년 기사에게 급하게 지시했다. 이마에 땀이 송글송글 맺히고 입안은 모래를 끼얹은 것처럼 퍽퍽했다.

반대 방향에서 택시 한 대가 다가왔다. 속도를 줄이며 스쳐 지나간다. 거기 타고 있는 승객은 여성 한 명뿐인데, 눈에 익은 모자를 쓰고 있다. 한 손에 스마트폰을 쥐고 다른 손으로 선글라스를 벗더니 이목을 의식하지 않은 채 입술을 일그러뜨리며 울고 있다. 무슨 일일까. 혹시 오키나와에서 애인 구보야마와 무슨 일이 있었나? 고개를 돌려 바라보니 그 택시가 가와이 집 앞에 멈추었다.

손목시계를 확인했다.

16시 10분

폐를 가득 채운 숨이 콧구멍으로 새어나온다. 심박수가 140대까지 치솟아 있다.

"돌아버리는 줄 알았네……."

뒷좌석의 레이코가 우울한 목소리로 말했다.

행선지를 모르는 택시가 국도로 합류한다. 시트에 힘없이 기대자 땀에 젖은 셔츠가 몸에 들러붙었다. 다쿠미는 바로 앞을 달리는 경트럭의 브레이크등을 넋 나간 눈으로 응시했다.

"깜빡하고 말을 안 했네."

고토의 몹시 지친 목소리였다.

"다케시타 씨 말인데, 죽었대."

6
장

호리고타쓰의 긴 테이블에 나란히 놓인 냄비가 끓고 다시마국
물 향이 은은하게 피어오른다. 긴자의 밤풍경을 비춰주는 옆 창
에는 무수한 불빛이 흩어져 있다.

　"결국엔 말이지, 나 자신을 끝까지 믿어낼 수 있느냐 없느냐에
달린 거야."

　아오야기는 가스버너의 푸른 불을 흡족한 시선으로 쳐다보며
말했다.

　"데이터가 어떠니 시황이 어떠니 누가 뭐라고 말했다느니 상식
이 어떻다느니, 그런 것은 확실히 말해서 아무 상관없는 거야. 내
가 보기에 그런 거에 휘둘리는 놈은 멍청이야."

　잔을 들고 웃고 있던 부하들이 어느새 담소를 그치고 이쪽에
귀를 기울이고 있다. 그 두려움을 품은 진지한 표정을 보니 왠지

그들을 철저히 굴복시킨 기분이 든다. 아오야기의 가슴에 무한한 충족감이 차올랐다.

"아무리 궁지에 몰려도 아무리 주위에서 냉대해도 아무리 나 자신이 혐오스러워도 마음속 어딘가에 자신을 끝까지 믿고 있다면 막판에 어떻게든 되게 돼 있어. 그런 놈은 강해. 무슨 일이 있어도 해낸다고."

아오야기는 입에 잔을 털어 넣더니 부하 한 사람 한 사람에게 들려주듯 계속 말했다. 평소와 달리 말이 많아졌다.

"이번 일만 해도 그래. 이놈이고 저놈이고 다 가망 없다고 했지. 늘 그 모양이야. 용지는 절대 못 찾는다, 애쓰면 애쓴 만큼 낭비라고 말이야. 어쩌면 여기 안에도 처음부터 가망 없다고 포기했던 괘씸한 놈이 있는지도 몰라. 하지만 말이야, 나는 반드시 찾아낸다고 생각했어. 확신했다고. 단 한 번도 나라는 인간을 의심하지 않았으니까. 맨 밑바닥까지 추락한 나를 마지막까지 포기하지 않았어."

야마노테선 신역사 앞에 있는 용지를 확보하는 작업은 며칠 전 일단락되었다. 한때는 괴이한 정보가 날아들었지만, 물건 소유자 가와이 나쓰미 본인을 호텔 라운지에서 만나 신분증명서를 조회하고 가와이가 주지로 있는 사찰의 본당까지 견학해서 본인이라는 확증을 얻었다. 그 후 저쪽이 요청하는 대로 매매계약, 결제 및 소유권 이전 등 모든 절차를 이례적으로 빠르게 진행했다. 사내에서는 신중하게 대응하라고 촉구하는 목소리가 많았지만 법무부 책임자를 구워삶고 끝내는 아오야기가 억지로 밀어붙여서 결재를 받아낼 수 있었다.

룸의 문이 열리고 큰 접시에 담긴 고베 소고기가 나왔다. 젓가락을 쥔 젊은 부하들이 눈치껏 냄비에 소고기를 담가 나간다.

"그 땅은 어떻게 될 것 같습니까?"

옆에서 관리직 부하가 잔을 들고 이쪽을 쳐다보았다. 이번 교섭에 전력을 다한 사람 가운데 하나다. 그 성실한 표정에는 역경을 극복한 주군에 대한 존경과는 조금 다른 아부하는 듯한 인상이 배어 있다.

"아직 뭐가 결정된 것은 아니지만, 지금 느낌으로는 아마 호텔로 가지 않을까 싶은데."

용지 취득이 결정되자 즉시 제반 부서를 포괄하는 특별 팀이 꾸려졌다. 앞으로는 그 팀을 중심으로 프로젝트가 추진될 것이다.

"상무님, 술은 어떻게 할까요?"

대각선 방향에 앉은 아오야기의 비서가 거의 비워진 이쪽 술잔을 신경쓰고 있다. 아이섀도로 화사해진, 의지가 굳건해 보이는 그녀의 눈이 전에 없이 부드러워진 것을 느낀다.

"우롱차면 돼."

무뚝뚝하게 대답하고는 얼른 시선을 돌렸다. 아랫배 쪽이 뻐근해지는 느낌에 주머니에 넣어둔 비아그라가 아오야기의 뇌리에 스친다.

마침내 회식도 절정을 지나 파하게 되었다.

"술값에 보태."

아오야기는 부하에게 1만 엔 권 몇 장을 건네고 2차를 간다는 그들과 헤어져 혼자 택시를 탔다. 행선지는 요즘 이용하고 있는 고층호텔이다.

도착하자 곧장 객실로 직행하여 벨을 눌렀다. 잠시 후 문이 주저하듯 열리더니 방금 전까지 부하들과 냄비 앞에 앉아 있던 비서가 얼굴을 내밀었다.

"수고하셨어요."

고개도 까딱하지 않은 채 평소와 같은 드센 눈초리로 뭔가를 시험하듯 이쪽을 쳐다보던 비서가 문손잡이를 놓고 객실 안쪽으로 사라진다. 아오야기도 뒤를 쫓듯 실내로 들어갔다. 발바닥에 느껴지는 융단의 보드라운 감촉이 쌓인 피로의 깊이를 일러준다.

비서는 이쪽에 등을 돌린 채 창가에 서 있었다. 아오야기는 가만히 다가가 뒤에서 팔을 둘렀다.

"이번 일로 사장이 될 수 있겠죠?"

"아마도."

목덜미에 얼굴을 묻자 머리카락 냄새와 화장품 냄새, 옷 냄새, 피부 냄새가 뒤섞인다. 어딘지 들큼한 그것이 콧구멍을 간질인다. 오랜만이다. 익숙한 냄새인데 참기 힘든 욕정을 불러일으킨다.

"그렇게 되면 내 자리도 만들어줄 거죠?"

비서가 반항하듯 아오야기의 굵은 팔뚝을 양손으로 잡았다. 플로어램프의 연한 빛을 받는 그녀의 표정이 창유리에 비친다. 불안한 기색이 짙다.

아오야기는 말없이 고개를 끄덕이고 그 가녀린 몸을 꽉 안았다. 둔부의 탄력이 타이트스커트의 얇은 천을 넘어 느껴진다. 약효능에 도움을 받아 페니스가 불뚝거리고 있다. 아플 정도로 견고해진 그것으로 그녀의 엉덩이를 집요하게 밀어붙였다.

"잔심부름꾼 같은 거 말고, 이번 프로젝트 팀으로 옮기는 거죠?"

매달리는 듯한 목소리였다.

"나를 프로젝트 멤버로 지명한다고 말해요. 안 그럼 이제 안 만나."

미간을 찡그린 비서가 애원하듯 목소리를 짜낸다.

"그럴게……."

창유리에 그녀의 두 손을 받치게 하고 매끄러운 감촉을 즐기듯이 공단 스커트를 크게 쓰다듬다가 거칠게 걷어 올렸다. 선정적인 라인을 그리는 검은 속옷이 스타일 좋은 엉덩이로 파고들고 있다.

"……하고 싶어 죽겠지. 이 음란한 것."

아오야기는 흐트러진 호흡으로 바닥에 두 무릎을 꿇고 엉덩이 틈새에 얼굴을 묻었다.

조금 고풍스러운 제복을 입은 점원이 상처투성이 테이블에 앤티크풍 컵받침과 컵을 놓고 사라졌다.

다쿠미는 두 잔째 커피를 입에 대고 창밖으로 눈을 돌렸다.

거대한 번화가를 끼고 있는 터미널역에서 몇 역 떨어져 있는 곳이어선지 해 질 녘인 이 시간이 되도록 거리에 사람이 많지 않다. 일을 마친 사람들이 띄엄띄엄 지하철 출입구로 빨려 들어간다. 시시각각 황혼에 물들어가는 아스팔트 노면에 사람들 그림자가 길게 드리워져 어디서도 볼 수 없는 반점무늬를 만들고 있었다.

잔광에 싸인 거리 풍경을 바라보니 지난 몇 개월의 일들이 하염없이 떠오른다.

야마노테선 신역사 앞 땅을 노리는 대형 사기 안건은 계획이 좌초돼도 이상할 게 없는 위기에 번번이 부딪혔지만 끝내 세키요 하우스를 농락하는 데 성공하여 당초 기대하던 돈을 거의 다 우려내기에 이르렀다. 103억 엔에 이르는 돈은 즉시 가상화폐 세탁을 거친 뒤 순차적으로 각자의 비밀계좌에 분배되고 있다. 다쿠미의 계좌에도 어제 날짜로 분배금이 입금되었다.

지면사 일에 뛰어들어 많은 일을 해왔지만 이번 건은 그 규모가 차원이 다를 만큼 컸고 난이도 면에서도 가장 힘든 일이었다.

힘겹게 뛰어넘어 평생을 두고도 다 쓰지 못할 거금을 손에 쥔 지금, 그에 걸맞은 충족감은 분명 몸에 넘쳐나고 있다. 그런데도 마음속에 응어리를 느끼고 마는 것은 다케시타의 죽음 때문인지도 모른다.

소식을 접한 관계자에 따르면 다케시타는 러브호텔 침대에서 변사체로 발견되었단다. 사인은 약물 과다 섭취라고 했다. 본인이 초래한 거나 다름없는 결과라지만, 가볍지 않은 인연이 있는 사람인 만큼 그의 돌연한 불행은 어쩔 수 없이 마음을 무겁게 만들었다.

그 죽음 때문인지 프로젝트가 성공리에 끝나면 어김없이 갖던 회식을 이번에는 아무도 제안하지 않았다. 레이코하고는 세키요 하우스를 본당으로 안내한 날부터, 고토와는 결제한 날부터 한 번도 얼굴을 마주하지 못했다. 전화를 해도 받지 않았다.

해리슨 야마나카하고는 결제 후 저쪽에서 몇 번 연락이 왔다. 용건은 이번에 분배된 다케시타의 몫을 당분간 자기가 보관하겠으니 일단 해리슨 야마나카의 계좌로 옮겨 달라는 것이었다. 지시대로 처리하자 가까운 시일 내에 식사나 합시다, 라는 말을 끝으로 연락이 끊겼다.

전화통화를 할 때 해리슨 야마나카는 다케시타의 죽음을 상투적인 애도의 말로 간단히 넘겨버렸다. 해리슨 야마나카의 내력이나 기질로 보건대, 혹은 거침없는 태도에 비추어 보건대 부자연스러울 것은 없는지도 모른다. 한편 그가 다케시타와 자주 충돌

하던 것을 생각하면 그 죽음에 대하여 뭔가 알고 있는 것은 아닐까 하는 의심을 쉽게 지울 수 없었다.

—네 가족을 망가뜨린 건 바로 그놈이라는 걸.

일전에 만난 노형사의 말이 떠올랐다.

그날 매년 거르지 않고 찾는 요코하마 묘지에 아무 기별도 없이 형사가 나타난 데는 적지 않게 놀랐다. 그 노형사는 아마 가족의 기일을 알아낸 다음 성묘를 예상하며 대기하고 있었을 것이다. 친족 회사의 도산을 비롯하여 여러 사정을 세세한 부분까지 파악한 것 같았다. 하지만 이쪽을 지면사라고 단정한 근거를 대지 못하고 신병도 구속하지 않은 것을 보면 해리슨 야마나카 일행과 손잡고 사기를 치고 있다는 확고한 증거까지는 잡지 못했는지 모른다. 노형사가 한 말을 어느 정도나 믿어야 할까. 그냥 속을 떠보려는 것이었을까?

한때 모든 것을 잃고 삶 자체를 포기했었다. 그러다가 예기치 않게 지면사라는 일로 다시 일어나 오늘까지 그 일에 전념하며 살아왔다. 스스로 죄를 쌓아올리며 제 발로 응달진 곳으로 들어가니 내면에 만연한 어두운 과거가 응달에 가려져 그럭저럭 앞을 바라보고 하루하루 지낼 수 있었다. 그것도 전부 해리슨 야마나카가 실의의 밑바닥에 있는 자신에게 손을 내밀고 지면사 일로 이끌어준 덕분인 것은 분명하다.

하지만 만약 노형사의 말이 사실이라면 자신은 해리슨 야마나카에게 이중으로 속고 있었던 셈이다. 지면사라는 현재를 살면서 과거로부터 자유로워졌다고는 믿었지만, 결국은 늘 과거에 붙들려 있었단 말인가……. 아니, 그럴 리 없다.

설사 온 세상이 손가락질을 하더라도 자신의 삶을 위해 앞으로도 지면사 일을 계속할 것이다. 자신에게는 이것밖에 없으니까. 하지만 그렇게 중얼거리면서도 한번 가슴을 스쳐버린 의혹을 영영 모른 척하고 있을 수 없다는 것도 자각하고 있었다.

가게 입구 쪽에서 손님을 맞이하는 점원 목소리가 들린다.

그쪽을 보니 유행하는 저지를 입은 덩치 커다란 남자가 서 있다. 오로치였다. 다쿠미가 손을 쳐들자 금방 알아보고 다가왔다.

옆구리에 세컨드백을 낀 오로치가 테이블 맞은편에 앉았다. 세키요하우스의 아오야기 일행을 본당으로 안내할 때 오로치가 경내에서 사찰 관계자 시늉을 하는 모습을 본 뒤로 처음 만난다. 관계자들만 참석한 다케시타의 장례에도 오로치는 준비나 뒷정리를 맡아서 뛰어다녔지만, 다쿠미 일행은 당국의 눈을 경계하며 참석하지 않았다.

"고생이 많았지요."

"어쩔 수 없죠. 약쟁이 중에 온전하게 죽는 놈은 없으니까."

죽은 사람이 생판 타인이라도 되는 듯한 말투였다. 듣고 보니 말단인 오로치를 젖혀두고 수하들이 다케시타의 유산이나 권리를 놓고 싸우고 있다고 한다.

"앞으로 어떻게 할 겁니까?"

다케시타도 사라졌으니 처신은 오로치 본인에게 달려 있다고 한다. 다케시타가 이끌던 몇몇 그룹을 거들 마음은 없어 보였다.

"별 생각 없어요. 글쎄, 뭘 하나. 생선초밥이나 배울까. 전 세계 어디서나 통하는 기술이고, 긴자의 초밥집을 봐도 엄청 잘 번다고 하잖아요."

장인이 되기 위해 거쳐야 할 도제 일은 차분함과 끈기가 필요한데 과연 해낼 수 있을까. 그에게 어울리는 것 같지 않아 솔직하게 말해보았다.

"너무 낡은 생각이네요. 요즘 그렇게 안 합니다. 유튜브로 배우거나 잠깐 무슨 스쿨 같은 데 다니면 쉽게 될 수 있어요."

오로치가 대수롭지 않다는 듯 밝은 목소리로 웃어넘긴다.

"다쿠미 씨는요?"

며칠 전 타이완행 항공권을 예약한 참이다.

세키요하우스에서 사취한 돈이 워낙 거액인 만큼 수사는 전에 없이 끈질기게 이루어질 것으로 예상된다. 만일을 위해 일본을 뜨기로 했다. 타이완으로 건너가 3천 미터 고산을 몇 군데 종주한 뒤 동남아시아를 돌아볼 예정이다.

"그리고, 이건 잊기 전에."

오로치가 세컨드백에서 사진 다발을 꺼냈다.

그가 다케시타의 유품 정리를 돕고 있다는 소식을 듣고 혹시 다케시타의 과거를 알 수 있을 만한 물건이 있으면 버리지 말고 남겨 두었으면 좋겠다고 부탁해 두었다. 큰 기대는 하지 않았다. 실제로 다양한 데이터가 보존되어 있을 컴퓨터나 스마트폰 따위는 그룹의 유력한 수하가 제일 먼저 회수한 탓에 오로치는 만져볼 수도 없었다고 한다. 사진밖에 가져오지 못했다고 하지만 그래도 전혀 없는 것보다는 낫겠지.

고맙다고 수고비를 건네며 사진 값으로 생각하라고 말했다.

"그러실 필요 없어요, 어차피 다 버릴 것이었으니까."

"그럴 수는 없지요. 이거 받아두세요."

미리 준비해온 백화점 종이봉투를 거반 강제로 쥐어주었다.

"다쿠미 씨…… 이거 찐이에요?"

봉해둔 봉투 틈새로 안을 들여다본 오로치가 눈을 동그랗게 떴다. 종이봉투에는 외국인조직이 운영하는 지하은행을 통해 현금화한 3백만 엔이 들어 있었다. 무보수나 마찬가지로 여러 가지 일을 도와준 그에게 어찌 되었든 나눠줄 생각이었다.

"찐이에요!"

그의 말투를 흉내 내며 고개를 끄덕이고 2백 매 이상 될 것 같은 사진을 한 장 한 장 살펴보았다.

인화지에 인화한 사진에는 필름을 현상한 것처럼 보이는 빛바랜 것이 있는가 하면 디지털 화상을 프린트한 비교적 새로운 것도 있었다. 다양한 연대의 사진이 마구잡이로 섞여 있다. 거기 찍힌 것은 어느 것이나 보잘것없었다. 대부분이 골프장이나 국내외 리조트 같은 곳에서 까맣게 그을린 다케시타가 여자나 친구들과 함께 렌즈를 향해 웃음을 짓고 있는 모습이다.

사진을 넘기는 속도를 높였다.

이제 몇 장 남지 않았다 싶을 때 문득 손이 멈추었다. 오른쪽 밑에 날짜가 찍혀 있다. 최근 사진은 아니었다. 촬영 장소는 아마도 요코하마 차이나타운에 있는 노포 앞일 것이다. 양 옆에 심은 대나무가 인상적인 현관을 배경으로 세 남자가 롱 샷으로 찍혀 있다.

왼쪽에서 웃는 사람은 다케시타였다. 충치인지 시너에 녹았는지 앞니 대부분이 빠져 있는 것을 보면 아직 세라믹 인공치아로 바꾸기 전이다. 가운데 키 큰 남자는 해리슨 야마나카였다. 고급 맞춤 양복을 입고 열중쉬어 자세로 새침한 표정을 짓고 있다. 두 사람이 이렇게 오래전부터 친했는지는 몰랐다.

오른쪽 끝에 찍힌 남자의 작은 체구로 시선을 옮긴다.

뚫어지게 쳐다보다가 저도 모르게 소리를 지를 뻔했다. 예전에 수도 없이 친근하게 격려해주던 잊지 못할 얼굴이 무슨 영문인지 거기 있었다.

"뭐 재미난 사진이라도 있어요?"

기분이 좋아져서 스마트폰을 만지고 있던 오로치가 치뜬 눈으로 이쪽을 쳐다보았다.

"……아뇨."

애써 태연한 척 건성으로 대답하고 다시 손에 든 사진을 바꿔 나갔다.

그다음 주, 이른 아침부터 교외로 나갔다.

"여기 있는 거, 전부 가져가도 된단 말입니까?"

쇼킹핑크 폴로셔츠를 입은 폐품회수업자 사내가 목장갑을 끼며 품평이라도 하는 눈빛으로 보관창고 안을 들여다보고 있다.

"괜찮습니다, 부탁합니다."

그렇게 고하자 업자 사내는 익숙한 손놀림으로 안에 있던 '폐품'을 밖에 세워둔 경트럭으로 옮겼다.

다쿠미도 두 평이 채 안 되는 보관창고 안으로 들어갔다.

오래전부터 창고용으로 세낸 곳이다. 내부에 크고 작은 선반이 설치되어 있고 온갖 등산용품이 가득 보관되어 있다. 등산화, 등산복, 비옷, 사이즈가 다른 배낭들, 타프, 길이나 굵기 별로 묶어둔 자일…… 수없이 많은 산행을 함께하고 평소 관리도 게을리하지 않았다. 모두 애착을 품고 소중히 사용해왔다.

지난 며칠간 계속해온 신변정리도 이제야 끝이 보인다. 거처로 삼던 원룸을 어제 처분하고 늘 타고 다니던 자동차도 처분했다. 타이완행 항공권도 이미 취소해 두었다. 남은 것은 이곳뿐이다.

침낭이나 티타늄 머그컵 따위로 어지러운 선반을 바라보는데 접이식 칼 한 자루가 눈에 들어왔다. 야영을 처음 시작할 때부터 사용해온 물건이다.

놋쇠와 체리우드로 만든 흠집투성이 핸들을 쥐자 묵직함이 느껴진다. 칼날을 펴보았다. 정성스럽게 연마한 9센티미터짜리 유선형 스테인리스 블레이드가 둔한 빛을 발산한다. 날을 접어 뒷주머니에 찔러 넣었다.

'폐품'을 가득 실은 업자의 경트럭을 보낸 뒤 전차를 갈아타며 요코하마로 향했다.

역에 도착한 뒤로는 오후의 거리를 내키는 대로 산책하다가 마침내 친숙한 공원에 다다랐다. 이곳에 들어서는 것이 몇 년 만인지. 어릴 때부터 무슨 일만 생기면, 아니, 아무 일이 없어도 자주 찾았던 곳인데. 결혼하기 전 아내하고도 단둘이 종종 거닐었다.

분수나 장미 화단이 점점이 자리한 공원 잔디를 밟으며 걷다가 일렬로 나란히 놓인 벤치에 앉았다.

시야를 가로막는 것이 없었다.

하얀 난간 너머로 바다가 펼쳐져 있다. 바로 오른쪽에는 화객선이 역할을 마치고 계류되어 있고 그 뒤쪽에 우뚝 솟은 웅대한 현수교는 담청색 하늘을 뚫고 멀리 바다 건너 매립지로 이어져 있다. 왼쪽으로 시선을 돌리니 완만하게 솟아오른 작은 섬을 연상케 하는 현대적인 잔교 건축물이 항만으로 돌출해 있고, 그 뒤로 펼쳐지는 고층 빌딩들이 근미래적 스카이라인을 그리고 있다.

호안벽에 부딪치는 파도소리가 희미하게 들리고 바다냄새 품은 미풍이 불어온다. 귀얄로 쓸어놓은 것처럼 생긴 연한 구름이 유유히 움직이고 있다.

시간의 흐름도 잊은 채 부드러운 햇빛을 품은 너른 바다를 바라보다가 착신을 느끼고 들여다보니 스마트폰 화면에 나가이라는 이름이 떠 있었다. 단말기가 일정한 간격으로 진동을 반복하다가, 들여다보는 중에 끊겼다.

단말기를 주머니에 넣으려고 하다가 동작을 멈추었다. 나가이 집에는 만두를 사들고 찾아간 이래 한 번도 가본 적이 없다. 문자만 교환했을 뿐 전화통화도 하지 않았다.

망설인 끝에 엄지로 화면을 터치해 전화를 걸었다.

"미안, 화장실에 있었어."

"보낸 문자 말인데, 정말 전부 교토 연구소에 기부해도 되겠어?"

놀라움을 품은 목소리였다.

"문자에 적은 대로야."

"어째서? 모처럼……."

전혀 이해를 못하겠다는 상대방 표정이 눈에 선하다.

"그냥. 연구가 잘되면 네 얼굴에 있는 그것도 고칠 수 있을지 모르고."

무례한 말로 대꾸하자 마지못해하는 목소리이긴 하지만 시키는 대로 하겠다고 약속해주었다.

전화를 끊으려는데 나가이가 불렀다.

"저어."

수화구에서 갈등하는 기미가 흘러나온다.

"만났어…… 그 애."

"만나다니, 게임에서 알게 된 여자?"

뜻밖의 소식에 얼빠진 목소리가 나왔다. 얼마 전 나가이 집 근처 공원에서 밤늦게 만났다고 한다. 얼굴을 보고도 그녀의 태도는 전화통화를 할 때와 조금도 달라지지 않았다고도, 그것을 계기로 사귀게 되었다는 이야기를 자세히 듣는 동안 가슴에 따뜻한 기운이 퍼지는 걸 느낄 수 있었다.

"진도가 빠르긴 하지만, 둘이 상의해서 내년쯤에 결혼하기로 했어."

"그렇구나……."

외국인 관광객으로 보이는 무리가 벤치 앞을 떠들썩하게 지나간다. 모두 옷이 얇아졌고 햇빛을 품은 공기와 항구 풍경을 즐기는 듯했다.

반대쪽에서 아이를 동반한 젊은 부부가 관광객 무리와 스치며 다가왔다. 어린 딸을 가운데 두고 셋이 손을 잡은 채 뭐라고 이야기하며 걸어온다. 가끔 양쪽의 부모가 손을 번쩍 쳐들고 그때마다 순진한 웃음소리와 함께 어린 딸의 두 다리가 아스팔트 지면에서 떠오른다. 멀어져가는 그들이 보이지 않게 될 때까지 시선으로 내내 좇았다.

"그래서, 가까운 사람만 불러 간단히 식을 올릴까 하는데 그때는 다쿠미 씨도 와줄래?"

어딘지 불안을 억누르는 듯한 목소리처럼 들린다.

"가지……. 갈게. 당연히 가야지. 내가 안 가면 신랑 친구가 아무도 없을 테니까."

나가이가 기쁘게 웃었다.

"결혼 날짜가 정해지면 또 연락할게."

전화가 끊겼다. 온몸에서 힘이 빠져나가는 기분이 들어 벤치에 몸을 맡기고 눈을 감았다. 잠시 그곳에서 움직이지 못했다.

시간이 얼마나 흘렀을까.

무거운 몸을 일으키려다가 손에 든 스마트폰을 쳐다보았다. 누구에게 연락할 때만 쓸 거라면, 처분하지 않고 가져온 다른 신제품 대포폰을 이용하면 된다.

짐짓 자연스럽게 주위를 둘러보고 스마트폰을 있는 힘껏 던졌다. 손가락 끝을 떠난 알루미늄 본체는 완만한 포물선을 그리다가 햇빛을 받아 한순간 번쩍이고는 작은 물방울을 튀기며 해수면 아래로 가라앉았다. 이로써 자신이 입을 열지 않는 한 나가이가 추적당할 가능성이 조금은 줄어들었을 것이다.

벤치에서 일어서 준비해둔 편지 한 통을 공원 편의점에서 부쳤다. 앞면에 지바형무소 주소가 적혀 있다. 오래전에 써둔 것을 이번에 고쳐 썼다.

공원을 나와 보도를 따라 걷는다. 선명한 새잎을 무성하게 매단 은행나무 가로수가 양쪽에 줄지어 있고 나뭇잎 사이로 떨어지는 햇빛이 노면에 연한 얼룩을 흩뿌리고 있다.

문득 울린 기적소리가 온몸을 감쌌다. 항구에 울려 퍼지는 망막한 그 소리가 주변 건물에 길게 반향하며 거리의 소음을 지운다.

희미하게 파도소리가 들린 것 같지만 돌아보지 않았다.

마개 따는 경쾌한 소리가 아무도 없는 오전시간의 휴게실에 울린다. 아오야기는 하품을 깨물어 참고 캔 커피를 입에 댔다.

결제를 마친 뒤로는 아무리 노력해도 잠이 오지 않는다. 여자 나체 위에서 밤새 땀범벅이 되어 몸부림쳐도 달라지지 않았다. 눈을 감아도 산만한 생각들이 쉴 새 없이 머릿속을 뱅뱅 돌아서 결국은 잠들기를 체념하고 만다. 특히 이번 건은 기간이 짧고 번번이 이례적인 사태에 내몰린 탓인지 다른 때보다 심신의 피로를 심하게 느꼈다. 그래도 이렇게 곤두선 신경을 달래가며 차츰차츰 평상시로 돌아가는 감각도 나쁘지 않다.

창가로 다가서니 부드러운 햇살이 지상으로 쏟아져내리며 눈 아래 빌딩숲을 빛내고 있다. 커피의 쓴맛을 입안에 굴리며 상쾌한 기운으로 가득 찬 그 광경을 쳐다보았다.

불과 몇 달 전, 아직 코트를 벗지 못하던 그때는 저 거리를 의심의 눈초리로 바라보곤 했다. 그런데 지금은 거리가 자신을 무조건적으로 받아주고 있는 것처럼 보인다.

문득 생각이 나 시선을 쳐들었다.

주변 고층빌딩에 잘린 하늘은 그 틈새에서 파랗게 개어 있다. 시선을 집중해 보았지만 어디에서도 비행기 그림자를 볼 수 없었다. 아내와 딸이 학교 캠퍼스 견학을 위해 오전 비행기편으로 뉴

욕으로 출발하기로 되어 있다. 지금쯤 태평양의 운해를 비행기 창으로 내다보고 있을지 모른다.

휴대전화가 울렸다.

"얘기 들었다! 기사회생의 펀치를 한 방 날렸다며!"

수화기에서 흘러나온 친구의 흥분한 목소리가 고막을 흔들었다. 친구는 마치 자기가 공을 세우기라도 한 것처럼 기뻐했다.

"벌써 들었냐. 조만간 한 턱 낼게."

그날 밤 친구가 주점으로 불러내지 않았다면 일이 어떻게 되었을지 알 수 없다. AKUNI홀딩스의 소네자키를 만나지 못했다면 야마노테선 신역사 앞에 남아 있던 기적 같은 용지도 만날 수 없었을지 모른다.

"사장 취임을 미리 축하하는 자리로 알겠어."

친구가 익살맞게 말했다.

"성급하긴."

가까운 시일 내로 날짜를 맞춰보기로 하고 전화를 끊었다.

휴게실을 나오자 커머셜사업부 부장 스나가가 자리바꿈하듯 스쳐지나갔다. 얼마 전 임시간부회의에서 스나가 혼자서만 이번 품의를 통과시키는 데 강경하게 반대했었다.

뻔히 보고서도 눈을 마주치려 하지 않는다.

"고맙다는 인사 한 마디는 할 수 있잖아. 자네가 안고 있던 미분양 물량을 내가 대신 처리해줬는데."

말을 걸어도 무시하기로 작정한 상대의 얼굴은 증오로 벌게질

뿐이었다.

사무실로 돌아오자마자 이변을 느꼈다. 제4개발부 직원들이 안색이 변해서 소란을 피우고 있었다. 야마노테선 신역사 옆에 있는 용지를 담당하고 있는 팀이다.

부하 하나를 다그쳤다.

"무슨 일이야."

"그 용지에서 측량할 준비를 하는 중인데, 불법 침입으로 신고를 당한 것 같습니다. 지금 경찰이 와서 상황을 묻고 있는 모양입니다."

"경찰이?"

경찰이 뭔가 잘못된 정보를 들었나? 혹은 가끔 겪는 민원 같은 것인지도 모른다.

"왜 그래. 이젠 우리 거잖아."

"저, 저도 잘 모르겠습니다."

갈피를 못 잡는 부하를 놔둔 채 아오야기는 즉시 택시를 타고 현장으로 달려갔다.

도착해 보니 회사 영업차량 외에 경찰차량 두 대가 서 있었다. 빨간 칼라콘이 놓인 주차장 한가운데 제복 경찰과 부하들이 언쟁을 벌이고 있다.

"무슨 일이야."

초조한 얼굴로 어디론가 전화를 걸고 있는 부하에게 날카로운 목소리로 물었다.

"······저기 저분이 신고를 해서."

그쪽을 보니 쉰 살쯤 되었을까, 슈트를 입은 낯선 남자가 무리와 거리를 두며 서 있다가 아오야기의 시선을 의식하고 가까이 걸어왔다.

"저는 가와이 나쓰미 씨의 대리인으로 일하고 있습니다."

상대방 옷깃에 변호사 배지가 반짝인다.

아마도 가와이가 급하게 팔아치운 땅이 뒤늦게 아까워져서 변호사에게 매달렸으리라. 누군가의 감정이 뒤얽히는 토지 거래에서는 드물지도 않은 이야기다. 아오야기는 먼저 형식적으로 신분을 밝혔다. 자제하려고 의식하지 않으면 노성을 내지르고 말 것 같았다.

"이곳은 이미 우리가 사들인 땅입니다. 이제 와서 마음이 바뀌었다고 하셔도 우리로서는—"

"아뇨 아뇨. 마음이 바뀌거나 말거나, 아까부터 말씀드렸다시피 그런 매매계약 사실 자체가 없다니까요."

변호사가 어이없다는 듯이 말했다.

"그게 무슨 말입니까. 이미 계약이 끝나서 소유권도 이전되었는데."

"그런 거 모릅니다. 적어도 가와이 씨는 관여하지 않았으니까. 한데 그 계약이라는 건 언제적 얘기입니까."

아오야기는 가슴속 동요를 억누르며 계약 날짜를 말했다.

"이상하군요. 그 주에 가와이 씨와 전화통화를 했는데, 땅 매매 얘기는 일체 없었습니다. 내가 가와이 씨의 자산 관리도 맡고 있으니까 그런 얘기가 있었으면 반드시 상의했을 텐데요."

상대방 이야기가 전혀 이해가 되지 않아 말문이 막혔다. 변호사가 이상하다는 표정으로 이쪽 표정을 살핀다.

"누구랑 계약하신 겁니까."

자기들이 계약한 것은 누구였단 말인가. 그날 호텔 라운지에서 만나고 사찰로 가서 불상을 보여준 여승은 가와이 나쓰미가 아니었다는 말인가? 가와이 나쓰미가 아닌 누군가와 토지 매매 계약을 하고 대금을 지불했단 말인가? 거기까지 생각이 미치자 차가운 뭔가가 뒷골을 스친다.

아오야기는 옆에서 경찰에게 상황을 설명하는 지역 담당 직원을 붙들고 멱살을 쥐었다. 그의 작은 눈이 휘둥그레져서 소리 없이 뭐라고 외치는 것처럼 보였다.

"문제없다고 했잖아, 이 새끼야!"

주먹으로 있는 힘껏 뺨을 갈기자 부하가 얼굴을 일그러뜨리며 엉성하게 늘어놓은 칼라콘 위로 나가떨어졌다.

몸이 무의식적으로 움직이고 점점 걸음이 빨라졌다. 뒤에서 누군가의 목소리가 들렸다. 그걸 무시하고 보도를 가로질러 그대로 국도로 나갔다. 다리가 엉키고 브레이크 소리와 경적이 들을 때린다. 고막이 흔들리고 있다는 자각은 있는데 아주 멀리서 울리는 것처럼 들렸다. 국도를 다 건넜다 싶을 때 허리께에 강한 충격을 받고 시야가 뒤집혔다. 하늘의 파란색이 시야에 들어오고 한

순간 몸이 허공을 나는 감각에 싸였다.

배기가스 냄새가 나고 자갈이 흩어진 아스팔트가 바로 앞에 보인다. 다리에 통증이 있다. 손으로 바닥을 짚고 억지로 몸을 일으켰다. 주름 선 바지가 찢어지고 피가 나는 무릎이 들여다보였다.

"괜찮으세요?"

낭패한 목소리가 들렸다. 가까이 멈춘 승용차에서 젊은 남자가 뛰어온다. 그걸 무시하고 다시 달리기 시작했다.

낯익은 사찰의 출입문이 시야에 들어온다. 문 앞에 택배업체 로고가 래핑된 웨건 차량이 서 있고 제복을 입은 배달원이 뒤쪽 해치에서 짐을 꺼내고 있었다.

늙은 배달원을 밀어내고 다리를 질질 끌며 경내로 들어가 가와이가 거주하는 요사채의 초인종을 눌렀다. 누군가 나오는 기척이 없다. 더 기다리지 못하고 다시 한 번 눌렀다. 몇 번이나 연거푸 눌렀다. 1초라도 빨리 알고 싶었다. 동시에 영원히 모르는 채 놔두고 싶기도 했다.

까마득하게 느껴지는 시간이 흐르고 문이 열렸다.

문 틈새로 삭발한 여자가 겁먹은 얼굴을 내비친다. 낯선 여자가 거기 있었다. 본당 불상으로 안내해준 여자와는 얼굴생김이 분명히 다르다. 여기 사는 사람이라면 가와이가 분명할 터였다.

"……가와이, 가와이 나쓰미 씨 계십니까?"

자기가 내는 목소리 같지가 않았다.

"접니다만…… 무슨 일인가요?"

세계가 반 발자국쯤 멀어진 기분이었다.

눈앞이 하얘지고 땀에 젖은 몸이 손가락 끝에서부터 마비되어 온다. 비상종처럼 울리는 박동소리가 귓불에 울리고 있다.

아오야기는 작은 박스를 들고 걸어오는 배달원의 팔뚝을 와락 붙들며 물었다.

"이 사람, 가와이 나쓰미 아니죠?"

의아하게 이쪽을 노려보는 여자를 가리켰다. 망가진 장난감처럼 손끝이 후들거리며 진정되지 않는다. 배달원이 박스를 든 채 곤혹스러워했다.

"뭡니까. 경찰을 부르겠어요!"

안색이 변한 여자가 큰소리로 말했다.

아오야기가 비틀거리며 배달원의 깡마른 어깨를 붙들고 소리쳤다.

"아니라고 말해, 이 새끼야!"

절규는 곧 흐느낌으로 바뀌었다.

"말해줘…… 아니라고."

그때 아오야기의 귀에 굉음이 울려 퍼졌다.

……태풍을 만난 듯한 굉음이 문득 끊겼다.

"이봐, 듣고 있는 거야?"

회의실에 모인 간부들이 아오야기에게 매서운 시선을 던지고 있었다.

"어떻게 된 거냐고!"

"확실하게 설명해."

"쉽게 말해서 사기꾼한테 당했다는 거 아냐?"

쉴 새 없이 욕설이 날아든다.

"입 다물고 있지 말고 뭐라고든 말해봐, 이 자식아!"

유난히 흥분해서 비난하는 것은 커머셜사업부 부장 스나가였다. 혼자 일어서서 상체를 내민 채 이쪽에 손가락질을 하고 있다. 이마에 핏대를 세우며 이상하리만치 흥분하는 표정이 왠지 희열에 빠진 듯도 보인다. 곤충의 다리를 뜯어내며 노는 아이의 얼굴 같다.

"다 네 잘못이야! 다!"

─내 잘못이야?

문득 정신이 돌아온 아오야기가 가만히 자리에서 일어섰다.

회의실이 갑자기 조용해진다. 다들 놀란 얼굴로 이쪽을 쳐다보고 있다.

"바보 아냐……? 당연히 믿은 놈이 다 잘못한 거잖아."

누구에게랄 것도 없이 중얼거리며 아오야기는 자리에서 벗어났다. 정체모를 웃음이 치밀어 오른다. 참을 수 없었다. 소리 내어 웃을 때마다 입사 이래 모래를 씹는 심정으로 쌓아온 것이 발밑에서 요란한 소리를 내며 무너져가는 기분이다. 자신을 얽어매고 있던 쇠사슬을 한 가닥씩 끊어내는 기분에 가슴이 더할 나위 없이 후련했다.

아오야기는 바지주머니에 양손을 찔러 넣고 누구에게도 시선을 주지 않은 채 한없이 밝은 웃음소리를 내면서 회의실을 떠났다.

청명한 저녁, 맑은 바람에서 희미하게 풋내가 난다. 이따금 목을 가볍게 스쳐 땀이 밴 몸이 얼마나 달아올라 있는지 일깨워주었다.

"잠자코 있지 말고 말해. 어디야."

귀에 댄 스마트폰에서 상대방의 절박한 저음이 흘러나온다. 마음의 동요를 끊어내듯 장소를 말해주고 전화를 끊었다.

보도 저쪽에서 이야기소리가 다가왔다.

슈트를 입은 젊은 남녀가 정답게 대화하며 다쿠미 앞을 지나간다. 보도 유도등 불빛이 비춰주는 두 사람의 손에는 가방과는 별도로 영업용으로 보이는 똑같은 종이봉투가 들려 있다. 비즈니스 상담을 마치고 돌아가나 보다 생각했는데 누가 먼저랄 것도 없이 두 사람의 빈손이 서로 뒤엉키더니 그대로 풀지 않고 하나의 그림자가 되어 멀어져갔다.

특별할 것도 없는 저들의 일상이 다른 세상 일처럼 느껴진다.

이대로 사라져버릴까. 아직은 나에게 그 정도의 자유는 간신히 남아 있다. 누구에게 승낙을 받을 필요는 없을 터였다.

저녁 잔광에 어렴풋해진 발아래 나방 한 마리가 떨어져 있었다. 회색빛 날개는 절반쯤 찢겨지고 가만 보니 허공으로 뻗은 속눈썹만 한 다리를 힘없이 버둥거리고 있다. 잠시 눈을 떼지 못한 채 내려다보다가 구둣발로 지그시 짓이기고 보도블록에 밑창을 비벼서 닦은 뒤 부지 안에 우뚝 솟은 고층빌딩으로 걸음을 옮겼다.

빌딩에 있는 재즈레스토랑 입구에서 접수를 한 다음 진저에일을 사들고 지정된 카운터로 가보니 상대방은 이미 와 있었다. 샴페인 병을 들고 자기 글라스에 술을 따르고 있다.

"늦어서 죄송합니다. 제가 먼저 만나 주십사 청해 놓고."

오른쪽 하이스툴을 잡고 자리에 앉았다.

"아뇨, 저도 방금 도착했습니다. 게다가, 안 그래도 다쿠미 씨를 만나볼까 하던 참입니다. 내일 오전 비행기로 하네다를 뜨거든요."

카운터에 내려놓은 진저에일을 해리슨 야마나카가 힐끔 보았다.

"괜찮으시면 이걸 함께 마실까요?"

카운터에는 이미 샴페인 잔이 하나 더 준비되어 있었다. 위장 상태를 핑계로 사양하자 뜻밖이라는 표정으로 웃는다.

"하긴 이번 건은 난관의 연속이었으니까요. 그래도 다쿠미 씨 덕분에 무사히 성공할 수 있었습니다. 다시 한 번 감사드립니다."

서로 잔을 들어 건배했다. 입에 머금은 진저에일이 졸여낸 것처럼 달게 느껴졌다.

빌딩 중간층에 있는 재즈레스토랑은 3개 층을 튼 통층 구조로 되어 있다. 덴조사지키극장 객석 맨 뒤쪽, 천장 가까이에 테라스처럼 설치된 관람석를 닮은 최상층의 이 자리에서는 아래층 테이블에서 식사하는 손님이나 그랜드피아노, 우드베이스, 드럼 2세트가 놓인 무대가 다 내려다보인다. 평일이어선지 출연자가 신예 밴드여서인지 공연을 앞두고 빈자리가 눈에 띈다.

"언제였나요, 여기서 만났던 게."

해리슨 야마나카가 무대 너머를 바라보며 물었다. 벽 전체에 마감된 유리가 대도시 풍경을 비춰주고 있다. 방금 전 걸었던 저 아래 정원은 어둠에 싸여 있고 그 뒤쪽에 있는 빌딩군의 불빛이 눈에 스며들었다.

"4년 전입니다."

그때 해리슨 야마나카를 따라 이 레스토랑에 들어선 것은 자신이 교섭을 주도해서 처음으로 안건을 성공시켰을 때였다. 당시에는 그 타깃 물건을 지금 앉아 있는 카운터석에서도 볼 수 있었다. 이제는 주변에 새로 들어선 빌딩 때문에 보이지 않는다.

50석쯤 되는 최상층 카운터석은 두 사람 말고는 손님이 없었다. 예전처럼 해리슨 야마나카가 카운터석 전체를 전세 낸 것이다.

"불과 4년 만에 우리는 아주 먼 곳까지 와버렸습니다. 여기에서 보는 풍경도 많이 변했어요. 아마 우리 둘 중에 한 사람만 없었어도 다다르기 어려웠을 겁니다."

해리슨 야마나카가 술을 한 모금 마시고, 향후 계획 말입니다만, 하며 카운터에 글라스를 내려놓았다.

"나 개인은 더 멀리 갈 수 있다고 생각합니다. 이런 곳에 머물러 과거를 회상하는 것보다는 다소 위험이 따르더라도 앞으로 나가고 싶어요. 이 자리에서는 상상도 할 수 없는 곳으로 틀림없이 갈 수 있다고 믿고 있습니다."

손에 든 진저에일을 응시하며 말없이 들었다.

"유감이지만 고토 씨와 레이코 씨는 이번 일을 끝으로 손을 떼겠다는 의향을 보여주셨습니다."

내가 모르는 곳에서 두 사람과 접촉했는지도 모른다.

"어떻게 하실 겁니까."

돌아보니 해리슨 야마나카가 친근한 미소를 지으며 쳐다보고 있었다.

이 미소에 위화감을 느끼지 않게 된 것은 언제부터였을까. 보도방 드라이버로서 처음 만났을 때부터 의식 깊은 곳에서는 길들여지려 노력했던 게 아닐까.

심장 박동이 점점 빨라진다. 김빠진 진저에일을 마시고 부르튼 입술을 열었다.

"고토 씨와 레이코 씨도…… 다케시타 씨처럼 되는 겁니까?"

불과 2, 3초, 해리슨 야마나카의 얼굴에서 미소가 사라졌다.

"글쎄 어떨까요. 본인들 태도에 달렸지만, 모종의 페널티는 필요할지도 모릅니다. 뭐, 그건 어쩔 수 없는 일이겠죠. 뭔가를 얻기 위해서는 뭔가를 잃어야 하는 것이 세상 이치니까. 단, 실행할 때는 빈틈없이 하니까 걱정할 거 없습니다. 요즘은 편리한 세상이라 돈 백만 엔만 쓰면 바다 건너에서 업자가 찾아와 깨끗이 처리해 줍니다. 다케시타 씨 때도, 그땐 어느 정도였나, 2백 회분? 아니, 그 배 정도 되는 양을 한꺼번에 주사하게 했어요. 나중에 영상을 보여주던데 정말이지 볼 만했습니다, 땀을 폭포처럼 줄줄 흘리고 잉어처럼 입을 뻐끔뻐끔 거리고. 이가 하야니까 꼭 해골이 웃는 것 같더군요."

점차 말하는 속도가 빨라진다. 눈에 희열의 광채가 이글거리고 넘쳐나는 이미지를 말로 옮기는 것이 몹시 답답한 듯하다.

"사사키 씨였나요? 에비스 건에 협력하고 나가사키로 내려간 영감. 돈이 떨어졌다고 나를 찾아와 협박을 해서 어이가 없었지만, 그 영감도 대단했어요. 감이 빨라서 금세 깨달았을 겁니다. 업자가 찾아가자 바로 체념하고 거의 저항하지 않았다고 합니다. 그런데 여기부터가 재미있으니까 들어보세요. 업자가 목을 졸라 끝내려고 하자 사사키 영감이 마지막 소원이니 푸딩을 먹게 해달라고 했답니다. 별것도 아닌 그냥 푸딩이에요, 푸딩. 마침 그 업자가 일본어를 조금 알아듣는 사람이어서 사사키 영감의 소원을 들어주었습니다. 감동스럽죠. 사사키 영감은 냉장고에 있던 푸딩을 조금도 남기지 않고 깨끗이 먹은 뒤 위장용 밧줄을 제 손으로 목에 감았습니다. 그때의 그 얼굴. 그걸 뭐라고 설명해야 좋을까요, 갓난아기랄까 부처랄까, 어딘지 성스럽고 모종의 진리를 터득한 것 같은 투철한 얼굴입니다. 영상으로 보았을 뿐이지만, 그 현장에 입회하지 못한 걸 후회할 정도로 정말 좋은 모습을 보여주었습니다."

잔을 입에 댔다. 얼음이 녹아 묽어진 진저에일은 탄산의 자극이 거의 느껴지지 않고 달지도 않았다.

"얼마나…… 기분이 좋았겠습니까."

좌우로 거둬두었던 무대 뒤 암막이 움직이기 시작했다. 거대한 창유리에 비치던 야경이 양쪽에서부터 조금씩 까만 천으로 가려져 간다.

"그거야 말할 것도 없지요."

참으려고 하지만 여전히 치아 틈새로 새어나오는 웃음소리였다. 쿨러에 뜬 얼음이 시원한 소리로 울리고, 잠시 후 샴페인을 따른 글라스에서 작은 기포들이 일제히 터지는 소리가 났다.

"그런 식으로, 내 가족도 처리한 겁니까."

가슴에 응어리져 있던 공포는 어느새 사라졌다. 다쿠미는 재킷에서 사진 한 장을 꺼내 카운터 위에 던졌다. 거기에는 다케시타와 해리슨 야마나카와 함께 오래전에 자신과 아버지를 함정에 빠뜨린 의료 브로커가 찍혀 있었다.

"알고 있었습니까."

연극 같은 웃음에 동요하는 기미는 없었다. 그는 담백한 말투로 계속했다.

"그때는. 가족 분들이 통구이가 되어버려서 유감이었습니다. 무슨 돼지도 아니고, 특별히 통구이가 되어야 할 필연성은 전혀 없었으니까, 완전히 개죽음이 되고 말았어요."

"······닥쳐."

가만히 스툴에서 내려선다.

인간의 껍질을 뒤집어 쓴 이 악마를 오래도록 수하처럼 추종해왔으니 자신은 정상이 아니었던 것이다.

"다쿠미 씨의 부군이었나요, 중역으로 있었지요. 책임감이 넘치는, 그러나 아주 아둔한 분이어서 우리를 전혀 믿어주지 않았습니다. 어린 여자에게 관심이 많다고 해서 실제로 여고생을 안겨 주었더니 사람이 확 바뀐 것처럼 순종적으로 굴더군요. 가족에게는 말하지 말아 달라고 눈물로 애원하며 납작 엎드리고. 정말이지 가족을 끔찍이 생각했습니다. 언제였나, 다쿠미 씨와 손잡고 일을 시작할 무렵, 다쿠미 씨의 본명을 알고는 그 울상 짓던 로리콘로리타 콤플렉스의 줄임말로, 어린 여자아이를 성적으로 탐하는 것, 혹은 그런 자의 아드님인가 하고 묘하게 감탄했지요."

"닥치라고 했다."

가슴속이 격렬하게 술렁거렸다.

"이야기를 되돌립시다. 다쿠미 씨는 어떻게 할 겁니까. 다른 배신자와 달리 당연히 앞으로도 나와 함께해줄 거죠?"

상대방이 샴페인글라스를 카운터에 놓고 재킷 안주머니에서 눈에 익은 오렌지색 케이스에 든 스마트폰을 꺼내더니 그 잔주름 많은 가죽의 질감을 확인하듯 한 손에 들고 만지작거렸다.

"······내가 그럴 거라고 보나?"

그가 소리 내어 웃었다.

"그야 하겠지요. 지면사를 그만두고 뭘 하겠다는 겁니까."

다쿠미는 동요를 똑똑히 자각하며 잠자코 있었다.

"다시 예전의 초라한 세계로 돌아갈 수 있겠습니까. 물리도록 봤지 않습니까? 그 불합리한 현실을. 이 세상이라는 놈은 아무리 문명이 진보해도 언제나 추하게 일그러져 있는 겁니다. 왜냐하면 인간이 원래 그런 생물이니까. 몇몇 가진 자에게 이윤이 흘러가도록 설계되어 있어요. 그러니 아무리 세월이 흘러도 이 지상에서 불행이 없어지지 않습니다. 그러니 차별, 빈곤, 분쟁이 없어지지 않아요. 가진 자는 점점 풍족해지고, 그런 강자를 위해서 가지지 못한 약자는 늘 쓴맛을 보며 살아야 합니다. 성실하게 사는 자가 어이없는 꼴을 당합니다. 얼핏 공정한 척하기 때문에 더욱 다루기가 어렵지요. 비뚤어진 룰에 꽁꽁 묶여 있는 세상을 믿고 뭘 하겠다는 겁니까."

해리슨 야마나카가 자칭하던 '우치다'가 가명이라는 것도 알고 본격적으로 함께 일하게 되었을 즈음 종종 듣던 이야기였다. 자꾸 듣다 보니 처음에 느꼈던 꺼림칙함도 점점 마모되어 어느새 조금도 의심하지 않게 되었다.

"……시끄러."

"부디 세상의 본질을 보세요. 기만으로 가득 찬 상식이나 세상 분위기에 속지 마세요. 지면사인 당신 자신을 믿어주세요."

귀를 틀어막고 싶었다.

"……시끄럽다고."

거침없이 외친 것 같은데 갈라진 목소리밖에 나오지 않는다.

"운명을 극복합시다. 과거에 연연하고 있을 때가 아니지 않습니까. 지금을 살아갑시다."

입술에 미소를 담은 해리슨 야마나카가 오른손에 스마트폰 케이스를 잡은 채 두 팔을 벌린다. 그의 눈에 편안한 빛이 떠올라 있다.

지면사들과 아무 생각 없이 일에 몰두하던 날이 그리웠다. 과거고 미래고 내다볼 필요가 없고, 혼탁한 현재라는 시간의 격류에 머리까지 푹 담그고 있으면 그만이었다. 해리슨 야마나카가 말하듯이 나에게는 지면사로서 세상을 등지고 사는 것이 현재를 사는 길일까? 누군가를 속이기만 하면 편안하게 지낼 수 있는 걸까?

"가족 같은 거야 다시 꾸리면 되는 거 아닙니까. 더 나은 가족을 만들 수 있어요."

이쪽 마음을 풀어주려는 듯이 건넨 그 한 마디에 흠칫 정신이 들었다.

언젠가 오키나와 세나가지마에서 아내와 아들, 셋이서 함께 바라보던 황금색 바다가 선명하게 되살아난다. 색색 숨소리 내며 잠든 어린 아들의 따뜻한 체온이 팔에 느껴지고 내 어깨에 가만히 머리를 기대던 아내의 머리카락 냄새가 났다.

―멋진 바다…… 또 볼 수 있을까.

좀 더 함께 있고 싶었다. 정말이지 잠시라도 좋으니 아무것도 아닌 시간을 함께하고 싶었다. 그것을 길가의 돌멩이 차버리듯 앗아간 것이 눈앞에 있는 남자이다.

"헛소리 집어치워…… 이 자식."

다쿠미는 뒷주머니에서 접이식 나이프를 뽑아 상대에게 시선을 고정한 채 날을 폈다. 망설임은 없었다.

"그런 장난감으로 뭘 어떻게 하려고요."

해리슨 야마나카가 의자에 앉은 채 이쪽으로 편안하게 상체를 틀고 있다. 케이스를 들고 만지작거리는 그의 눈에 희미하게나마 긴장한 빛이 떠오른 것처럼 느껴졌다.

"널 찌르고 자수할 거다……. 전부 말할 거야."

오른손에 나이프를 쥐고 한 발 물러나 거리를 잡았다. 허공을 딛고 있는 기분이었다. 나이프의 무게도 감촉도 느껴지지 않는다.

"정말 어리석군요. 그런 짓을 해서 무슨 득이 있습니까. 뭐가 변합니까."

다쿠미는 목소리를 쥐어짜내어 대꾸하려고 했지만 꽉 깨문 어금니가 단단히 접착된 것처럼 떨어지지 않고 노려보는 눈을 크게 뜨는 것조차 뜻대로 되지 않았다.

발끝부터 온몸의 혈액이 역류하는 감각에 휩싸이고 머리카락이 곤두선 두피의 모공에서 일제히 땀이 솟아난다. 시야가 하얘지고 좁아지고 있었다. 해리슨 야마나카의 얼굴밖에 보이지 않았다.

"달라질 게 아무것도 없지 않습니까. 당신도, 당신 과거도."

해리슨 야마나카가 아이에게 자연의 섭리를 깨우쳐주는 듯한 말투로 중얼거렸다.

"시끄럽다고 했다."

그렇게 외치며 몸을 움직인 다쿠미가 나이프를 허리 높이쯤 꼬나들고 해리슨 야마나카의 품으로 온몸을 던졌다.

해리슨 야마나카가 의자에서 일어섰다. 도망치려는 기미는 아니다. 잡아먹을 것처럼 나이프를 응시하며 꼿꼿이 서 있다.

다쿠미는 시선에 주눅 들지 않고 몸을 부딪쳤다.

아내가 고른 새 구두는 디자인은 멋지지만 달리는 데는 어울리지 않았다. 땅을 디딜 때마다 오른쪽 복사뼈가 가죽에 눌려 위화감은 금세 통증으로 변하고 있었다.

다쓰는 아픈 걸 참으며 앞서 가는 사람들을 밀어젖히고 에스컬레이터를 뛰어서 올라갔다.

지금 만날 수 없느냐고 다쿠미가 연락한 것이 방금 전이다.

모레 떠나는 크루즈여행을 위해 시내 대형 서점에서 책을 고르고 있는데 불쑥 낯선 전화번호에서 전화가 걸려왔다. 묘하게 두근거리는 가슴을 느끼며 통화 버튼을 누르자 요코하마 묘지에서 들었던 목소리가 흘러나왔다. 거의 기대가 없던 터라 태연한 척하기가 힘들었다. 상대는 가장 가까운 전차역만 알려주고 일단 전화를 끊었지만, 방금 다시 연락이 와서 다른 사람처럼 태연한 목소리로 지금 해리슨 야마나카를 재즈레스토랑에서 만나기로 했다고 알려주었다.

근력이 약해진 몸으로 에스컬레이터를 뛰어 올라간다.

호흡이 미친 듯이 가빠지고 심장이 당장이라도 터져버릴 것 같아 위태위태했다. 다리가 둔해져간다. 그래도 멈추지는 않았다.

에스컬레이터를 다 올라가자 재즈레스토랑 입구가 보였다.

"경찰이다!"

이쪽의 험악한 기세에 리셉션 카운터 너머에 있던 젊은 남성 스태프가 동요하는 눈빛이 되어 잠깐 제지하는 시늉만 했다.

그걸 무시하고 걸음을 서둘렀다.

음악이 새어나오는 문을 열었다.

경쾌한 리듬을 반복하는 음향의 소용돌이에 싸였다.

어둑한 레스토랑 내부로 급하게 시선을 휘둘렀다.

위층에 누군가가 보인다.

한 남자가 아래층 무대 쪽은 쳐다보지도 않고 발밑을 내려다보고 있다.

꿈에도 잊지 못할 얼굴이다.

뒤로 물러서는 해리슨 야마나카의 복부를 칼날이 노린다. 그대로 몸속으로 파고들어가야 할 텐데 딱딱한 감촉에 가로막혔다.

"유감이군요."

몸을 구부린 해리슨 야마나카가 치뜬 눈으로 웃고 있다.

뭐지? 하는 순간 멱살을 잡혔다. 저항할 새도 없이 압도적인 힘으로 당겨지는 동시에 해리슨 야마나카의 머리가 안면으로 닥쳐온다. 저도 모르게 눈을 질끈 감았다. 격렬한 통증이 콧잔등에 터지고 뼈 부러지는 소리가 났다.

나이프를 놓쳤다. 얼굴이 일그러져 간신히 눈을 떴다. 해리슨 야마나카가 한쪽 발을 뒤로 빼는 것이 보이더니, 다음 순간 그 무릎이 눈앞에 있었다. 뇌가 흔들릴 정도의 충격과 함께 깨진 앞니에 잇몸이 뭉개지고 입안에 피 맛이 번졌다. 해리슨 야마나카의 얼굴이 멀어져가고, 몸은 딱딱한 바닥에 내동댕이쳐졌다.

"유비무환이라고 하지만, 이걸 입고 오길 잘했지요. 미 해병대가 채택한 만큼 과연 품질은 믿을 만하군요."

해리슨 야마나카가 이쪽을 내려다보며 찢어진 셔츠를 들추고 있다. 안쪽에 방호 조끼 같은 것이 보인다.

그의 손에 오렌지색 케이스가 벗겨진 스마트폰 모양의 금속이 쥐어져 있었다. 손잡이도 있고 중앙 부근에 검지를 걸고 있다. 스마트폰으로 위장한 권총임을 알아채는 데는 그리 오래 걸리지 않았다.

레스토랑 조명이 꺼지고 박수가 터진다. 그리고 다시 경쾌한 피아노 선율과 함께 연주가 시작되었다.

"늘 추억으로 사는 사람은 영원히 추억 속에 있는 게 더 행복할지 모르겠군요—"

질주감 넘치는 음악이 내부에 가득 차 그의 목소리를 지웠다.

해리슨 야마나카가 천천히 해머를 당겼다. 그 파랗게 그늘진 표정은 이상하게 자애로 가득 차 있었다.

총구를 응시했다. 강력한 자석에 끌리는 것처럼 시선이 그곳에 고정되고, 바닥에 쓰러진 채 꼼짝도 할 수 없었다. 응시하던 총구 구멍이 점점 확대되어 어느새 시야 전체를 가득 메우며 무음의 암흑에 싸였다.

메마른 파열음이 고막을 꿰뚫었다.

계단을 두 단씩 뛰어오르자 카운터 끝에서 바닥을 내려다보는 해리슨 야마나카가 보였다.

무대를 파랗게 물들이는 조명의 잔광 속에서 보는 상대방 얼굴은 예전 조사실에서 여러 번 보았던 얼굴과 거의 차이가 없었다. 이상한 흥분이 온몸을 치달려 생각할 새도 없이 돌진했다.

해리슨 야마나카가 이쪽을 알아채고 몸을 돌려 뛰기 시작했다. 비상구 너머로 사라져간다.

"야마나카!"

그때 바닥에 검은 사람 그림자가 있는 것을 보았다. 큰 대 자로 쓰러져 있다. 얼굴은 피범벅이고 코는 으깨어져 있지만 다쿠미가 틀림없었다.

어둠 속에서 신음하는 다쿠미를 살펴보니 재킷 밑에 입은 회색 티셔츠의 복부 쪽에서부터 까만 얼룩이 번져가고 있었다. 무릎 꿇고 얼룩을 만져보았다. 손가락 끝이 빨갛게 젖는다. 물을 뒤집어쓴 것처럼 셔츠를 적시고 바닥에 웅덩이를 만들고 있다. 심상치 않은 출혈이다.

"괜찮나?"

다쿠미의 셔츠를 들추니 피에 젖은 복부의 한 점에서 까만 혈액이 솟아나고 있었다. 액체는 샘물처럼 솟아나 옆구리를 타고 바닥으로 줄줄 흐른다. 날카로운 물체에 깊이 찔렸거나 총탄을 맞은 것처럼 보였다.

"어이, 누구 없나!"

다쓰는 상처를 누르고 주위를 둘러보았다.

아무도 없다. 객석의 어둠은 웅장한 음향으로 가득 차 있었다. 드럼 두 세트가 경쟁하듯 울리고 있다.

"정신 차려!"

다쿠미는 부어오른 입술 틈새로 이 빠진 치열을 드러내며 신음할 뿐이다. 이마에 굵은 땀방울이 솟고 그 땀에 핏기가 희미하게 섞여 있다. 상처를 손바닥으로 누르고 있지만 출혈을 막기에는 역부족이었다. 자기가 가진 지식으로는 달리 지혈할 방법이 없었다.

"살 수 있어. 걱정하지 마. 알았지? 너는 살 수 있어."

반응을 보이지 않는 다쿠미의 귓가에 대고 소리쳤다. 여기서 죽게 할 수는 없었다.

이변을 알아챘는지 기둥 너머에서 스태프가 이쪽을 살펴보는 것이 보였다.

"구급차 불러! 빨리!"

노성을 지르며 시선을 옮기니 어둠 속에 초록색으로 켜진 비상구 표시등이 눈에 들어왔다. 다가온 스태프에게 다쿠미를 맡기고 뛰었다.

묵직한 문을 열고 형광등이 켜진 비상계단을 뛰어 내려갔다.

1층까지 트여 있는 통층 구조였다. 아래를 내려다보았다. 사람 모습은 보이지 않았다.

난간을 잡으며 두 계단씩 뛰어서 내려갔다. 무릎에 제대로 힘이 들어가지 않았다. 하얀 페인트칠을 한 난간과 계단 발판에 다쿠미의 피가 묻어간다. 새 구두가 복사뼈로 파고들어 살점이 떨어져나갈 것처럼 아프다. 심장이 이상한 속도로 가슴을 난타하고 필사적으로 호흡을 반복해도 폐에 산소가 들어가지 않는다.

여기까지 와서 놓치고 싶지 않았다. 가까스로 상대방을 볼 수 있었다. 오래도록 추적해온 남자였다. 금속 계단을 때리는 자기 발소리만 울리고 있었다.

1층에 도착하자 출입문에 몸을 던지다시피 해서 밖으로 나갔다.

숨을 헐떡이며 주변을 시선으로 더듬었다.

그자로 보이는 그림자는 어디에도 보이지 않았다. 정원 내 보도를 따라 유도등이 점점이 켜져 있고 고요한 야음이 펼쳐져 있었다.

배 안에서 본 보도 프로그램에 따르면 수도권에서는 그로부터 1주일 가까이 연일 비가 내렸다고 한다.

오늘은 아침 일찍 집을 나서서 가까운 역에서 전차를 타고 시내로 향했다.

통근시간대 전차는 콩나물시루 같아서 꼼짝하기도 힘들다. 다 쓰는 손잡이도 잡지 못하고 사방을 둘러싼 승객들에 떠밀리며 숨을 멈추다시피 한 채 종점인 터미널역에 도착하기를 기다렸다.

전차는 쉴 새 없이 흔들리고 그때마다 사람들의 벽이 전후좌우에서 덮쳐온다. 앞에 달라붙은 뚱뚱한 남자의 등에서 전해지는 축축한 열이 음울하게만 느껴졌다. 뒤에서는 누군가의 이어폰에서 새어나오는 소리가 들리는데, 평소라면 모른 척 지나쳤을 그 소리가 못 견디게 신경을 긁어댔다.

아내의 충고대로 하루쯤 더 쉬었다가 움직였으면 조금이나마 마음가짐이 달라졌을지도 모른다.

전국 일주 크루즈 여행에서 돌아온 것은 지난밤이다. 요코하마에서 발착하는 대형 여객선을 타고 열흘 남짓 각지에 기항하며 다녔다. 기항지에서 명산물을 맛보고 파도소리에 싸이며 딸들의 근황이나 미래에 대하여 아내와 끝도 없는 이야기를 나누거나 하며 재직 중에는 생각할 수 없었던 풍족한 시간을 보낼 수 있었다.

그래도 마음 한구석에서는 여행을 온전히 즐기지 못하고 있었던 것 같다.

승객들 머리 사이로 눈부신 햇빛을 받는 차창 일부가 보였다 숨었다 한다. 다쓰는 목을 빼고 차창 밖의 변화가 거의 없는 주택가 풍경을 바라보았다.

터미널역 백화점에서 과자를 사고, 그곳에서 지하철을 갈아타며 목적지인 대학병원에서 가까운 역에 내려 병원까지 걸어갔다.

접수대에 면회하러 왔다고 고하고 스태프가 가르쳐준 3층의 병실 침상을 들여다보았지만 밖에 나갔는지 그가 보이지 않았다.

너스스테이션 간호사에게 그 사람 어디 갔느냐고 묻자 병동 앞 중정에 있을지 모르겠다고 해서 그곳으로 향했다. 가다가 로비에서 당번 신참 형사와 마주쳤다. 그는 즉시 이쪽을 알아보고 긴장한 얼굴로 고개를 숙였다.

"수고가 많군. 놈의 수술 예후는 어때?"

짐짓 심드렁한 투로 입원 환자의 상태를 물었다.

"예후는 좋은 것 같습니다. 의사 말로는 다음 달이면 퇴원할 수 있다고 합니다."

다행히 급소는 피했는지 집도의도 운이 좋았다는 의견이었다.

"놈이 뭐라고 하진 않았나?"

"예. 무엇을 물어도 통 대답이 없습니다. 배에 구멍까지 났지만, 제가 보기에도 단단히 작정한 것 같습니다. 놈이 전부 불면 지면사가 개입된 사건은 깨끗하게 해결될 듯합니다. 그 해리슨 야마나카라는 놈도 잡을 수 있을 거고. 선배님 덕분입니다."

신참이 꽤 자랑스럽다는 듯이 말했다.

다쓰는 신참을 격려해주고 경찰서로 복귀한다는 신참과 헤어져 중정으로 향했다.

잘 가꿔진 정원에는 싱싱한 잔디의 초록이 펼쳐지고 가지와 잎이 무성한 느티나무 고목이 부드러운 그늘을 드리우고 있다. 곳곳에 벤치가 놓여 있고 연두색 환자복을 입은 환자들이 저마다 시간을 보내고 있었다.

느티나무 그늘에 있는 벤치에 머리카락이 새하얀 남성 환자가 보인다. 옆에 서 있는 담당형사인 듯한 슈트 차림의 두 남성과 이야기를 하고 있다. 코에 붕대를 두르고 목발을 안고 있는 모습이 보기 딱하지만 그 표정은 멀리서 봐도 평화로워 보였다.

형사를 쳐다보던 다쿠미가 이쪽을 알아보았다.

제대로 얼굴을 마주하는 것은 바다가 보이는 요코하마 묘지 이후 처음이다. 그때는 외등 불빛 하나에만 의지했었다. 지금 이렇게 살짝 낯이 간지러운 것은 태양 때문만은 아닌지도 모른다.

다쿠미와 시선이 부딪힌다.

그 부드러운 눈빛에 뭔가 작정한 듯한 빛이 어른거리는 것처럼 보였다.

무슨 말로 시작할까. 과자상자를 든 다쓰는 처음 건넬 말을 궁리하며 느긋한 걸음으로 그에게 다가갔다.

청결한 원목 카운터가 쭉 뻗어 있는 가게에서는 평소처럼 세련되게 차려입은 손님들이 술과 안주를 즐기고 있었다.

손님의 대부분을 차지하는 현지 싱가포르인들은 익숙한 모습으로 안주를 집어먹으며 동반자들과 이야기꽃을 피우고 있다. 그밖에 눈에 띄는 사람들이라면 역시 일본인 정도일까. 관광객보다는 이곳이 국제금융도시인 만큼 대기업 주재원이나 출장 나온 비즈니스맨이 많았다. 마키타가 아는 얼굴은 없지만, 개중에는 일본보다 유리한 과세 제도를 노리고 이주한 사람도 있을지 모른다.

"아직도 6년이나 남았네. 지겨워라."

그쪽으로 눈길을 향하니 카운터 옆에 앉은 오오가와라가 허공을 노려보고 있었다.

그의 목소리에는 지겨움이 묻어난다. 도쿄에 살 때는 하얬던 피부가 볕에 그을어 어느새 가무잡잡해져서, 머리카락 성긴 이마에 점점이 박힌 노인성 검버섯을 더욱 진하게 만들고 있었다. 눈초리에 팬 주름살에 고생의 흔적이 배어 있다.

내년에 고희를 맞는 오오가와라는 마키타가 확보한 고객 가운데 한 사람이다. 5년쯤 전 마키타가 일본 국내에서 정기적으로 개최하는 세미나에서 알게 되어, 가족에게 자산을 한 푼이라도 더

물려주고 싶다는 오오가와라의 뜻에 부응하여 증여세와 상속세가 없는 싱가포르로 이주하는 일을 추진했다. 이주한 뒤에는 오오가와라의 자산관리를 위임받아 이렇게 가끔 식사를 함께하며 근황을 파악하고 있다.

"6년쯤이야 금방이죠. 일본이랑 똑같이 맛있는 초밥도 먹을 수 있고요."

마키타가 달래듯이 말하며 오오가와라의 잔에 술을 따랐다.

이국 생활을 버티지 못해 도중에 일본으로 돌아가는 이주자도 적지 않다. 오오가와라가 이주한 지 벌써 4년이 지났다. 앞으로 6년, 합쳐서 10년 이상을 일본 밖에서 살면 해외 자산에 대해서는 과세를 피할 수 있다. 조금만 더 참으면 오오가와라도 자산을 지킬 수 있거니와 자신도 자산관리 수수료 수입을 기대할 수 있는 것이다.

"긴자 규베이에 비하면 시시하죠. 마키타 씨는 아직 젊으니까 이걸로 만족하는지 모르지만."

마키타는 쓴웃음을 지으며 오오가와라의 목소리를 누가 듣고 있지는 않은지 짐짓 자연스럽게 주변을 살펴보았다.

카운터 중앙에는 중년의 일본인 요리사가 도요스 수산시장에서 직송된 참치 블럭을 보여주며 앞에 앉은 젊은 싱가포르인 부부에게 부위와 산지를 설명하고 있다. 어색하고 일본인 영어 초보자 특유의 억양이 있지만, 그래도 마음만큼은 잘 전달되는 말투였다.

"말도 안 통하고 슈퍼에 가도 주점에 가도 맨 아는 얼굴들뿐이지. 저기 앉아 있는 일본인만 해도 나랑 같은 콘도에 사는 사람이야."

오오가와라가 여전히 뿔난 목소리로 유리잔을 기울이고 있다. 찬술을 연거푸 들이켜서 얼굴은 빨갛게 달아오르고, 그렇게 생각하고 들어서 그런지 마키타를 슬쩍 원망하는 기미가 묻어나고 있었다.

에어컨의 냉풍은 추울 정도여서 바깥의 무더위는 전혀 느낄 수 없다. 스키야다도에 이용되는 일본 전통 양식의 소박한 건축양식 풍으로 꾸며진 인테리어나 세련된 가구와 비품, 나무랄 데 없이 쥐어주는 생선 초밥만 본다면 이곳이 긴자나 아카사카에 있는 초밥집이라고 해도 믿을 것이다.

"그러고 보니 저쪽에서는 요즘 난리가 난 것 같더군요. 지면사 때문에."

마키타는 상대방을 차분하게 만들려고 문득 떠오른 화제를 꺼냈다. 오오가와라가 잔으로 뻗으려던 손을 멈추었다.

"뭡니까, 그 지면사라는 건."

"뉴스 못 보셨습니까. 부동산 전문 사기꾼입니다. 난리도 아닌가 봐요, 요즘. 그 세키요하우스도 백 억인지 몇 억인지를 지면사에게 털렸다고 하던데요."

"백 억이라면 당연히 난리도 아니겠지요. 세키요하우스가 그렇게 엉성한 회사였나?"

오오가와라의 옆얼굴에는 납득할 수 없다는 표정이 떠올랐다.

"지금 떠들썩합니다. 어제도 입원해 있던 젊은 지면사가 체포되었답니다. 텔레비전에 나오던데, 다들 정말 사악하게 생겼더군요. 범인 중에 여자도 있는데, 땅을 소유한 주지 역할을 하려고 삭발을 하고 연기했다고 합니다."

일본에서 연일 보도되는 얼른 믿기지 않는 지면사들의 수법을 이야기하다 보니 어느새 목소리가 커진다.

"아주 고풍스러운 수법이군. 그런 수법에 걸려드나?"

오오가와라도 이상하다는 듯이 눈웃음을 지었다.

"오오가와라 씨도 일본에 부동산이 많잖아요. 그건 다 어떻게 관리하십니까?"

마키타가 관리를 맡은 오오가와라의 자산은 싱가포르로 옮긴 것으로 제한되어 있다. 일본 국내에 있는 자산에는 관여하지 않는다.

"관리나 마나 아무것도 하는 게 없어요. 전에는 관리를 맡기기도 했는데, 애초에 신뢰할 수가 없어서 내가 가끔 그쪽으로 돌아가 직접 하죠."

시큰둥하게 대답하는 오오가와라에게 마키타가 조언을 하려고 할 때였다.

"즐겁게 담소하시는데 끼어들어서 죄송합니다."

불쑥 일본어가 날아들었다.

마키타가 목소리 쪽으로 시선을 돌리니 오오가와라 너머 옆자리에서 자기보다 열 살쯤 많아 보이는 신사가 이쪽을 쳐다보고 있었다. 옷깃이 바짝 선 고급 흰 셔츠에 소매 밑으로는 값이 꽤 나가 보이는 앤티크풍 손목시계가 들여다보인다.

조금 전부터 조용히 초밥을 먹고 있던 손님 가운데 한 사람이다. 그게 버릇인지 툭하면 오른손 새끼손가락에 낀 쌍가락지를 돌리고 있다.

"최근 이곳으로 이주한 사람입니다만, 실은 도쿄에 있는 지인이 얼마 전에 방금 말씀하신 그 지면사에게 사기를 당해서 말이죠."

그렇게 말을 붙이며 우치다라고 이름을 밝힌 신사는 이쪽의 경계심을 풀려는 듯 해맑은 미소를 지었다.

편집자 후기

부동산으로 돈을 버는 건 전부 남의 일인 줄 알았습니다. 아니, 벌었다기보다 돈이 통장으로 굴러들어왔다, 라는 느낌이었지요. 지금으로부터 10여 년 전, 저는 마포구청역 인근에 지어진 아파트를 분양받았습니다. 당초 계획은 그곳에서 결혼을 하고 평생 거주할 요량이었지만 어쩌다 보니 출판사 사무실로 사용하게 되었어요. 사무실 임대료가 없어서 잠시 머문다는 게 그만 10년 넘게 눌러앉고 말았지요. 그러다가 코로나 직전, 번아웃으로 고생하던 저는 분위기를 바꿀 겸 이사를 결심했습니다.

전혀 몰랐어요. 10년 사이에 아파트 가격이 천정부지로 뛰었다는 걸 말이죠. 부동산에 내놓고 얼마 지나지 않아 임자가 나타나더군요. 이른바 '영끌'로 구입하는 거라면서 두말없이 대금을 입금해 주었습니다. 통장에는 지금껏 만져보지 못한 액수가 찍혀 있었지요. (어디까지나 제 관점에서) 천문학적인 숫자를 보며 처음 느낀 감정은 허탈함이었습니다. 지난 10년 동안 죽을힘을 다해 출판사를 운영하며 벌었던 돈의 몇 배나 되는 금액이 한방에, 이토록 쉽게 들어오다니.

한데 몇몇 지인들에게 그런 감정을 토로했을 때 돌아오는 반응이 비슷해서 놀랐습니다. "너 그 돈, 어디에 쓸 건데?" 이러저러한 물건이 있는데 투자해 봐. 요즘 어느 지역 땅이 뜬다더라. 한

국은 역시 부동산이야. 교사로 재직하며 학교에서 아이들을 가르치는 친구도, 공무원으로 일하며 정시퇴근을 낙으로 삼는 후배도, 심지어 칼국수를 팔며 음식을 만드는 일 외에는 아무것도 모르는 줄 알았던 우리 엄마도 하나같이 투자를 권하더군요. 의문이었습니다. 대관절 어떻게 다들 이런 정보를 꿰고 있는 거지? 물어보고 나서야, 부동산 카페에 가입해 정보를 공유하고, 관련 동영상을 몇 개씩 구독하며, 실제로 경매에 참여하여 돈을 버는 지인도 있다는 걸 알게 되었습니다.

대규모 전세 사기 관련 뉴스가 앞 다투어 보도될 즈음이었지요. 퍼뜩 이런 생각이 들더군요. 밀실에서 사람을 죽인 범인을 알아맞히는 소설 말고 부동산 사기를 다룬 미스터리 소설 같은 걸 출간하면 이 사회에도 조금쯤 도움이 되지 않을까. 누군가는 분명히 썼을 텐데. 그래서 영미권과 일본어권 사이트를 이 잡듯이 뒤졌습니다. 있더군요. 부동산 사기를 폭로한 미스터리 소설로 상을 받고 이후로 관련한 작품을 꾸준히 써온 소설가가.

신조 고新庄耕의 이력은 무척 특이한데 잡지 《현대 비즈니스》에 실린 인터뷰에 그중 일부가 담겨 있습니다. "내 주변에는 소위 '불량청소년'들이 많았다. 십대 후반에는 그들과 매일같이 클럽에서 놀거나 폭행으로 소년원에 들락거리기도 했다. 만화책 같은 걸 기분 전환용으로 읽었지만 공부 따위는 전혀 하지 않았다. 클럽에서 놀 때 마약에 손을 대기도 했다. 당시 중심가에는 불법 마약을 파는 외국인들이 잔뜩 있었으니까. 나는 매직머쉬룸 같은 걸 사서 먹고 시부야의 클럽 등에서 춤을 추고 다녔다. 이때의 트립(마약을 복용한 뒤의 환각) 경험은 작품에 고스란히 녹아 있다. 폭력과 마약으로 점점 몸을 망치는 선배들을 보면서 이대로는 안 되겠다고 생각했다. 그래서 폭력 서클을 나온 뒤에 마약도 끊고 독하게 마음먹고 공부를 시작했다. 매일 12시간씩 책상에 매달렸다."

결국 주변의 조롱을 딛고 3수를 한 끝에 게이오 대학에 입학할 수 있었습니다. 이후로 작가의 길을 걷게 된 신조 고가 지금껏 쓴 소설은 전부, 하나같이, 몽땅 다 악당이 주인공입니다. 악덕 부동산에 취업하여 '흑화'돼 가는 청년(『협소주택』), 마약 카르텔의 일원(『뉴 카르마』), 다단계 판매 조직원(『살라레오』)처럼 사회에서 이탈한 자들을 전면에 등장시켰지요. 이는 전적으로 어린 시절의 경험 덕분일 겁니다. 뱀의 길은 뱀이 아는 법이라고 할까. 그중에서 가장 완성도가 높은 작품이 바로 『도쿄 사기꾼들』입니다.

이 소설은 2017년에 일어난 '세키스이하우스 사건'(한국에도 보도될 정도로 파장이 컸습니다)을 모티브로 하고 있습니다. 일본의 어느 사기조직이 건물주 행세를 하며 대형 건설사를 감쪽같이 속여 거액을 챙긴 사건인데요. 작가는 어떻게 이런 일이 벌어졌는지 면밀한 취재를 통해 그들의 조직적인 범행을 압도적 리얼리티로 완성시킵니다. 원서에는 "새로운 시대의 피카레스크 소설이 탄생했다!"라고 적혀 있는데, 피카레스크 소설이란 주인공을 포함한 주요 등장인물들을 도덕적 결함을 갖춘 악인으로 설정하여 이야기를 끌어가는 문학 장르입니다. 그러니 이 소설에 대해 "왜 악인에게 서사를 부여했느냐"고 하면 곤란하겠죠. 최동훈 감독의 영화 〈도둑들〉을 보면서 왜 도둑에게 서사를 부여했느냐고 하진 않잖아요.

일본은 2022년 기준 65세 이상 노인의 비율이 30퍼센트에 달하여 고령화가 가장 많이 진행된 국가 중 하나입니다. 그에 따라 보이스피싱이나 악의적인 방문판매의 표적이 되기도 하고 노령연금을 가로채는 범죄가 날이 갈수록 증가하는 추세라더군요. 지면사地面師란 타인의 부동산을 이용해 사기를 치는 자, 즉 부동산 사기꾼이며 신조 고의 소설 『도쿄 사기꾼들』은 바로 이러한 노인의 부동산을 이용해 사기를 치는 장면으로 이야기가 시작됩니다. 노령의 남성이 혼자 살다가 요양원에 입주한 뒤에 방치된 빈집을 눈여겨본 것이 발단이 되었죠.

부동산 사기 계획을 지휘하는 지면사, 정보를 수집하고 타깃을 물색하는 도면사, 소유자를 사칭할 배우를 고르고 교육시키는 수배사, 서류와 인감을 만드는 위조범과 돈을 세탁하는 전문가까지, 이들이 상대를 속이기 위해 준비하는 과정은 실로 용의주도하여 감탄이 나올 정도인데, 잡지 《청춘과 독서》와의 인터뷰에서 작가는 다음과 같이 말한 바 있습니다.

"역시 그 부분이 소설의 핵심이기 때문에 실제 사건에서 지면

사들이 어떤 수법으로 범죄를 성공시켰는지 꼼꼼히 조사했다. 지금처럼 디지털이 발달한 사회에서 굉장히 아날로그적인 수법으로 사기를 친다는 데 놀라움을 느꼈다. 조사를 거듭하면서 사기를 벌인 용의자들의 신상이나 수법에 관심이 생겼다. 왜 그들은 이렇게까지 해서 사람을 속이는 걸까. 그들에게 속아 넘어간 피해자들의 심리에 대해서도 마찬가지로 궁금증이 생겼다. 그들은 왜 속아 넘어갔을까. 그 배경을 생각하다 보니 자연스럽게 속이는 쪽과 속는 쪽의 인물 조형이 만들어졌다. (중략) 토지 소유자를 사칭하는 수법은 아날로그적이지만 서류나 인감, 운전면허증 위조에 3D프린터를 사용하거나 IC칩을 내장하는 등 첨단기술을 사용한다. 모두 실제 범죄에 쓰인 수법이고 공개적으로 알려진 것들이다. 조사하던 중에 이런 것도 할 수 있구나 하고 놀랐다. 그런 기술적인 부분에도 사기 집단은 빠짐없이 투자하고 있다.”

이 인터뷰를 읽다보니 예전 학창시절의 기억이 문득 떠오릅니다. 고등학교 2학년 때인가, 성적이 말도 안 되게 떨어진 적이 있거든요. 그때 14등이라는 학급석차에서 1을 지우고 4등으로 만들기 위해 면도칼로 살살 지우다가 성적표에 ‘빵꾸’가 나는 바람에 엄마한테 맞아죽을 뻔한 적이 있습니다. 서류 한 장 위조하는 일도 힘들지요. 지면사들은 위조서류나 인감, 사칭 배역을 준비하기 위해 만반의 준비를 합니다. 엄청난 노력이 필요하지요. 가짜 거래라는 생각이 들지 않을 만큼 신빙성 있는 디테일은 필수입니다. 이렇게 세세한 부분까지 신경을 씀으로써 부동산 전문가들까지 속일 수 있는 것입니다.

이런 대목에서 신조 작가는 일종의 영감을 얻었던 모양이에요. 그는 지면사들의 수단과 수법에 대해 조사하다가 자신이 쓰는 소설과 비슷한 점이 있구나 하는 생각을 여러 번 했다고 합니다.

"소설도 결국은 허구입니다. 작가가 머릿속에서 만들어낸 거짓말에 불과해요. 하지만 거기에 등장하는 인물의 특징, 말투, 행동, 감정을 따라가다 보면 마치 실제 존재하는 것처럼 느껴지고 때로는 깊은 감정이입을 하게 됩니다. 허구의 사건에 실제로 자신이 경험한 것처럼 착각할 정도로 감정이 격렬하게 흔들리게 됩니다.

이야기의 힘으로 허구를 진짜로 만들어 상대를 속이는 것. 그런 의미에서 보면, 지면사도 소설가도 같은 일을 하려고 하는 것이 아닐까. 지면사의 집념과 광기가 제 자신의 창작에 대한 태도와 공명하는 것을 느꼈습니다. 관점을 바꿔보면 이 작품은 독자와 나 사이의 일종의 게임 같은 것일 수도 있습니다. 독자를 '도쿄 사기꾼들'이라는 이야기로 끝까지 속이고 감정을 흔들 수 있을지, 그렇지 않은지, 시험을 받는 것 같습니다."

어쩌면 오네 히토시 감독도 신조 작가와 비슷한 감정을 느낀 게 아닐까 싶습니다. 지난 2월 8일, 넷플릭스 라인업 공개 이벤트 'Next on Netflix 2024'에서 『도쿄 사기꾼들』을 드라마로 만들어 전 세계에 동시배급하기로 결정했다는 뉴스가 전해졌는데요. 각본과 감독은 오네 히토시가 맡는답니다. 스캔들로 톱 아나운서의

자리에서 전락한 주인공이 사건의 의혹을 쫓으며 자신의 가치를 되찾는 모습을 그린 드라마 〈앨피스-희망, 혹은 재앙〉을 만들어 좋은 평가를 받은 바 있는 오네 히토시 감독은, 라인업 공개 이벤트 자리에서 『도쿄 사기꾼들』을 드라마로 만들게 된 과정에 대해 이렇게 말했습니다.

"신조 작가가 쓴 소설을 모조리 다 읽었다. 그중에서도 『도쿄 사기꾼들』은 부동산 매매를 미끼로 거액의 돈을 가로채는 사기꾼 집단 '지면사'에 의한 전대미문의 사건을 그린 범죄 서스펜스로 그의 최고 걸작이라고 생각한다. 게다가 그 사건이 일어난 지역이 내게 친숙했기 때문에 어떤 형태로든 픽션 영상으로 만들고 싶었다."

여기서부터가 다소 이례적인데 보통은 제작자나 영화사에서 판권을 획득하는 기존의 관례와 달리 이 건에 관해서는 오네 히토시 감독이 "직접 출판사에 연락해 영상화 권리를 얻었다"고 하더군요. 영상화 권리를 획득한 뒤에는 이 기획이 넷플릭스에 적합하다고 판단해 "감독이 직접 넷플릭스 담당자를 만나고 설득하여 배급이 결정"되었다고 합니다. 소설이 어지간히 마음에 들었던 모양입니다. 오랫동안 북스피어가 기획한 책을 번역해 온 번역가 이규원 선생에게 검토를 부탁했을 때도 딱 하루 만에 "지난 15년간 북스피어에서 의뢰받은 원고 중에 제일 재밌더라!"는 대답이 돌아왔었는데. 모쪼록 이 글을 마주하고 있을 당신의 취향에도 잘 맞았으면 좋겠다는 바람입니다.

끝으로 이 작품이 일본에서 출간될 당시 언론에 소개된 기사로 마무리하겠습니다. "부동산 거품이 일고 있는 지금, 지면사의 움직임도 활발해지고 있다. 자신이 휘말리지 않기 위해서라도 이런 어둠의 존재는 모르기보다 알고 있는 편이 좋다. 『도쿄 사기꾼들』은 소설이기에 '어둠'의 실체를 더욱 선명하게 드러낸다. 읽어두는 것만으로도 만일의 사태에 대비한 '자기방어'가 될 거 같다."

귀가 얇은 우리 엄마에게도 이 책을 보내드려야겠다고 다짐한, 삼송 김 사장 드림.

<Thanks to 이판사판 미스터리 북클럽〉(가나다순)

강선규	강이경	강해지	권은정	권지연	김가영
김동현	김동희	김민규	김서령	김수경	김영범
김예솔	김예진	김지방	김지윤	김현지	김혜인
나에마 아르보		남규원	박동욱	박은경	박정민
박지영	박채리	방미연	손지형	신경순	신은수
신하니	양순화	원혜진	유혜지	육연정	이강후
이서이	이소임	이태란	이하늘	임설희	임승현
전은선	조상범	조성유	조수빈	진미현	최성욱
최은미	최현주	하경민			

도쿄 사기꾼들

초판 1쇄 발행 2024년 4월 30일

지은이　　신조 고
옮긴이　　이규원

　　　　　발행편집인　　김홍민 · 최내현
　　　　　책임편집　　조미희
　　　　　편집　　김하나
　　　　　표지디자인　　이혜경디자인
　　　　　마케터　　마리
　　　　　용지　　한승
　　　　　출력(CTP)　　블루엔
　　　　　인쇄 제본　　대원문화사

펴낸곳　　도서출판 북스피어
출판등록　　2005년 6월 18일 제105-90-91700호
주소　　(10595) 경기도 고양시 덕양구 동송로 23-28 305동 2201호
전화　　02) 518-0427
팩스　　02) 701-0428
홈페이지　　https://blog.naver.com/hongminkkk
전자우편　　editor@booksfear.com

　　　ISBN　979-11-92313-52-8 (04080)
　　　　　　979-11-91253-37-5 (세트)